2010
中国能源统计年鉴

国家统计局能源统计司　编

中国统计出版社
China Statistics Press

（京）新登字 041 号

中国能源统计年鉴. 2010：汉英对照/国家统计局能源统计司编. -北京 : 中国统计出版社，2010.12
ISBN 978-7-5037-6176-8

Ⅰ.①中… Ⅱ. ①国… Ⅲ. ①能源经济－经济统计－中国－2010－年鉴－汉、英 Ⅳ. ①F426.2-54

中国版本图书馆 CIP 数据核字(2010)第 250643 号

中国能源统计年鉴—2010

作　　者 / 国家统计局能源统计司
责任编辑 / 佘竞雄
装帧设计 / 李雪燕
出版发行 / 中国统计出版社
网　　址 / www.stats.gov.cn/tjshujia
通信地址 / 北京市西城区月坛南街 57 号　邮政编码 / 100826
办公地址 / 北京市丰台区西三环南路甲 6 号
电　　话 / 邮购(010)63376907　书店（010）68783172
印　　刷 / 河北天普润印刷厂
经　　销 / 新华书店
开　　本 / 880 × 1230mm　1/16
字　　数 / 580 千字
印　　张 / 18.75
版　　别 / 2011 年 1 月第 1 版
版　　次 / 2011 年 1 月第 1 次印刷
书　　号 / ISBN 978-7-5037-6176-8/F · 2992
定　　价 / 298.00 元

《中国能源统计年鉴 2010》

编委会和编辑人员

China Energy Statistical Yearbook-2010

EDITORIAL BOARD AND STAFF

编 辑 说 明

一、《中国能源统计年鉴》是一部全面反映中国能源建设、生产、消费、供需平衡的权威性资料书，从 1986 年开始，由国家统计局工业交通统计司主编。2008 年版起，由国家统计局能源统计司主编，中国统计出版社出版，向国内外公开发行。

二、为满足广大读者对中国能源统计数据的需求，提高数据应用的时效性，从 2004 年起，《中国能源统计年鉴》由每两年出版一册改为每年出版一册，封面的年份由数据年改为出版年份。

三、《中国能源统计年鉴》信息量大，特别突出数据的权威性、完整性。全书共分为 8 个部分：1.综合；2.能源建设；3.能源生产；4.能源消费；5.全国能源平衡表；6.地区能源平衡表；7.香港、澳门特别行政区能源数据；附录为台湾省能源数据、有关国家和地区能源数据、主要统计指标解释以及各种能源折标准煤参考系数。

四、本书大部分资料来源于国家统计局年度统计报表及《中国统计年鉴》。全国统计数字均未包括香港、澳门特别行政区和台湾省。能源平衡表核算范围不包括非商品能源。

五、本书中，中国能源数据截止到 2009 年，世界和各国及地区能源数据截止到 2008 年。

六、符号使用说明：年鉴各表中“空格”表示该项统计指标数据不足本表最小位数、数据不详或无该项数据；“#”表示其中的主要项。

PREFACE

China energy statistical yearbook is an annual statistical publication, which covers very comprehensive data in energy construction, production, consumption, equilibrium of supply and demand in an all-round way, established in 1986, edited by the department of Industry and Transport Statistics of State Statistics Bureau. 2008 annual is edited by the Department of Energy Statistics of State Statistics Bureau, published by China Statistics Press, to the domestic and international public publication.

In order to satisfy the masses of readers' demands for China energy statistics, improve the efficiency and timeliness of the data use, from each of 2004, *China energy statistical yearbook* is published one volume every year instead of one volume every 2 years, the year of front cover also switched over to publishing year.

The amount of information in *China energy statistical yearbook* is large, especially stress the authoritativeness, integrality of the data. The book consists of eight chapters: 1. General Survey; 2. Construction of Energy Industry; 3. Energy Production; 4. Energy Consumption; 5. Energy Balance Table of China; 6. Energy Balance Table by Region; 7. Energy data for the Hong Kong and Macao Special Administrative Region. Additional information provided in the appendices include major energy data for Taiwan province, energy data for related countries or areas and explanatory notes of main statistical indicators and conversion factors from physical units to coal equivalent.

Annual statistical reports from the National Bureau of Statistics and the *China Statistical Yearbook* are the main data sources of this document. However, the national data in this book does not include that of the Hong Kong and Macao Special Administrative Region, the Taiwan province. Also, the data in the energy balance tables does not cover non-commercial energy.

The Chinese energy data were by the year of 2009, energy data for the world and other countries or areas were by the year of 2008.

Notations used in the yearbook: blank space indicates that the figure is not large enough to be measured with the smallest unit in the table, or data are unknown or are not available;" # "indicates a major breakdown of the total.

目　录
CONTENTS

一、综合
Chapter 1 General Survey

二、能源建设
Chapter 2 Construction of Energy Industry

五、全国能源平衡表
Chapter 5 Energy Balance Table of China

六、地区能源平衡表
Chapter 6 Energy Balance Table by Region

附录 1、台湾省能源数据

Appendix Ⅰ Energy Data for Taiwan Province

附录 2、有关国家和地区能源数据

Appendix Ⅱ Energy Data for Related Countries or Areas

一、综　　合

Chapter 1　General Survey

1-1 能源生产、消费与国民经济增长速度

GROWTH RATE OF ENERGY PRODUCTION AND CONSUMPTION COMPARED WITH GROWTH RATE OF GDP

年 份 Year	国内生产总值增长速度(%) Growth Rate of GDP (%)	能源生产增长速度(%) Growth Rate of Energy Production	电力生产增长速度(%) Growth Rate of Electricity Production	能源消费增长速度(%) Growth Rate of Energy Consumption	电力消费增长速度(%) Growth Rate of Electricity Consumption	能源生产弹性系数 Elasticity of Energy Production	电力生产弹性系数 Elasticity of Electricity Production	能源消费弹性系数 Elasticity of Energy Consumption	电力消费弹性系数 Elasticity of Electricity Consumption
1980	7.8	-1.3	6.6	2.9	6.6		0.85	0.37	0.85
1981	5.2	-0.8	2.9	-1.4	3.0		0.56		0.58
1982	9.1	5.6	6.0	4.4	5.9	0.62	0.66	0.48	0.65
1983	10.9	6.7	7.2	6.4	7.3	0.61	0.66	0.59	0.67
1984	15.2	9.2	7.3	7.4	7.4	0.61	0.48	0.49	0.49
1985	13.5	9.9	8.9	8.1	9.0	0.73	0.66	0.60	0.67
1986	8.8	3.0	9.5	5.4	9.5	0.34	1.08	0.61	1.08
1987	11.6	3.6	10.6	7.2	10.6	0.31	0.91	0.62	0.91
1988	11.3	5.0	9.6	7.4	9.7	0.44	0.85	0.65	0.86
1989	4.1	6.1	7.3	4.2	7.3	1.49	1.77	1.03	1.78
1990	3.8	2.2	6.2	1.8	6.2	0.58	1.63	0.47	1.63
1991	9.2	0.9	9.1	5.1	9.2	0.10	0.99	0.55	1.00
1992	14.2	2.3	11.3	5.2	11.5	0.16	0.80	0.37	0.81
1993	14.0	3.6	15.3	6.3	11.0	0.26	1.09	0.45	0.79
1994	13.1	6.9	10.7	5.8	9.9	0.53	0.82	0.44	0.76
1995	10.9	8.7	8.6	6.9	8.2	0.80	0.79	0.63	0.75
1996	10.0	3.1	7.2	3.1	7.4	0.31	0.72	0.31	0.74
1997	9.3	0.3	5.1	0.5	4.8	0.03	0.55	0.06	0.52
1998	7.8	-2.7	2.7	0.2	2.8		0.35	0.03	0.36
1999	7.6	1.6	6.3	3.2	6.1	0.21	0.83	0.42	0.80
2000	8.4	2.4	9.4	3.5	9.5	0.28	1.12	0.42	1.13
2001	8.3	6.5	9.2	3.3	9.3	0.79	1.11	0.40	1.12
2002	9.1	4.7	11.7	6.0	11.8	0.52	1.29	0.66	1.30
2003	10.0	14.1	15.5	15.3	15.6	1.41	1.55	1.53	1.56
2004	10.1	14.4	15.3	16.1	15.4	1.43	1.51	1.60	1.52
2005	11.3	10.0	13.5	10.6	13.5	0.88	1.19	0.93	1.19
2006	12.7	7.4	14.6	9.6	14.6	0.58	1.15	0.76	1.15
2007	14.2	6.5	14.5	8.4	14.4	0.46	1.02	0.59	1.01
2008	9.6	5.4	5.6	3.9	5.6	0.56	0.58	0.41	0.58
2009	9.1	5.4	7.1	5.2	7.2	0.59	0.78	0.57	0.79

注:国内生产总值增长速度按可比价格计算，能源生产增长速度和能源消费增长速度采用等价值总量计算。

a) GDP growth rate is calculated at comparable prices,the growth rates of energy production and consumption are calculated by coal equivalent.

1-2 国民经济和能源经济主要指标

指　　标	Item	单 位 unit	2000
1.年底人口总数	1.Year-end Population	万人 10^4person	126743
城镇	Urban	万人 10^4person	45906
乡村	Rural	万人 10^4person	80837
2.国内生产总值	2.Gross Domestic Products	亿元 10^8yuan	99215
第一产业	Primary Industry	亿元 10^8yuan	14945
第二产业	Secondary Industry	亿元 10^8yuan	45556
工业	Industry	亿元 10^8yuan	40034
建筑业	Construction	亿元 10^8yuan	5522
第三产业	Tertiary Industry	亿元 10^8yuan	38714
3.全社会固定资产投资总额	3.Investment in Fixed Assets	亿元 10^8yuan	32918
能源工业(国有)	Energy Industry (State-owned)	亿元 10^8yuan	2840
煤炭采选业	Coal Mining and Processing	亿元 10^8yuan	199
石油和天然气开采业	Petroleum and Natural Gas Extraction	亿元 10^8yuan	365
电力、蒸汽、热水生产和供应业	Electricity, Steam Production and Supply	亿元 10^8yuan	2130
石油加工及炼焦业	Petroleum Processing and Coking	亿元 10^8yuan	95
煤气生产和供应业	Gas Production and Supply	亿元 10^8yuan	60
4.进出口总额	4.Total Value of Exports and Imports	亿元 10^8yuan	39273
出口总额	Exports	亿元 10^8yuan	20634
进口总额	Imports	亿元 10^8yuan	18639
5.煤炭保有储量	5. Coal Ensured Reserves	亿吨 10^8tn	10084
6.水利资源蕴藏量	6. Hydropower Resource	亿千瓦10^8kW	6.76
可开发量	Developable Resources	亿千瓦10^8kW	3.79
7.海洋能源理论蕴藏量	7. Theoretical Sea-energy Reserves	亿千瓦10^8kW	6.30
8.一次能源生产总量(发电煤耗计算法)(*)	8.Primary Energy Production (coal equivalent calculation)(*)	万吨标准煤10^4tce	135048
一次能源生产总量(电热当量计算法)(**)	Primary Energy Production (calorific value calculation)(**)	万吨标准煤10^4tce	122673
9.能源消费总量(发电煤耗计算法)(*)	9.Total Energy Consumption (coal equivalent calculation)(*)	万吨标准煤10^4tce	145531
能源消费总量(电热当量计算法)(**)	Total Energy Consumption (calorific value calculation)(**)	万吨标准煤10^4tce	132469

注：(*)　发电煤耗计算法是指电力按当年平均火力发电煤耗换算成标准煤(下表同)。

(**) 电热当量计算法是指电力按自身的热功当量换算成标准煤。采用的折标系数为1万千瓦时=1.229吨标准煤(下表同)。

(*)　Electricity is converted to TCE by average quantity of fuel used for power generation. (the same as in the following tables)

(**)　Electricity is converted to TCE by 104kwh=1.229TCE. (The same as in the following tables)

MAIN INDICATORS OF NATIONAL ECONOMY AND ENERGY ECONOMY

2001	2002	2003	2004	2005	2006	2007	2008	2009
127627	128453	129227	129988	130756	131448	132129	132802	133474
48064	50212	52376	54283	56212	57706	59379	60667	62186
79563	78241	76851	75705	74544	73742	72750	72135	71288
109655	120333	135823	159878	183217	211924	257306	314045	340507
15781	16537	17382	21413	22420	24040	28627	33702	35226
49512	53897	62436	73904	87365	103162	124799	149003	157639
43581	47431	54946	65210	77231	91311	110535	130260	135240
5932	6465	7491	8694	10134	11851	14264	18743	22399
44362	49899	56005	64561	73433	84721	103880	131340	147642
37214	43500	55567	70477	88774	109998	137324	172828	224599
2622	2626	2876	3643	4766	5687	6715	7940	10003
199	233	310	420	624	759	836	1014	1241
375	158	236	301	279	387	586	740	1271
1861	2082	2158	2640	3451	4042	4611	5336	6686
127	93	90	188	299	369	549	698	561
58	60	82	95	113	129	133	153	244
42184	51378	70484	95539	116922	140971	166740	179921	150648
22024	26948	36288	49103	62648	77595	93456	100395	82030
20159	24430	34196	46436	54274	63377	73285	79527	68618
10202								
6.76	6.76	6.76			6.76			
3.79	3.79	3.79			3.79			
6.30	6.30	6.30			6.30			
143875	150656	171906	196648	216219	232167	247279	260556	274619
129794	135983	155947	177962	195518	220895	234856	247010	259767
150406	159431	183792	213456	235997	258676	280508	291448	306647
135765	144155	167273	193990	214466	247562	268413	277515	292028

1-3 平均每万元国内生产总值能源消费量

ENERGY INTENSITY BY GDP

年 份 Year	能源消费总量 (吨标准煤/万元) Total Energy Consumption (tce/10⁴yuan)	煤炭 (吨/万元) Coal (tn/10⁴yuan)	焦炭 (吨/万元) Coke (tn/10⁴yuan)	石油 (吨/万元) Petroleum (tn/10⁴yuan)	原油 (吨/万元) Crude Oil (tn/10⁴yuan)	燃料油 (吨/万元) Fuel Oil (tn/10⁴yuan)	电力 (万千瓦小时/万元) Electricity (10⁴kW•h) /10⁴yuan)
	国内生产总值按1980年可比价格计算 **GDP is calculated at 1980 constant prices**						
1980	13.20	13.36	0.94	1.92	2.02	0.67	0.66
1981	12.37	12.60	0.82	1.94	1.82	0.59	0.64
1982	11.84	12.23	0.76	1.57	1.66	0.54	0.63
1983	11.36	11.82	0.71	1.44	1.56	0.49	0.61
1984	10.59	11.20	0.66	1.29	1.38	0.43	0.56
1985	10.10	10.74	0.62	1.21	1.25	0.37	0.54
1986	9.78	10.40	0.63	1.18	1.24	0.36	0.55
1987	9.39	10.06	0.62	1.12	1.16	0.34	0.54
1988	9.06	9.68	0.59	1.08	1.09	0.32	0.53
1989	9.07	9.68	0.60	1.08	1.09	0.32	0.55
1990	8.90	9.51	0.62	1.04	1.06	0.30	0.56
	国内生产总值按1990年可比价格计算 **GDP is calculated at 1990 constant prices**						
1990	5.32	5.69	0.37	0.62	0.63	0.18	0.34
1991	5.12	5.45	0.35	0.61	0.61	0.17	0.34
1992	4.72	4.93	0.34	0.58	0.57	0.15	0.33
1993	4.40	4.59	0.33	0.56	0.52	0.14	0.32
1994	4.12	4.31	0.31	0.50	0.47	0.12	0.31
1995	3.97	4.16	0.32	0.49	0.45	0.11	0.30
1996	3.69	3.83	0.32	0.48	0.43	0.10	0.29
1997	3.40	3.44	0.27	0.48	0.43	0.09	0.28
1998	3.16	3.13	0.27	0.46	0.40	0.09	0.27
1999	3.03	3.00	0.23	0.45	0.41	0.08	0.26
2000	2.89	2.80	0.22	0.45	0.42	0.08	0.27
	国内生产总值按2000年可比价格计算 **GDP is calculated at 2000 constant prices**						
2000	1.47	1.42	0.11	0.23	0.21	0.04	0.14
2001	1.40	1.35	0.11	0.21	0.20	0.04	0.14
2002	1.36	1.30	0.11	0.21	0.19	0.03	0.14
2003	1.43	1.40	0.12	0.21	0.19	0.03	0.15
2004	1.50	1.46	0.13	0.22	0.20	0.03	0.15
2005	1.49	1.47	0.16	0.21	0.19	0.03	0.16
	国内生产总值按2005年可比价格计算 **GDP is calculated at 2005 constant prices**						
2005	1.28	1.25	0.14	0.18	0.16	0.02	0.13
2006	1.24	1.22	0.13	0.17	0.15	0.02	0.14
2007	1.18	1.15	0.12	0.15	0.14	0.02	0.14
2008	1.12	1.08	0.11	0.14	0.14	0.01	0.13
2009	1.08	1.04	0.11	0.13	0.13	0.01	0.13

1-4 能源加工转换效率

EFFICIENCY OF ENERGY TRANSFORMATION

单位：% (%)

年 份 Year	总效率 Total Efficiency	发电及电站供热 Power Generation and Heating by Power Station	炼 焦 Coking	炼 油 Petroleum Refinery
1980	69.54	36.02	88.68	99.00
1981	69.28	36.68	90.89	99.06
1982	69.20	36.78	90.51	99.13
1983	69.93	36.94	91.18	99.16
1984	69.16	36.95	90.08	99.17
1985	68.29	36.85	90.79	99.10
1986	68.32	36.69	90.63	99.04
1987	67.48	36.75	90.46	98.81
1988	66.54	36.34	90.77	98.76
1989	66.51	36.74	90.30	98.57
1990	66.48	37.34	91.28	90.19
1991	65.90	37.60	89.90	98.10
1992	66.00	37.80	92.70	96.80
1993	67.32	39.90	98.05	98.49
1994	65.20	39.35	89.62	97.48
1995	71.05	37.31	91.99	97.67
1996	70.19	36.63	94.07	97.46
1997	69.76	35.89	94.01	97.37
1998	69.28	37.09	94.97	96.41
1999	69.25	37.04	96.13	97.51
2000	69.04	37.36	96.21	97.32
2001	69.34	37.63	96.48	97.92
2002	69.04	38.73	96.63	96.71
2003	69.40	38.83	96.13	96.80
2004	70.91	39.46	97.55	96.43
2005	71.55	39.87	97.57	96.86
2006	71.24	39.87	97.77	96.86
2007	70.77	40.24	97.56	97.17
2008	71.55	41.04	97.75	97.17
2009	72.01	41.73	97.38	96.63

1-5 人均能源生产量和消费量

ENERGY PRODUCTION AND CONSUMPTION PER CAPITA

年份 Year	人均能源生产量 Per-Capita Energy Production				人均能源消费量 Per-Capita Energy Consumption			
	能源总量(千克标准煤) Total Energy (kgce)	原煤(千克) Raw Coal (kg)	原油(千克) Crude Oil (kg)	电力(千瓦小时) Electricity (kW•h)	能源总量(千克标准煤) Total Energy (kgtce)	煤炭(千克) Coal (kg)	石油(千克) Oil (kg)	电力(千瓦小时) Electricity (kW•h)
1980	650	632	108	306	614	622	89	306
1981	636	625	102	311	598	610	94	311
1982	662	661	101	325	615	636	81	325
1983	696	698	104	343	645	671	82	344
1984	751	761	111	364	684	723	83	364
1985	814	830	119	391	730	776	87	392
1986	826	838	123	421	758	806	91	422
1987	842	856	124	459	799	856	95	460
1988	870	889	124	495	844	902	101	496
1989	909	942	123	523	867	925	104	524
1990	915	951	122	547	869	930	101	549
1991	911	945	123	589	902	960	108	591
1992	921	958	122	647	937	979	115	651
1993	942	976	123	711	984	1026	125	715
1994	996	1040	123	779	1030	1078	125	777
1995	1071	1129	125	836	1089	1143	133	832
1996	1093	1147	129	887	1110	1150	145	884
1997	1085	1128	131	923	1105	1120	157	917
1998	1045	1073	130	939	1097	1087	160	934
1999	1053	1089	128	989	1122	1112	168	982
2000	1070	1096	129	1074	1153	1117	178	1067
2001	1131	1157	129	1164	1183	1136	180	1158
2002	1177	1211	130	1292	1245	1189	194	1286
2003	1334	1424	132	1483	1427	1402	211	1477
2004	1517	1638	136	1700	1647	1601	245	1695
2005	1658	1802	139	1918	1810	1778	250	1913
2006	1771	1929	141	2186	1973	1946	266	2181
2007	1876	2043	141	2490	2128	2070	278	2482
2008	1972	2115	147	2617	2200	2122	282	2608
2009	2063	2233	142	2790	2303	2222	288	2781

注：本表按年平均人口数计算。

a) This table is calculated by annual average population.

1-6 人均生活用能量

RESIDENTIAL ENERGY CONSUMPTION PER CAPITA

年 份 Year	全国人均生活用能量(千克标准煤) Annual Average Residential Energy Consumption Per Capita (kgce)						城镇人均生活用能量(千克标准煤) Urban (kgce)	农村人均生活用能量(千克标准煤) Rural (kgce)
		煤炭(千克) Coal (kg)	电力(千瓦小时) Electricity (kW•h)	液化石油气(千克) LPG (kg)	天然气(立方米) Natural Gas (cu.m)	煤气(立方米) Gas (cu.m)		
1980	112	118	11	0.4	0.2	1.4	332	60
1981	101	122	12	0.5	0.2	1.4	290	55
1982	102	124	12	0.5	0.2	1.5	281	56
1983	107	128	13	0.6	0.1	1.5	283	59
1984	113	135	15	0.6	0.4	1.6	288	63
1985	127	149	21	0.9	0.4	1.3	307	72
1986	127	148	23	1.1	0.6	1.3	306	71
1987	132	152	26	1.1	0.7	1.6	300	76
1988	141	159	31	1.2	1.4	1.6	307	84
1989	139	152	35	1.4	1.5	2.4	297	84
1990	139	147	42	1.4	1.6	2.5	298	83
1991	139	143	47	1.8	1.6	3.2	292	83
1992	134	127	55	2.1	1.8	4.4	267	85
1993	133	123	63	2.5	1.5	4.6	258	86
1994	129	109	73	3.2	1.7	6.3	238	86
1995	131	112	83	4.4	1.6	4.7	242	86
1996	121	83	88	5.9	1.7	6.4	238	71
1997	119	77	99	6.2	1.7	8.9	226	71
1998	119	73	104	6.9	1.9	9.7	218	71
1999	122	70	109	6.8	2.1	9.3	213	75
2000	124	67	115	6.8	2.6	10.0	210	76
2001	127	66	127	6.7	3.3	9.4	207	80
2002	134	66	138	7.6	3.6	9.8	210	87
2003	153	70	160	8.6	4.0	10.2	232	102
2004	176	75	184	10.4	5.2	10.7	256	119
2005	194	77	221	10.2	6.1	11.1	279	132
2006	212	77	256	11.1	7.8	12.7	299	145
2007	234	74	308	12.4	10.9	14.1	325	161
2008	241	69	332	11.0	12.8	13.9	327	170
2009	254	69	366	11.2	13.3	12.5	336	184

1-7 年末交通运输设备拥有量
NUMBER OF TRANSPORTATION EQUIPMENT (YEAR-END)

指 标 Item	2000	2001	2002	2003	2004	2005	2006	2007	2008	2009
铁路机车合计(辆) Total Railway Locomotives(unit)	15253	15756	16026	16320	17022	17473	17799	18306	18437	18922
蒸汽机车 Steam Locomotives	911	699	374	343	263	193	133	124	118	107
内燃机车 Diesel Locomotives	10826	11081	11312	11355	11872	12114	12148	12111	12021	11805
电力机车 Electric Locomotives	3516	3976	3918	4622	4887	5166	5518	6071	6298	7010
铁路客车(辆) Railway Passenger Coaches(unit)	35989	37214	37942	38972	39766	40328	40945	42471	43215	47436
铁路货车(辆) Railway Freight Cars(unit)	439943	449921	446707	503868	520101	541824	558483	571078	584961	594388
民用汽车合计(万辆) Total Civil Motor Vehicles(10^4unit)	1609	1802	2053	2383	2694	3160	3697	4358	5100	6281
载客汽车 Passenger Vehicles	854	994	1202	1479	1739	2132	2620	3196	3839	4845
载货汽车 Trucks	716	765	812	854	893	956	986	1054	1126	1369
其它机动车(万辆) Others(10^4unit)	4168	4724	6174	7109	7786	8595	8798	9434	9757	10489
公路部门营运车辆(万辆) Motor Vehicles Owned by Highway Department(10^4unit)	703	764	826	925	1067	733	803	849	931	1087
私人汽车(万辆) Private Vehicles(10^4unit)	625	771	969	1219	1482	1848	2333	2876	3501	4575
民航飞机合计(架) Total Civil Aircraft(unit)	982	1031	1112	1160	1245	1386	1614	1813	1961	2181
民用运输船舶合计(艘) Total Civil Transport Vessels(unit)	229676	210786	202977	204270	210700	207294	194360	191771	184190	176932
机动船 Motor Vessels	185018	169329	165936	163813	166854	165900	157805	157544	152247	149367
驳船 Barges	44658	41457	37041	40457	43846	41394	36555	34227	31943	27565
#私人运输船舶 #Private Transport Vessels	142117	121721	115108	114297	115503	95838	70292	70017	64552	

1-8 主要能源品种进、出口量

IMPORTS AND EXPORTS OF MAJOR ENERGY PRODUCTS

指 标 Item	2000	2001	2002	2003	2004	2005	2006	2007	2008	2009
进口量 Import										
煤(万吨) Coal(10^4tn)	212.0	249.0	1081.0	1109.8	1861.4	2617.1	3810.5	5101.6	4034.0	12584.0
焦炭(万吨) Coal(10^4tn)				0.2	0.5	0.5				15.9
原油(万吨) Crude Oil(10^4tn)	7027.0	6026.0	6941.0	9102.0	12272.0	12681.7	14517.0	16317.0	17888.5	20365.3
汽油(万吨) Gasoline(10^4tn)							6.1	22.7	198.7	4.4
柴油(万吨) Diesel Oil(10^4tn)	25.9	27.5	47.7	84.9	274.9	53.2	70.5	162.1	624.5	183.6
煤油(万吨) Kerosene(10^4tn)	255.5	201.9	214.5	210.3	282.0	328.3	560.9	524.3	647.8	611.9
燃料油(万吨) Fuel Oil(10^4tn)	1480.0	1823.6	1659.7	2395.5	3059.2	2608.6	2799.3	2417.1	2186.1	2407.2
液化石油气(万吨) LPG(10^4tn)	481.7	488.9	626.2	636.7	641.0	617.0	535.6	405.4	259.2	408.0
其它石油制品(万吨) Other Petroleum Products(10^4tn)	161.5	201.3	384.3	432.1	384.2	443.4	443.4	688.9	666.0	1153.2
天然气(亿立方米) Natural Gas(10^8cu.m)							9.5	40.2	46.0	76.3
电力(亿千瓦小时) Electricity(10^8kW•h)	15.5	18.0	23.0	29.8	34.0	50.1	53.9	42.5	38.4	60.1
出口量 Export										
煤(万吨) Coal(10^4tn)	5505.0	9012.0	8384.0	9402.9	8666.4	7172.4	6327.3	5317.0	4543.0	2239.6
焦炭(万吨) Coke(10^4tn)	1520.0	1385.0	1357.0	1472.1	1501.2	1276.4	1446.8	1529.9	1221.3	54.5
原油(万吨) Crude Oil(10^4tn)	1031.0	755.0	766.0	813.3	549.2	806.7	633.7	389.0	423.8	507.3
汽油(万吨) Gasoline(10^4tn)	455.2	572.5	612.0	754.2	540.7	560.0	351.0	464.3	203.4	491.9
柴油(万吨) Diesel Oil(10^4tn)	55.5	25.6	124.0	224.0	63.7	147.6	77.6	66.1	63.1	450.7
煤油(万吨) Kerosene(10^4tn)	198.9	182.2	170.0	201.7	205.0	268.7	371.1	448.1	536.4	594.2
燃料油(万吨) Fuel Oil(10^4tn)	33.4	44.1	64.0	76.1	181.7	230.0	258.1	379.7	731.7	862.4
液化石油气(万吨) LPG(10^4tn)	1.6	2.1	5.6	2.4	3.2	2.7	15.1	33.8	67.9	84.9
其它石油制品(万吨) Other Petroleum Products(10^4tn)	280.5	325.5	246.0	261.8	360.7	473.0	473.0	416.2	418.6	305.4
天然气(亿立方米) Natural Gas(10^8cu.m)					24.4	29.7	29.0	26.0	32.5	32.1
电力(亿千瓦小时) Electricity(10^8kW•h)	98.8	101.9	97.0	103.4	94.8	111.9	122.7	145.7	166.4	173.9

1-9 主要高耗能产品的进、出口量
IMPORTS AND EXPORTS OF ENERGY INTENSIVE PRODUCTS

指　　标 Item	2000	2001	2002	2003	2004	2005	2006	2007	2008	2009
进口量 Import										
钢材（万吨）	1596	1722	2449	3717	2930	2582	1851	1687	1543	1763
Steel Products(10^4tn)										
钢铁丝(吨)	336300	353771	427554	465540						
Iron and Steel Wire(tn)										
铜及铜合金(万吨)	81	95	133	156	138	142	97	173	170	347
Copper and Copper Alloys(10^4tn)										
铝及铝合金(万吨)	91	53	58	88	103	64	51	28	26	174
Aluminum and Aluminum Alloys(10^4tn)										
锌及锌合金(吨)	129974	141159	211722	310221						
Zinc and Zinc Alloys(tn)										
烧碱(吨)	46458	27357	114834	104686						
Caustic Soda(tn)										
纯碱(万吨)	13	7	29	30	20	7	14	4		
Soda Ash(10^4tn)										
肥料(万吨)	1189	1092	1682	1213	1240	1397	1129	1169	622	411
Chemical Fertilizers, Manufactured(10^4tn)										
纸浆(万吨)	335	490	526	603	732	759	796	847	952	1368
Paper Pulp(10^4tn)										
纺织用合成纤维(万吨)	100	92	104	106	99	84	62	51	32	35
Synthetic Fiber Suitable for Spinning(10^4tn)										
出口量 Export										
水泥(万吨)	605	621	518	533	704	2216	3613	3301	2604	1561
Cement(10^4tn)										
平板玻璃(万平方米)	5592	6123	11359	12427	14464	19925	26433	30917	27762	16643
Plate Glass(10^4sq.m)										
钢材（万吨）	621	474	545	696	1423	2052	4301	6265	5923	2460
Steel Products(10^4tn)										
钢铁丝(吨)	190122	224484	310992	401235						
Iron and Steel Wire(tn)										
铜材(吨)	144484	123790	171710	232879	390023	463560	559122	499678	517522	455136
Copper Products (tn)										
铝材(吨)	130052	135630	188744	273874	430988	711484	1240157	1853413	1900000	1390000
Aluminum Products(tn)										
锌及锌合金(吨)	593336	562021	495987	484231	263149	146845	341465	276714	71320	29287
Zinc and Zinc Alloys(tn)										
纸及 纸板(万吨)	65	68	74	114	101	167	305	422	361	362
Paper and Paperboard(10^4tn)										

1-10 分地区工业废气排放量

EMISSION OF INDUSTRIAL WASTE GAS BY REGION

地区 Region	工业废气排放总量（亿标准立方米）Total Volume of Industrial Waste Gas Emissions (10^8cu.m)						燃料燃烧工业废气排放量（亿标准立方米）Waste Gas from Fuel (10^8cu.m)					
	2000	2005	2006	2007	2008	2009	2000	2005	2006	2007	2008	2009
全 国 National	**138145**	**268988**	**330992**	**388169**	**403866**	**436064**	**81970**	**155238**	**181636**	**209922**	**229535**	**241201**
北 京 Beijing	3227	3532	4641	5146	4316	4408	1864	2015	2772	2205	1736	1777
天 津 Tianjin	1749	4602	6512	5506	6005	5983	1341	3380	4568	3507	3268	4040
河 北 Hebei	9858	26518	39254	48036	37558	50779	4847	13142	19251	25643	16079	24836
山 西 Shanxi	6635	15142	18128	21429	23180	23693	4203	8565	10424	12865	13537	13066
内 蒙 Inner Mongolia	4768	12071	18415	18200	20190	24844	3252	8802	12559	12657	13719	14382
辽 宁 Liaoning	9432	20903	27195	23946	40219	25211	5925	10640	10034	10363	10540	11284
吉 林 Jilin	3082	4939	5352	5730	6155	7124	2172	3405	3380	3886	4153	5095
黑龙江 Heilongjiang	4326	5261	5991	7283	7796	9977	3517	4276	4748	5981	6265	8260
上 海 Shanghai	5755	8482	9428	9591	10436	10059	3282	3564	3326	3514	4039	3382
江 苏 Jiangsu	9078	20197	24881	23585	25245	27432	6522	12748	15319	15408	16172	17752
浙 江 Zhejiang	6509	13025	14702	17467	17633	18860	4262	8148	9216	11542	11490	11913
安 徽 Anhui	3945	6960	8677	13254	15749	15273	2282	4478	4622	6575	6869	7038
福 建 Fujian	2828	6265	6884	9153	9150	10497	1297	3284	3676	5626	5317	6580
江 西 Jiangxi	2220	4379	5096	6103	7456	8286	1218	2138	2552	2919	4208	4711
山 东 Shandong	12179	24129	25751	31341	33505	35127	7438	14333	15417	16642	18162	19539
河 南 Henan	7436	15498	16770	18890	20264	22186	4408	9180	9584	10609	11352	12773
湖 北 Hubei	5674	9404	11015	10373	11558	12523	2468	3958	4040	4314	4192	5958
湖 南 Hunan	3569	6014	5986	8762	9249	10973	1718	2826	2916	4046	4184	4373
广 东 Guangdong	8326	13447	13584	16939	20510	22682	5169	9213	9725	11682	13202	14033
广 西 Guangxi	4607	8339	8969	12724	11643	13184	1787	4370	4087	6755	5922	7588
海 南 Hainan	434	910	860	1115	1345	1353	226	552	565	846	1104	1023
重 庆 Chongqing	1908	3655	6757	7617	7351	12587	1130	2178	3699	4275	3763	6659
四 川 Sichuan	4779	8140	10553	22970	12997	13410	2332	4395	5804	7495	6630	7436
贵 州 Guizhou	3882	3852	8344	10356	6842	7786	2326	1933	4328	3812	3899	4763
云 南 Yunnan	2749	5444	6646	8082	8316	9484	1402	2939	3510	3986	3947	4758
西 藏 Tibet	15	13	13	13	13	15	8	13	12	13	13	14
陕 西 Shaanxi	2379	4916	5535	6469	9706	11032	1503	3140	3102	3683	5909	6822
甘 肃 Gansu	2800	4250	4761	5818	5685	6314	1523	2648	2850	2589	3197	3375
青 海 Qinghai	607	1370	2099	2492	3237	3308	163	345	452	610	688	757
宁 夏 Ningxia	1445	2844	3140	3981	4403	4701	995	1625	1628	2123	2454	2556
新 疆 Xinjiang	1944	4485	5053	5797	6154	6975	1389	3005	3470	3752	4230	4658

资料来源：《中国统计年鉴》
Source: CHINA STATISTICAL YEARBOOK

1-11 分地区工业废水排放及处理情况

DISCHARGE AND TREATMENT OF INDUSTRIAL WASTE WATER BY REGION

单位：万吨 (10⁴tn)

地 区 Region	工业废水排放总量 Total Volume of Industrial Waste Water Discharged						工业废水排放达标量 Volume of Industrial Waste Water up to the Discharge Standards					
	2000	2005	2006	2007	2008	2009	2000	2005	2006	2007	2008	2009
全 国 National	**1942405**	**2431121**	**2401946**	**2466493**	**2416511**	**2343857**	**1493277**	**2217093**	**2178461**	**2260719**	**2233986**	**2208743**
北 京 Beijing	23164	12813	10170	9134	8367	8713	21456	12740	10098	8898	8221	8574
天 津 Tianjin	17604	30081	22978	21444	20433	19441	17186	29962	22925	21382	20413	19440
河 北 Hebei	89600	124533	130340	123537	121172	110058	63649	119920	121750	113999	115699	108166
山 西 Shanxi	32406	32099	44091	41140	41150	39720	20056	28526	30377	36297	35229	32694
内 蒙 Inner Mongolia	21844	24967	27823	25021	29167	28616	14116	16634	21416	18437	24092	24366
辽 宁 Liaoning	109044	105072	94724	95197	83073	75159	87196	99917	88007	87969	73544	64593
吉 林 Jilin	37386	41189	39321	39666	38353	37563	24626	33458	32010	34740	33443	30621
黑龙江 Heilongjiang	52644	45158	44801	38388	38910	34188	44152	41759	39344	32780	33768	31379
上 海 Shanghai	72446	51097	48336	47570	41871	41192	67553	49590	47146	46492	41364	40687
江 苏 Jiangsu	201923	296318	287181	268762	259999	256160	185653	288936	280457	261745	253940	251290
浙 江 Zhejiang	136433	192426	199593	201211	200488	203442	115680	185978	172414	173220	182094	193847
安 徽 Anhui	63106	63487	70119	73556	67007	73441	53355	61816	68097	69711	64438	70657
福 建 Fujian	57617	130939	127583	136408	139997	142747	46574	127874	124960	134052	137825	141032
江 西 Jiangxi	41956	53972	64074	71410	68681	67192	28796	49726	59739	67044	63863	63047
山 东 Shandong	110324	139071	144365	166574	176977	182673	102743	136606	141540	163365	174953	180030
河 南 Henan	109210	123476	130158	134344	133144	140325	88297	113518	121024	126324	126308	134850
湖 北 Hubei	106733	92432	91146	91001	93687	91324	80591	80926	82930	85215	87753	87594
湖 南 Hunan	112563	122440	100024	100113	92340	96396	74396	109879	91618	89934	85057	88059
广 东 Guangdong	114055	231568	234713	246331	213314	188844	88271	194284	199215	211959	191413	174377
广 西 Guangxi	81571	145609	128932	183981	205745	161596	51287	121873	119795	170757	176290	153458
海 南 Hainan	7064	7428	7351	5960	5991	7031	6134	6954	6956	5640	5674	6789
重 庆 Chongqing	84344	84885	86496	69003	67027	65684	63612	79507	81146	63533	62648	61925
四 川 Sichuan	116979	122590	115348	114687	108700	105910	69596	108195	97456	104780	103191	101029
贵 州 Guizhou	20598	14850	13928	12101	11695	13478	9766	10054	10006	8703	8386	9570
云 南 Yunnan	35117	32928	34286	35352	32996	32375	16245	26659	30568	31997	30574	29991
西 藏 Tibet	1006	991	790	856	924	942				250	274	210
陕 西 Shanxi	30903	42819	40479	48523	48477	49137	19749	39704	36118	46652	47132	47523
甘 肃 Gansu	23795	16798	16570	15856	16405	16364	16973	12301	13103	12838	9670	13266
青 海 Qinghai	4661	7619	7168	7318	7098	8404	3777	3396	3487	3677	3767	4692
宁 夏 Ningxia	10942	21411	18500	21089	20448	21542	3867	14508	11980	14698	17884	18835
新 疆 Xinjiang	15365	20052	20558	20960	22875	24201	7923	11893	12556	13629	15078	16152

资料来源：《中国统计年鉴》
Source: CHINA STATISTICAL YEARBOOK

二、能源建设

Chapter 2　Construction of Energy Industry

2-1 国有经济能源工业分行业固定资产投资
INVESTMENT IN FIXED ASSETS OF STATE-OWNED UNITS IN ENERGY INDUSTRY

单位：亿元 (100 million yuan)

项 目 Item	1995	2000	2005	2006	2007	2008	2009
能源工业 Energy Industry	2025.28	2839.59	4766.08	5686.60	6715.04	7940.40	10003.17
煤炭采选业 Coal Mining and Processing	282.26	198.90	623.62	759.44	836.11	1014.37	1240.72
石油和天然气开采业 Petroleum and Natural Gas Extraction	499.68	355.55	278.78	386.51	585.85	739.50	1270.96
电力、蒸汽、热水生产和供应业 Electricity, Steam, Hot Water Producing and Supply	1042.71	2130.30	3451.47	4042.40	4611.17	5336.21	6686.37
石油加工及炼焦业 Petroleum Processing and Coking	161.64	94.81	299.33	369.30	549.36	697.64	561.17
煤气生产和供应业 Coal Gas and Coal Products	38.99	60.03	112.89	128.94	132.55	152.67	243.95

2-2 国有经济能源工业分行业固定资产投资构成
PROPORTIONS OF INVESTMENT IN FIXED ASSETS OF STATE-OWNED UNITS IN ENERGY INDUSTRY

单位：% (%)

项 目 Item	1995	2000	2005	2006	2007	2008	2009
能源工业 Energy Industry	100.00	100.00	100.00	100.00	100.00	100.00	100.00
煤炭采选业 Coal Mining and Processing	13.94	7.00	13.08	13.35	12.45	12.77	12.40
石油和天然气开采业 Petroleum and Natural Gas Extraction	24.67	12.52	5.85	6.80	8.72	9.31	12.71
电力、蒸汽、热水生产和供应业 Electricity, Steam, Hot Water Producing and Supply	51.48	75.02	72.42	71.09	68.67	67.20	66.84
石油加工及炼焦业 Petroleum Processing and Coking	7.98	3.34	6.28	6.49	8.18	8.79	5.61
煤气生产和供应业 Coal Gas and Coal Products	1.93	2.11	2.37	2.27	1.97	1.92	2.44

2-3 分地区国有经济能源工业固定资产投资

INVESTMENT IN FIXED ASSETS OF STATE-OWNED UNITS IN ENERGY INDUSTRY BY REGION

单位：亿元 (100 million yuan)

地 区	Region	1995	2000	2005	2006	2007	2008	2009
北 京	Beijing	48.33	54.14	99.83	90.66	133.31	124.15	125.05
天 津	Tianjin	120.62	30.67	46.76	103.85	175.19	273.06	297.18
河 北	Hebei	108.93	166.82	190.31	268.08	257.26	275.80	209.41
山 西	Shanxi	70.05	106.57	263.36	332.18	441.29	538.09	599.17
内 蒙	Inner Mongolia	73.62	33.36	382.06	445.28	599.91	695.25	821.71
辽 宁	Liaoning	133.08	179.51	126.88	166.56	241.22	247.76	307.15
吉 林	Jilin	44.26	66.45	46.85	79.88	103.84	216.97	255.62
黑龙江	Heilongjiang	163.08	72.04	114.20	148.74	180.36	283.06	313.32
上 海	Shanghai	75.72	76.10	108.43	122.32	137.71	157.70	271.51
江 苏	Jiangsu	49.28	202.11	311.16	284.86	174.68	247.86	323.69
浙 江	Zhejiang	56.44	91.08	291.11	271.56	338.97	258.46	317.88
安 徽	Anhui	76.87	54.25	170.18	238.39	379.85	387.70	325.66
福 建	Fujian	38.19	70.64	114.93	168.56	271.84	311.21	234.85
江 西	Jiangxi	18.65	50.71	81.04	96.66	92.75	83.30	135.95
山 东	Shandong	180.99	330.44	216.26	232.09	216.46	263.43	277.27
河 南	Henan	99.65	180.77	210.03	214.91	267.40	404.77	422.44
湖 北	Hubei	138.42	221.63	187.89	234.07	243.60	280.12	333.69
湖 南	Hunan	57.75	88.95	116.78	131.20	175.84	219.69	188.47
广 东	Guangdong	84.91	90.46	375.78	400.59	341.76	348.91	558.30
广 西	Guangxi	21.36	71.02	67.36	103.47	104.74	94.67	210.48
海 南	Hainan	1.53	13.01	70.77	46.62	19.82	30.24	36.73
重 庆	Chongqing		42.89	73.95	139.92	136.21	126.36	150.23
四 川	Sichuan	110.55	94.62	182.91	273.11	328.06	317.28	386.20
贵 州	Guizhou	26.83	67.38	179.64	186.94	201.57	242.10	240.71
云 南	Yunnan	22.63	49.37	140.51	206.87	214.86	266.68	381.52
西 藏	Tibet	9.01	9.73	15.05	12.72	17.84	30.15	38.92
陕 西	Shaanxi	40.35	94.33	237.74	276.08	425.45	470.53	579.55
甘 肃	Gansu	33.99	53.01	97.14	97.15	146.91	195.41	312.46
青 海	Qinghai	22.24	10.59	21.38	41.90	31.70	34.30	74.86
宁 夏	Ningxia	11.57	16.32	60.79	75.93	104.68	141.17	182.25
新 疆	Xinjiang	106.91	49.90	74.03	89.48	106.24	173.26	239.06

2-4 分地区国有经济煤炭采选业固定资产投资
INVESTMENT IN FIXED ASSETS OF STATE-OWNED UNITS IN COAL MINING AND PROCESSING BY REGION

单位：亿元 (100 million yuan)

地 区	Region	1995	2000	2005	2006	2007	2008	2009
北 京	Beijing	0.62	0.21	0.01	0.21	0.66	0.71	1.00
天 津	Tianjin	60.30						
河 北	Hebei	62.86	19.54	30.68	42.42	28.63	18.44	29.08
山 西	Shanxi	46.59	34.25	180.97	198.03	193.31	259.36	321.92
内 蒙	Inner Mongolia	35.26	2.49	31.74	70.73	103.60	135.68	188.78
辽 宁	Liaoning	6.09	7.95	15.34	7.94	14.16	17.53	11.27
吉 林	Jilin	2.86	0.84	5.07	14.43	8.49	16.04	15.88
黑龙江	Heilongjiang	14.12	7.46	22.48	33.68	34.66	39.46	54.82
上 海	Shanghai							
江 苏	Jiangsu	6.16	5.48	12.31	7.85	1.00	12.52	13.69
浙 江	Zhejiang	0.12						
安 徽	Anhui	34.64	13.16	91.42	131.17	166.54	160.06	167.18
福 建	Fujian	1.48	1.27	1.73	1.60	0.81	2.65	3.11
江 西	Jiangxi	1.72	0.89	4.40	4.18	6.47	4.43	8.21
山 东	Shandong	24.62	39.50	55.61	41.61	36.43	31.21	37.13
河 南	Henan	22.83	18.47	23.80	22.97	33.85	50.40	47.32
湖 北	Hubei	0.56	0.43				0.64	0.95
湖 南	Hunan	3.38	1.04	4.16	2.59	5.21	4.76	6.71
广 东	Guangdong	0.99	0.17					
广 西	Guangxi	0.93	0.52	1.58	1.83	1.56	2.36	5.79
海 南	Hainan	0.01						
重 庆	Chongqing		1.08	5.06	15.69	10.09	9.46	9.71
四 川	Sichuan	6.61	2.21	6.90	7.65	6.58	7.05	8.90
贵 州	Guizhou	6.65	4.46	21.56	30.11	32.17	49.92	35.97
云 南	Yunnan	3.59	1.90	6.30	8.69	10.57	17.95	22.96
西 藏	Tibet	0.09						
陕 西	Shaanxi	8.38	3.20	12.93	20.28	24.69	36.53	75.84
甘 肃	Gansu	4.07	4.97	10.21	8.96	11.56	10.32	46.11
青 海	Qinghai	0.24	0.01	0.42	0.48	1.43	1.28	1.20
宁 夏	Ningxia	5.21	2.79	32.88	32.42	58.67	69.76	77.88
新 疆	Xinjiang	3.34	2.15	6.92	15.90	15.28	18.70	49.31

2-5 分地区国有经济石油和天然气开采业固定资产投资
INVESTMENT IN FIXED ASSETS OF STATE-OWNED UNITS IN PETROLEUM AND NATURAL GAS EXTRACTION BY REGION

单位：亿元 (100 million yuan)

地区	Region	1995	2000	2005	2006	2007	2008	2009
北京	Beijing			0.03	0.03		18.16	
天津	Tianjin	30.77	4.11	9.03	30.60	28.26	29.22	28.18
河北	Hebei	3.06	3.35	2.09	0.96	1.78	1.51	0.97
山西	Shanxi							4.84
内蒙	Inner Mongolia		0.70	18.05	28.28	105.87	175.69	157.29
辽宁	Liaoning	54.91	67.50	21.58	34.63	49.47	19.72	11.27
吉林	Jilin	17.39	20.85	0.14	6.22	20.14	33.47	80.54
黑龙江	Heilongjiang	103.85	0.40	7.52	5.00	19.36	61.43	98.39
上海	Shanghai	0.07	2.17			12.72	28.41	8.21
江苏	Jiangsu	6.28	10.74	11.62	14.97	11.25	19.20	25.24
浙江	Zhejiang							
安徽	Anhui						0.25	
福建	Fujian							
江西	Jiangxi						0.22	
山东	Shandong	79.97	132.95		0.82	3.47	3.55	8.04
河南	Henan	26.10	43.95	55.37	55.33	67.44	71.43	73.31
湖北	Hubei	3.77	13.20	12.19	16.94	28.12	27.46	28.08
湖南	Hunan							0.04
广东	Guangdong	6.28	0.72	0.47	0.56	0.60	0.44	0.28
广西	Guangxi	0.04			0.14	1.17	0.78	1.52
海南	Hainan		5.00					
重庆	Chongqing		0.09	0.28	0.24	3.14	7.13	8.31
四川	Sichuan	24.11	6.87	13.65	15.19	19.50	19.37	11.66
贵州	Guizhou			0.52	0.54			0.42
云南	Yunnan		0.03				0.29	0.67
西藏	Tibet				0.03			
陕西	Shaanxi	2.76	23.98	94.69	126.50	172.30	161.49	177.36
甘肃	Gansu	4.29	6.57	5.76	8.05	14.23	22.35	15.23
青海	Qinghai	6.00	1.76	4.54	1.07	0.92	0.59	
宁夏	Ningxia							0.15
新疆	Xinjiang	85.85	10.61	21.23	40.43	26.13	37.35	16.03

2-6 分地区国有经济电力、蒸汽、热水生产和供应业固定资产投资

INVESTMENT IN FIXED ASSETS OF STATE-OWNED UNITS IN ELECTRICITY，STEAM，HOT WATER PRODUCTION AND SUPPLY BY REGION

单位：亿元 (100 million yuan)

地 区	Region	1995	2000	2005	2006	2007	2008	2009
北 京	Beijing	36.72	35.85	76.39	64.77	125.87	100.83	113.40
天 津	Tianjin	23.28	21.18	28.15	59.75	105.85	124.68	154.52
河 北	Hebei	37.82	134.25	142.31	208.95	193.46	226.25	147.48
山 西	Shanxi	21.33	66.63	76.51	123.08	222.82	232.23	244.60
内 蒙	Inner Mongolia	32.63	29.17	307.59	291.78	339.77	337.57	434.13
辽 宁	Liaoning	41.63	85.64	77.01	108.16	160.38	186.91	260.40
吉 林	Jilin	19.95	43.46	40.89	57.73	72.55	160.23	157.06
黑龙江	Heilongjiang	25.76	58.69	76.40	88.19	110.02	150.59	125.45
上 海	Shanghai	57.17	61.71	103.29	114.22	100.39	121.71	247.74
江 苏	Jiangsu	29.18	172.25	284.34	256.94	160.55	202.14	268.56
浙 江	Zhejiang	53.58	89.68	261.32	258.98	333.24	253.24	312.63
安 徽	Anhui	26.96	39.05	65.70	89.88	194.25	209.26	134.54
福 建	Fujian	32.89	67.33	94.76	118.04	122.99	154.27	154.07
江 西	Jiangxi	14.28	47.42	66.36	86.31	78.63	68.20	113.62
山 东	Shandong	60.82	148.91	139.58	171.02	126.96	165.76	167.89
河 南	Henan	46.00	113.29	123.06	116.46	147.04	272.51	267.54
湖 北	Hubei	126.00	204.23	169.36	207.85	198.17	236.70	279.22
湖 南	Hunan	51.30	75.46	101.41	126.78	168.22	209.13	176.66
广 东	Guangdong	64.11	81.64	329.79	328.89	243.83	234.48	515.40
广 西	Guangxi	20.19	68.96	65.28	99.57	98.43	88.71	198.63
海 南	Hainan	1.51	6.43	8.10	8.12	15.21	30.24	35.02
重 庆	Chongqing		40.85	67.12	121.37	116.28	103.15	120.53
四 川	Sichuan	77.03	82.51	157.52	240.13	294.72	275.10	348.68
贵 州	Guizhou	19.98	62.37	157.07	156.08	167.64	191.86	202.49
云 南	Yunnan	18.58	47.18	130.40	197.18	198.25	242.29	343.77
西 藏	Tibet	8.92	9.73	15.05	12.69	17.74	29.91	38.11
陕 西	Shaanxi	25.12	63.09	110.00	107.45	196.73	216.83	263.93
甘 肃	Gansu	18.47	38.85	44.06	41.92	92.41	136.41	187.58
青 海	Qinghai	16.00	8.82	16.33	40.25	29.24	32.44	73.52
宁 夏	Ningxia	6.02	13.01	27.22	43.04	45.68	70.84	103.52
新 疆	Xinjiang	12.11	34.39	37.27	28.86	59.83	107.91	156.70

2-7 分地区国有经济石油加工及炼焦业固定资产投资

INVESTMENT IN FIXED ASSETS OF STATE-OWNED UNITS IN PETROLEUM PROCESSING AND COKING BY REGION

单位：亿元 (100 million yuan)

地 区	Region	1995	2000	2005	2006	2007	2008	2009
北 京	Beijing	6.95	5.59	12.37	15.08	6.79	4.45	8.57
天 津	Tianjin	5.17	1.48	6.94	11.00	35.37	112.59	103.55
河 北	Hebei	4.66	7.14	11.03	6.20	21.35	22.48	16.62
山 西	Shanxi	1.06	2.90	5.08	8.99	21.61	40.12	16.80
内 蒙	Inner Mongolia	5.59	0.26	23.24	51.85	48.22	40.44	32.72
辽 宁	Liaoning	28.90	16.59	8.81	13.64	13.33	17.44	17.31
吉 林	Jilin	3.15	0.55	0.25		0.08		0.22
黑龙江	Heilongjiang	16.74	4.26	7.09	19.44	14.31	27.39	26.24
上 海	Shanghai	10.05	5.33	0.97	2.67	19.94	5.53	7.25
江 苏	Jiangsu	6.80	12.24	1.55	3.16	0.80	1.27	1.26
浙 江	Zhejiang	1.36	0.24	0.44	0.37	1.01	0.13	0.10
安 徽	Anhui	14.39	1.42	9.79	14.32	15.52	11.24	11.78
福 建	Fujian	3.56		11.07	26.35	121.10	143.20	63.89
江 西	Jiangxi	1.87	1.76	9.13	4.27	5.74	8.60	6.04
山 东	Shandong	13.21	5.68	16.68	14.14	45.55	48.47	57.40
河 南	Henan	1.48	1.42	0.19	7.54	14.48	8.23	4.45
湖 北	Hubei	6.80	3.33	3.24	7.86	11.78	7.45	9.50
湖 南	Hunan	2.02	11.62	10.15	0.71		0.44	0.31
广 东	Guangdong	11.70	6.48	36.52	65.65	92.63	107.04	33.05
广 西	Guangxi	0.09	0.10	0.22	1.21	2.14	1.85	2.54
海 南	Hainan			62.53	38.30	2.81		0.26
重 庆	Chongqing		0.15	0.09	0.14	0.22	0.24	0.25
四 川	Sichuan	0.53	0.03	0.33	0.03	3.07	10.22	9.16
贵 州	Guizhou		0.07	0.13		1.36		1.06
云 南	Yunnan	0.05	0.06	0.66			3.03	10.20
西 藏	Tibet							0.03
陕 西	Shaanxi	3.31	1.70	16.92	18.18	25.71	50.18	50.71
甘 肃	Gansu	6.64	2.26	36.31	36.51	21.91	20.90	57.58
青 海	Qinghai							0.14
宁 夏	Ningxia	0.25	0.05	0.49				
新 疆	Xinjiang	5.32	2.07	7.11	1.69	2.53	4.72	12.20

2-8 分地区国有经济煤气生产和供应业固定资产投资
INVESTMENT IN FIXED ASSETS OF STATE-OWNED UNITS IN GAS PRODUCTION AND SUPPLY BY REGION

单位: 亿元 (100 million yuan)

地 区	Region	1995	2000	2005	2006	2007	2008	2009
北 京	Beijing	4.04	12.50	11.03	10.57			2.08
天 津	Tianjin	1.10	3.90	2.63	2.50	5.72	6.58	10.93
河 北	Hebei	0.53	2.53	4.20	9.55	12.04	7.12	15.26
山 西	Shanxi	1.07	2.80	0.79	2.09	3.55	6.38	11.02
内 蒙	Inner Mongolia	0.14	0.74	1.44	2.64	2.46	5.87	8.79
辽 宁	Liaoning	1.55	1.83	4.15	2.18	3.87	6.16	6.90
吉 林	Jilin	0.91	0.76	0.50	1.49	2.59	7.22	1.92
黑龙江	Heilongjiang	2.61	1.22	0.71	2.43	2.01	4.18	8.42
上 海	Shanghai	8.43	6.88	4.18	5.43	4.65	2.05	8.31
江 苏	Jiangsu	0.86	1.41	1.32	1.94	1.07	12.73	14.92
浙 江	Zhejiang	1.38	1.16	29.35	12.21	4.72	5.10	5.15
安 徽	Anhui	0.88	0.61	3.27	3.00	3.55	6.90	12.15
福 建	Fujian	0.26	2.03	7.36	22.57	26.95	11.08	13.78
江 西	Jiangxi	0.78	0.64	1.14	1.89	1.91	1.85	6.08
山 东	Shandong	2.37	3.38	4.40	4.50	4.05	14.45	6.80
河 南	Henan	3.24	3.64	7.62	12.62	4.59	2.19	29.82
湖 北	Hubei	1.29	0.44	3.10	1.43	5.53	7.86	15.93
湖 南	Hunan	1.05	0.83	1.07	1.13	2.41	5.35	4.75
广 东	Guangdong	1.83	1.45	8.99	5.50	4.70	6.96	9.57
广 西	Guangxi	0.11	1.44	0.27	0.72	1.44	0.97	2.00
海 南	Hainan	0.01	1.58	0.14	0.20	1.80		1.45
重 庆	Chongqing		0.72	1.40	2.48	6.48	6.38	11.42
四 川	Sichuan	2.27	3.00	4.51	10.10	4.19	5.54	7.80
贵 州	Guizhou	0.20	0.49	0.36	0.20	0.40	0.32	0.78
云 南	Yunnan	0.41	0.19	3.16	1.00	6.05	3.12	3.92
西 藏	Tibet					0.10	0.24	0.79
陕 西	Shaanxi	0.78	2.37	3.21	3.68	6.02	5.50	11.71
甘 肃	Gansu	0.52	0.36	0.80	1.71	6.79	5.43	5.96
青 海	Qinghai			0.09	0.10	0.11		
宁 夏	Ningxia	0.09	0.47	0.21	0.47	0.32	0.57	0.70
新 疆	Xinjiang	0.29	0.68	1.50	2.60	2.47	4.57	4.83

2-9 城镇能源工业分行业投资
INVESTMENT OF URBAN IN ENERGY INDUSTRY

单位：亿元 (100 million yuan)

项 目 Item	1995	2000	2005	2006	2007	2008	2009
能源工业 Energy Industry	2369.16	3991.48	10205.63	11826.30	13698.62	16345.54	19477.95
煤炭采选业 Coal Mining and Processing	285.60	211.39	1162.95	1459.02	1804.58	2399.25	3056.93
石油和天然气开采业 Petroleum and Natural Gas Extraction	503.82	789.41	1463.56	1822.23	2225.50	2675.11	2791.48
电力、蒸汽、热水生产和供应业 Electricity Steam, Hot Water Producing and and Supply	1336.86	2744.47	6503.20	7274.27	7906.52	9023.66	11139.07
石油加工及炼焦业 Petroleum Processing and Coking	194.38	172.55	801.29	939.29	1415.38	1827.51	1839.82
煤气生产和供应业 Gas Production and Supply	48.51	73.66	274.63	331.49	346.64	420.02	650.65

2-10 城镇能源工业分行业投资构成
INVESTMENT OF URBAN IN ENERGY INDUSTRY BY PROPORTIONS

单位：% (%)

项 目 Item	1995	2000	2005	2006	2007	2008	2009
能源工业 Energy Industry	100.00	100.00	100.00	100.00	100.00	100.00	100.00
煤炭采选业 Coal Mining and Processing	12.05	5.30	11.40	12.34	13.17	14.68	15.69
石油和天然气开采业 Petroleum and Natural Gas Extraction	21.27	19.78	14.34	15.41	16.25	16.37	14.33
电力、蒸汽、热水生产和供应业 Electricity Steam, Hot Water Producing and and Supply	56.43	68.76	63.72	61.51	57.72	55.21	57.19
石油加工及炼焦业 Petroleum Processing and Coking	8.20	4.32	7.85	7.94	10.33	11.18	9.45
煤气生产和供应业 Gas Production and Supply	2.05	1.85	2.69	2.80	2.53	2.57	3.34

2-11 各地区城镇能源工业投资

INVESTMENT OF URBAN IN ENERGY INDUSTRY BY REGION

单位：亿元 (100 million yuan)

地 区	Region	1995	2000	2005	2006	2007	2008	2009
北 京	Beijing	58.01	57.79	116.86	103.64	171.97	137.56	157.50
天 津	Tianjin	59.26	99.74	178.42	269.65	375.23	585.68	756.27
河 北	Hebei	80.03	200.32	417.28	512.54	602.10	703.58	635.46
山 西	Shanxi	72.75	157.28	602.73	682.06	862.76	1023.14	1206.38
内 蒙	Inner Mongolia	73.72	40.23	789.72	941.05	1196.67	1549.65	1880.34
辽 宁	Liaoning	153.95	190.47	320.65	416.98	599.28	675.13	885.68
吉 林	Jilin	44.41	79.87	159.86	260.21	352.48	583.95	572.14
黑龙江	Heilongjiang	163.46	225.38	335.34	431.22	555.03	738.25	847.48
上 海	Shanghai	81.38	114.83	139.02	136.63	218.73	197.78	326.28
江 苏	Jiangsu	90.22	223.22	559.91	442.74	315.89	405.61	486.54
浙 江	Zhejiang	69.78	215.10	478.06	443.13	458.20	365.93	433.53
安 徽	Anhui	77.63	81.31	294.47	369.92	515.75	528.13	453.13
福 建	Fujian	63.62	125.46	246.76	299.42	378.79	534.51	566.84
江 西	Jiangxi	25.31	59.90	133.28	155.28	154.69	179.12	299.95
山 东	Shandong	195.53	393.18	764.41	765.09	673.52	757.90	919.92
河 南	Henan	132.96	187.98	497.84	573.97	656.31	832.73	940.13
湖 北	Hubei	145.83	238.94	286.65	364.92	364.30	403.31	494.79
湖 南	Hunan	59.08	96.20	248.70	270.97	329.29	420.75	406.41
广 东	Guangdong	174.43	181.99	673.92	684.93	594.19	710.43	918.69
广 西	Guangxi	26.76	87.32	187.09	284.33	304.63	288.82	351.07
海 南	Hainan	23.88	14.60	82.51	58.18	27.35	35.54	56.43
重 庆	Chongqing		49.83	163.55	243.66	223.57	225.20	275.97
四 川	Sichuan	122.80	136.55	430.73	573.06	654.52	677.33	823.83
贵 州	Guizhou	27.17	71.74	269.22	292.65	318.66	379.79	396.74
云 南	Yunnan	35.19	57.22	371.29	490.66	574.09	673.83	791.96
西 藏	Tibet	9.01	9.73	15.12	12.74	17.85	30.28	39.44
陕 西	Shaanxi	41.80	105.84	300.75	383.63	576.85	705.19	923.75
甘 肃	Gansu	34.09	64.86	142.01	173.17	242.54	328.01	530.13
青 海	Qinghai	22.27	30.31	85.96	117.56	111.86	125.09	157.34
宁 夏	Ningxia	11.74	19.18	104.45	118.96	159.28	195.39	296.89
新 疆	Xinjiang	107.13	179.79	375.08	490.04	649.11	703.97	795.02

2-12 分地区煤炭采选业城镇投资
INVESTMENT OF URBAN IN COAL MINING AND PROCESSING BY REGION

单位：亿元 (100 million yuan)

地 区	Region	1995	2000	2005	2006	2007	2008	2009
北 京	Beijing	0.62	0.21	0.43	0.43	0.66	0.71	1.92
天 津	Tianjin		0.08		0.21			
河 北	Hebei	17.10	19.96	43.36	57.21	52.20	55.63	71.91
山 西	Shanxi	47.33	36.53	258.75	305.61	363.92	464.08	599.72
内 蒙	Inner Mongolia	35.28	2.82	109.54	227.59	328.42	452.96	520.40
辽 宁	Liaoning	6.09	7.96	25.05	22.01	23.83	32.80	31.92
吉 林	Jilin	3.00	0.89	9.02	34.61	28.93	52.29	57.52
黑龙江	Heilongjiang	14.29	11.46	40.71	47.50	55.46	95.43	139.38
上 海	Shanghai							
江 苏	Jiangsu	6.16	5.52	13.36	11.11	3.67	15.92	17.34
浙 江	Zhejiang	0.12		0.34	0.18			0.07
安 徽	Anhui	34.70	14.19	106.81	153.52	185.09	186.06	198.22
福 建	Fujian	1.48	1.35	4.54	5.28	5.65	12.94	24.32
江 西	Jiangxi	1.86	0.99	9.37	10.66	15.23	24.06	41.42
山 东	Shandong	25.26	40.35	148.63	88.29	70.70	77.38	99.65
河 南	Henan	23.18	18.71	102.88	136.92	203.25	275.85	315.70
湖 北	Hubei	0.58	0.78	3.93	3.70	3.84	8.20	14.77
湖 南	Hunan	3.38	1.22	18.42	22.86	40.87	63.57	101.55
广 东	Guangdong	0.99	0.17	0.02				
广 西	Guangxi	1.04	0.52	5.18	4.41	4.51	4.77	9.74
海 南	Hainan	0.01						
重 庆	Chongqing		1.11	23.70	33.68	34.78	49.40	62.12
四 川	Sichuan	6.64	2.84	28.74	46.93	58.20	64.40	94.48
贵 州	Guizhou	6.65	5.31	32.69	44.50	51.35	95.87	121.20
云 南	Yunnan	3.68	2.07	37.07	25.01	36.23	51.31	60.53
西 藏	Tibet	0.09						
陕 西	Shaanxi	8.73	3.75	36.66	48.17	68.32	107.10	205.46
甘 肃	Gansu	4.07	4.98	13.01	15.41	22.90	30.62	54.51
青 海	Qinghai	0.24	0.01	2.56	4.93	6.51	11.83	7.61
宁 夏	Ningxia	5.37	2.82	33.03	38.69	69.32	79.73	102.00
新 疆	Xinjiang	3.36	2.35	16.02	31.60	41.05	49.18	103.46

2-13 分地区石油和天然气开采业城镇投资

INVESTMENT OF URBAN IN PETROLEUM AND NATURAL GAS EXTRACTION BY REGION

单位：亿元 (100 million yuan)

地　区	Region	1995	2000	2005	2006	2007	2008	2009
北　京	Beijing			0.03	0.03	4.62	18.16	13.16
天　津	Tianjin	30.77	60.14	123.41	182.19	179.06	268.25	393.16
河　北	Hebei	3.06	3.35	24.89	37.97	74.19	69.60	9.77
山　西	Shanxi					0.44	1.90	16.49
内　蒙	Inner Mongolia		0.70	22.15	35.94	110.18	225.70	187.33
辽　宁	Liaoning	54.91	67.50	94.90	124.21	144.93	102.75	89.03
吉　林	Jilin	17.40	22.20	66.39	111.18	153.82	175.52	206.23
黑龙江	Heilongjiang	103.85	139.44	166.44	212.50	287.45	341.90	332.68
上　海	Shanghai	0.07	2.17	1.68	2.14	14.80	29.03	8.21
江　苏	Jiangsu	6.28	10.74	12.57	14.97	11.85	19.20	25.34
浙　江	Zhejiang							
安　徽	Anhui			0.02	0.01	0.20	0.67	0.20
福　建	Fujian		0.10			0.11		
江　西	Jiangxi						2.42	
山　东	Shandong	79.97	132.95	117.68	139.88	120.81	185.66	206.65
河　南	Henan	26.10	43.95	55.37	55.33	68.40	72.75	75.88
湖　北	Hubei	3.77	13.20	12.85	17.87	29.94	30.76	30.53
湖　南	Hunan				0.04			0.59
广　东	Guangdong	6.28	4.41	10.24	26.51	39.43	44.47	54.03
广　西	Guangxi	0.04		0.16	0.14	1.38	0.85	1.89
海　南	Hainan	3.62	5.00		0.75	0.73	0.27	4.40
重　庆	Chongqing		0.34	0.68	0.65	3.44	7.61	10.27
四　川	Sichuan	24.23	11.63	15.90	17.53	22.84	26.22	17.55
贵　州	Guizhou		0.10	0.52	0.54		0.04	0.42
云　南	Yunnan		0.03	0.02			0.37	0.72
西　藏	Tibet			0.02	0.03			
陕　西	Shaanxi	3.16	23.98	95.71	133.92	190.73	177.58	213.62
甘　肃	Gansu	4.29	6.57	6.11	8.86	15.19	22.40	17.56
青　海	Qinghai	6.00	16.92	30.73	31.74	29.38	37.68	33.36
宁　夏	Ningxia				1.47	1.64	4.00	4.10
新　疆	Xinjiang	85.85	129.38	262.06	308.45	360.56	366.39	323.37

2-14 分地区电力、蒸汽、热水生产和供应业城镇投资

INVESTMENT OF URBAN IN ELECTRICITY, STEAM,HOT WATER PRODUCTION AND SUPPLY BY REGION

单位：亿元 (100 million yuan)

地 区	Region	1995	2000	2005	2006	2007	2008	2009
北 京	Beijing	46.40	38.42	92.92	77.21	149.21	106.36	124.12
天 津	Tianjin	22.22	34.10	40.50	70.21	144.77	180.26	233.39
河 北	Hebei	54.19	166.20	282.87	342.51	378.77	436.53	406.36
山 西	Shanxi	22.23	105.42	246.28	293.56	385.07	420.93	451.05
内 蒙	Inner Mongolia	32.66	35.44	602.76	557.15	634.24	686.58	934.30
辽 宁	Liaoning	49.51	89.06	115.75	173.04	287.74	375.77	549.96
吉 林	Jilin	19.95	54.63	76.51	104.15	154.59	325.86	283.41
黑龙江	Heilongjiang	25.78	66.85	102.51	142.45	174.63	231.79	294.61
上 海	Shanghai	58.29	88.72	120.19	116.23	163.30	132.53	266.63
江 苏	Jiangsu	68.78	187.31	510.41	383.36	256.60	316.66	382.61
浙 江	Zhejiang	59.65	203.65	435.52	410.07	435.27	344.23	405.89
安 徽	Anhui	26.94	64.83	165.72	187.59	298.51	286.52	201.70
福 建	Fujian	58.30	120.84	221.81	243.00	220.06	354.32	408.72
江 西	Jiangxi	20.79	56.47	106.46	130.77	116.59	117.81	195.36
山 东	Shandong	73.88	189.90	372.92	413.48	245.37	272.05	388.25
河 南	Henan	78.91	119.64	303.39	326.47	329.24	423.78	429.92
湖 北	Hubei	130.33	217.63	243.81	306.70	296.65	331.06	398.26
湖 南	Hunan	52.51	81.40	205.87	237.67	268.42	323.51	261.24
广 东	Guangdong	151.19	166.78	546.80	520.41	421.80	512.74	782.58
广 西	Guangxi	25.48	84.89	175.07	265.87	268.76	200.33	284.12
海 南	Hainan	13.89	7.14	17.16	18.55	21.08	34.77	44.17
重 庆	Chongqing		46.71	130.17	201.95	173.79	152.98	183.53
四 川	Sichuan	88.83	118.02	369.89	482.08	549.08	547.00	657.32
贵 州	Guizhou	20.31	64.87	231.63	243.31	251.56	258.12	247.21
云 南	Yunnan	31.05	54.70	321.25	451.27	508.85	595.97	695.70
西 藏	Tibet	8.92	9.73	15.09	12.71	17.74	29.94	38.58
陕 西	Shaanxi	25.65	73.20	138.14	172.97	264.52	291.38	326.63
甘 肃	Gansu	18.47	50.17	84.78	109.55	172.80	245.75	391.04
青 海	Qinghai	16.03	13.37	51.80	73.34	71.27	74.28	114.16
宁 夏	Ningxia	6.03	14.52	68.66	75.98	71.88	80.29	170.25
新 疆	Xinjiang	12.21	41.60	54.66	62.68	100.35	169.73	251.04

2-15 分地区石油加工及炼焦业城镇投资

INVESTMENT OF URBAN IN PETROLEUM PROCESSING AND COKING BY REGION

单位: 亿元 (100 million yuan)

地 区	Region	1995	2000	2005	2006	2007	2008	2009
北 京	Beijing	6.95	6.67	12.37	15.08	6.85	4.45	8.57
天 津	Tianjin	5.17	1.52	8.31	14.35	45.47	129.94	117.98
河 北	Hebei	5.09	7.65	55.33	45.01	74.12	123.72	121.44
山 西	Shanxi	2.12	11.89	94.03	74.49	92.32	101.48	102.55
内 蒙	Inner Mongolia	5.64	0.49	51.09	114.45	115.68	165.30	156.93
辽 宁	Liaoning	41.89	23.70	78.31	91.95	132.27	149.81	192.93
吉 林	Jilin	3.15	1.09	3.25	6.37	5.20	12.25	9.00
黑龙江	Heilongjiang	16.93	6.27	24.55	25.81	31.61	59.88	66.85
上 海	Shanghai	10.05	17.06	5.54	6.41	29.85	16.65	25.87
江 苏	Jiangsu	7.12	17.46	11.11	18.22	22.50	27.68	26.78
浙 江	Zhejiang	8.24	9.86	8.88	10.53	13.92	10.99	17.34
安 徽	Anhui	15.05	1.46	13.74	20.27	20.39	34.33	27.77
福 建	Fujian	3.59	1.05	11.82	26.71	124.04	152.84	111.85
江 西	Jiangxi	1.87	1.76	11.93	6.42	9.35	20.36	34.55
山 东	Shandong	14.04	26.00	104.50	93.86	213.16	185.24	182.99
河 南	Henan	1.53	1.76	18.84	25.28	37.56	44.65	59.17
湖 北	Hubei	9.86	4.97	9.70	21.68	21.40	16.32	19.62
湖 南	Hunan	2.02	12.47	15.01	3.85	9.21	16.00	20.80
广 东	Guangdong	11.85	6.96	71.62	96.31	108.51	131.84	63.63
广 西	Guangxi	0.09	0.14	2.59	9.72	25.41	77.28	48.01
海 南	Hainan	5.60	0.38	62.65	38.33	3.29	0.35	4.19
重 庆	Chongqing		0.15	3.09	1.19	1.64	2.32	3.34
四 川	Sichuan	0.67	0.14	7.15	7.96	10.50	21.10	28.94
贵 州	Guizhou		0.48	3.18	3.13	13.06	20.28	19.30
云 南	Yunnan	0.05	0.22	9.62	12.51	22.39	21.99	29.56
西 藏	Tibet							0.03
陕 西	Shaanxi	3.48	2.09	26.33	22.31	42.81	119.21	153.90
甘 肃	Gansu	6.65	2.78	36.65	37.14	23.50	22.59	60.02
青 海	Qinghai				7.20	4.16	0.44	1.79
宁 夏	Ningxia	0.25	0.84	2.37	2.21	15.46	27.66	17.23
新 疆	Xinjiang	5.43	5.25	37.73	80.53	139.74	110.56	106.89

2-16 分地区煤气生产和供应业城镇投资

INVESTMENT OF URBAN IN GAS PRODUCTION AND SUPPLY BY REGION

单位：亿元 (100 million yuan)

地 区	Region	1995	2000	2005	2006	2007	2008	2009
北 京	Beijing	4.04	12.50	11.12	10.89	10.64	7.88	9.72
天 津	Tianjin	1.10	3.90	6.21	2.70	5.92	7.23	11.74
河 北	Hebei	0.59	3.15	10.83	29.83	22.81	18.10	25.98
山 西	Shanxi	1.07	3.45	3.66	8.41	21.01	34.75	36.58
内 蒙	Inner Mongolia	0.14	0.78	4.17	5.92	8.15	19.12	81.38
辽 宁	Liaoning	1.55	2.25	6.64	5.76	10.51	14.00	21.83
吉 林	Jilin	0.91	1.07	4.69	3.90	9.95	18.03	15.98
黑龙江	Heilongjiang	2.61	1.36	1.13	2.96	5.89	9.25	13.96
上 海	Shanghai	12.98	6.88	11.60	11.84	10.78	19.57	25.57
江 苏	Jiangsu	1.88	2.19	12.46	15.07	21.27	26.15	34.46
浙 江	Zhejiang	1.77	1.59	33.32	22.34	9.01	10.71	10.23
安 徽	Anhui	0.94	0.82	8.18	8.54	11.56	20.55	25.25
福 建	Fujian	0.26	2.12	8.59	24.43	28.94	14.41	21.94
江 西	Jiangxi	0.79	0.69	5.53	7.43	13.51	14.48	28.62
山 东	Shandong	2.37	3.99	20.68	29.58	23.49	37.57	42.39
河 南	Henan	3.24	3.92	17.36	29.97	17.87	15.70	59.45
湖 北	Hubei	1.30	2.35	16.36	14.96	12.47	16.96	31.61
湖 南	Hunan	1.17	1.11	9.39	6.55	10.79	17.66	22.23
广 东	Guangdong	4.11	3.67	45.24	41.70	24.45	21.39	18.45
广 西	Guangxi	0.11	1.77	4.08	4.20	4.57	5.59	7.32
海 南	Hainan	0.76	2.08	2.70	0.54	2.25	0.15	3.67
重 庆	Chongqing		1.53	5.90	6.18	9.92	12.89	16.70
四 川	Sichuan	2.44	3.92	9.05	18.55	13.90	18.62	25.53
贵 州	Guizhou	0.20	0.98	1.20	1.16	2.70	5.49	8.62
云 南	Yunnan	0.41	0.20	3.33	1.87	6.62	4.19	5.45
西 藏	Tibet			0.01		0.11	0.34	0.84
陕 西	Shaanxi	0.78	2.83	3.90	6.27	10.47	9.92	24.14
甘 肃	Gansu	0.61	0.36	1.46	2.22	8.15	6.64	7.01
青 海	Qinghai		0.01	0.86	0.34	0.54	0.86	0.43
宁 夏	Ningxia	0.09	1.01	0.39	0.62	0.98	3.70	3.32
新 疆	Xinjiang	0.29	1.21	4.61	6.78	7.41	8.12	10.26

三、能源生产

Chapter 3　Energy Production

3-1 一次能源生产量和构成

PRIMARY ENERGY PRODUCTION AND COMPOSITION

年 份 Year	电热当量计算法 calorific value calculation						
	一次能源生产量（万吨标准煤） Primary Energy Production (10^4 tce)	占能源生产总量的比重（%） As percentage of primary energy production (%)					
		原 煤 Raw Coal	原 油 Crude Oil	天然气 Natural Gas	水电、核电、其他能发电 Hydro Power Nuclear Power Other Power	#水电 Hydro Power	核电 Nuclear Power
1980	62046	71.4	24.4	3.0	1.2	1.2	-
1981	61364	72.4	23.6	2.7	1.3	1.3	-
1982	64686	73.5	22.6	2.5	1.4	1.4	-
1983	68877	74.1	22.0	2.4	1.5	1.5	-
1984	75493	74.7	21.7	2.2	1.4	1.4	-
1985	83005	75.1	21.5	2.1	1.3	1.3	-
1986	85523	74.7	21.8	2.1	1.4	1.4	-
1987	88524	74.9	21.6	2.1	1.4	1.4	-
1988	92809	75.5	21.1	2.0	1.4	1.4	-
1989	98418	76.5	20.0	2.0	1.5	1.5	-
1990	100487	76.8	19.7	2.0	1.5	1.5	-
1991	101490	76.5	19.9	2.1	1.5	1.5	-
1992	103771	76.9	19.6	2.0	1.5	1.5	-
1993	107059	76.8	19.4	2.2	1.8	1.8	0.0
1994	114009	77.7	18.3	2.3	2.2	2.1	0.1
1995	123519	78.7	17.4	1.9	2.0	1.9	0.1
1996	127404	78.3	17.6	2.1	2.0	1.8	0.1
1997	127431	77.8	18.0	2.2	2.0	1.9	0.1
1998	123713	76.9	18.6	2.3	2.2	2.1	0.1
1999	126264	77.2	18.1	2.7	2.1	1.9	0.2
2000	128743	76.8	18.1	2.8	2.3	2.1	0.2
2001	136223	77.2	17.2	3.0	2.7	2.5	0.2
2002	142829	77.5	16.7	3.0	2.7	2.5	0.2
2003	164011	79.9	14.8	2.8	2.5	2.2	0.3
2004	187268	81.0	13.4	2.9	2.7	2.3	0.3
2005	205860	81.5	12.6	3.2	2.7	2.4	0.3
2006	220895	81.8	12.0	3.5	2.8	2.4	0.3
2007	234956	81.8	11.3	3.9	2.9	2.5	0.3
2008	247010	81.0	11.3	4.3	3.4	2.9	0.3
2009	259767	81.7	10.4	4.4	3.5	2.9	0.3

续表

Continued

年份 Year	发电煤耗计算法 coal equivalent calculation						
	一次能源生产量 (万吨标准煤) Primary Energy Production (10^4 tce)	占能源生产总量的比重（%） As percentage of primary energy production (%)					
		原煤 Raw Coal	原油 Crude Oil	天然气 Natural Gas	水电、核电、其他能发电 Hydro Power Nuclear Power Other Power	#水电 Hydro Power	核电 Nuclear Power
1980	63735	69.4	23.8	3.0	3.8	3.8	-
1981	63227	70.2	22.9	2.7	4.2	4.2	-
1982	66778	71.3	21.8	2.4	4.5	4.5	-
1983	71270	71.6	21.3	2.3	4.8	4.8	-
1984	77855	72.4	21.0	2.1	4.5	4.5	-
1985	85546	72.8	20.9	2.0	4.3	4.3	-
1986	88124	72.4	21.2	2.1	4.3	4.3	-
1987	91266	72.6	21.0	2.0	4.4	4.4	-
1988	95801	73.1	20.4	2.0	4.5	4.5	-
1989	101639	74.1	19.3	2.0	4.6	4.6	-
1990	103922	74.2	19.0	2.0	4.8	4.8	-
1991	104844	74.1	19.2	2.0	4.7	4.7	-
1992	107256	74.3	18.9	2.0	4.8	4.8	-
1993	111059	74.0	18.7	2.0	5.3	5.2	0.1
1994	118729	74.6	17.6	1.9	5.9	5.4	0.5
1995	129034	75.3	16.6	1.9	6.2	5.8	0.4
1996	133032	75.0	16.9	2.0	6.1	5.7	0.4
1997	133460	74.3	17.2	2.1	6.5	6.0	0.4
1998	129834	73.3	17.7	2.2	6.8	6.4	0.4
1999	131935	73.9	17.3	2.5	6.3	5.9	0.4
2000	135048	73.2	17.2	2.7	6.9	6.4	0.5
2001	143875	73.0	16.3	2.8	7.9	7.4	0.5
2002	150656	73.5	15.8	2.9	7.8	7.2	0.6
2003	171906	76.2	14.1	2.7	7.0	6.0	0.9
2004	196648	77.1	12.8	2.8	7.3	6.4	0.9
2005	216219	77.6	12.0	3.0	7.4	6.5	0.9
2006	232167	77.8	11.3	3.4	7.5	6.6	0.8
2007	247279	77.7	10.8	3.7	7.8	6.7	0.9
2008	260552	76.8	10.5	4.1	8.6	7.5	0.9
2009	274619	77.3	9.9	4.1	8.7	7.3	0.8

3-2 分地区原煤生产量
COAL PRODUCTION BY REGION

单位：万吨 (10 000 ton)

地 区	Region	1995	2000	2004	2005	2006	2007	2008	2009
北 京	Beijing	995.40	553.00	1067.96	897.92	651.07	648.80	578.62	641.25
天 津	Tianjin								
河 北	Hebei	8100.51	5781.21	8651.97	8639.49	8364.71	8662.98	8145.43	8494.58
山 西	Shanxi	34731.29	19602.70	48392.72	55426.05	58141.91	63020.93	64501.30	59353.98
内 蒙	Inner Mongolia	7055.21	7247.29	21235.21	25607.69	29759.63	35437.94	50222.82	60058.45
辽 宁	Liaoning	5626.44	4454.89	6641.94	6395.03	7367.27	6349.09	6495.12	6624.17
吉 林	Jilin	2644.31	1636.71	2589.96	2715.11	3004.05	3354.18	3980.09	4401.46
黑龙江	Heilongjiang	7937.60	4974.36	8476.49	9503.20	10282.44	10065.11	9760.12	8748.72
上 海	Shanghai								
江 苏	Jiangsu	2650.72	2479.02	2763.13	2817.56	3047.53	2480.20	2430.11	2397.44
浙 江	Zhejiang	125.27	72.96	65.32	43.67	18.33	12.33	13.12	13.20
安 徽	Anhui	4444.19	4678.31	8147.86	8487.96	8331.90	9265.65	11649.49	12848.55
福 建	Fujian	1134.18	375.03	1492.61	1823.66	1932.77	2050.00	2350.19	2466.13
江 西	Jiangxi	2877.90	1813.76	2871.75	2565.05	2783.42	2997.24	3302.98	2982.47
山 东	Shandong	8827.27	8038.59	14764.28	14030.00	14069.45	14518.34	13742.50	14377.72
河 南	Henan	10334.01	7577.90	16829.42	18761.42	19532.19	19287.15	21305.66	23018.12
湖 北	Hubei	1533.31	389.32	1016.62	1010.39	1116.29	1084.26	1073.19	1058.45
湖 南	Hunan	5564.51	1490.81	6016.57	5735.00	5948.84	6217.16	6153.86	6572.85
广 东	Guangdong	1069.38	161.71	557.35	383.38			10.50	
广 西	Guangxi	1391.42	706.67	589.19	700.34	680.53	721.48	451.17	519.72
海 南	Hainan	1.46	2.00						
重 庆	Chongqing		1149.90	3654.61	3618.90	3990.00	4293.63	4666.52	4290.79
四 川	Sichuan	9560.75	2061.95	7651.35	8125.05	8600.00	9557.74	9495.46	8997.34
贵 州	Guizhou	5472.14	3676.75	7953.02	10795.50	11816.59	10864.18	11319.53	13690.74
云 南	Yunnan	2803.20	994.13	5045.03	6462.14	7339.09	7755.19	8029.72	5571.26
西 藏	Tibet		2.13	1.64	3.35				
陕 西	Shaanxi	4247.85	1983.89	13068.42	15246.00	18261.99	20353.51	24162.79	29611.13
甘 肃	Gansu	2466.13	1632.71	3539.98	3619.84	3950.62	3949.34	4022.24	3875.59
青 海	Qinghai	277.62	145.44	452.26	595.66	694.80	963.64	1293.64	1283.61
宁 夏	Ningxia	1480.33	1581.00	2432.7	2607.86	3273.02	3771.84	4325.35	5509.53
新 疆	Xinjiang	2720.74	2745.82	3263	3855.66	4316.75	4915.52	6735.88	7646.00

3-3 分地区焦炭生产量

COKE PRODUCTION BY REGION

单位：万吨　　(10 000 ton)

地 区	Region	1995	2000	2004	2005	2006	2007	2008	2009
北 京	Beijing	400.87	402.07	362.04	344.36	253.57	176.99	170.33	166.14
天 津	Tianjin	174.78	170.92	376.68	360.55	376.22	339.09	267.14	307.58
河 北	Hebei	937.54	792.47	1941	2613.43	3312.20	3820.89	3878.94	4800.33
山 西	Shanxi	5297.62	4967.22	6582.31	7981.05	9202.00	9897.29	8295.87	7682.04
内 蒙	Inner Mongolia	394.50	393.65	877.85	1034.19	1060.15	1440.25	1412.77	1838.39
辽 宁	Liaoning	820.15	788.90	1013.77	1237.89	1503.40	1625.31	1736.36	1876.50
吉 林	Jilin	135.79	153.88	224.64	269.91	285.52	364.73	318.25	423.78
黑龙江	Heilongjiang	189.55	128.64	414.84	474.40	562.63	683.10	784.27	968.01
上 海	Shanghai	651.20	776.39	746.58	762.16	735.57	749.89	705.80	660.79
江 苏	Jiangsu	191.25	237.15	490.54	575.63	954.30	1073.05	1085.51	1212.84
浙 江	Zhejiang	57.34	60.13	57.79	55.20	52.29	52.53	166.21	229.69
安 徽	Anhui	293.45	330.16	438.15	488.37	509.42	684.15	765.11	773.14
福 建	Fujian	38.89	44.89	68.69	90.94	91.12	90.89	99.88	117.93
江 西	Jiangxi	166.53	186.71	340.54	400.98	492.61	557.11	526.08	626.06
山 东	Shandong	464.75	361.99	1124.76	1709.34	2154.03	2737.19	2942.30	3127.98
河 南	Henan	488.74	355.22	833.63	1380.54	1557.74	1938.00	1984.41	2163.06
湖 北	Hubei	398.44	410.52	469.36	678.41	688.20	696.18	918.26	838.10
湖 南	Hunan	214.66	207.17	410.12	445.88	473.77	522.77	451.10	559.44
广 东	Guangdong	54.47	53.96	90.62	124.58	124.56	94.39	136.14	190.93
广 西	Guangxi	63.69	60.68	152.17	223.46	249.70	256.32	310.11	360.17
海 南	Hainan								
重 庆	Chongqing		136.41	196.62	222.74	271.12	284.34	281.55	294.21
四 川	Sichuan	707.76	382.22	819.09	827.94	945.81	1048.93	1100.09	1166.98
贵 州	Guizhou	426.18	133.69	695.26	716.15	901.36	825.04	752.20	781.21
云 南	Yunnan	370.27	221.25	917.59	1213.72	1233.66	1184.40	1375.88	1456.52
西 藏	Tibet								
陕 西	Shaanxi	340.78	175.38	573.39	590.62	1111.29	1518.77	451.21	1325.00
甘 肃	Gansu	94.62	126.22	149.64	221.85	275.38	249.39	241.49	244.69
青 海	Qinghai	1.47	1.50		1.59	34.44	83.82	144.18	141.42
宁 夏	Ningxia	42.96	29.58	98.93	117.08	82.87	128.04	119.35	277.76
新 疆	Xinjiang	91.78	95.06	152.03	248.74	273.38	430.58	610.72	899.45

3-4 分地区原油生产量

CRUDE OIL PRODUCTION BY REGION

单位：万吨 (10 000 ton)

地 区	Region	1995	2000	2004	2005	2006	2007	2008	2009
北 京	Beijing								
天 津	Tianjin	620.82	763.99	1446.21	1792.99	1943.09	1924.28	1993.86	2296.96
河 北	Hebei	517.02	518.26	537.78	562.45	610.81	660.01	643.10	599.09
山 西	Shanxi								
内 蒙	Inner Mongolia			113.22					
辽 宁	Liaoning	1552.68	1401.12	1283.19	1260.96	1226.46	1207.17	1199.33	1000.02
吉 林	Jilin	342.73	348.46	481.11	550.57	680.35	623.93	698.46	639.90
黑龙江	Heilongjiang	5601.49	5306.73	4666.49	4516.01	4340.51	4169.83	4020.47	4000.70
上 海	Shanghai		52.73	31.86	25.27	21.48	20.69	14.60	9.10
江 苏	Jiangsu	101.41	155.02	168.94	164.7	188.49	195.72	184.01	184.03
浙 江	Zhejiang								
安 徽	Anhui								
福 建	Fujian								
江 西	Jiangxi								
山 东	Shandong	3006.27	2675.69	2590.19	2694.54	2755.07	2793.05	2829.62	2828.21
河 南	Henan	601.96	562.18	523.41	507.16	492.06	485.08	476.30	474.50
湖 北	Hubei	85.03	75.11	165.02	78.11	79.73	85.54	83.92	80.89
湖 南	Hunan								
广 东	Guangdong	650.97	1393.17	1481.90	1470.03	1337.78	1261.13	1387.72	1345.14
广 西	Guangxi	3.65	3.29	3.59	3.43	3.39	2.88	2.86	2.89
海 南	Hainan	0.11		8.04	10.07	11.09	10.66	12.05	18.36
重 庆	Chongqing								
四 川	Sichuan	17.23	17.32	14.62	13.92	17.98	18.14	22.75	21.68
贵 州	Guizhou								
云 南	Yunnan	10.21		0.09	0.09				
西 藏	Tibet								
陕 西	Shaanxi	166.95	746.44	1531.51	1778.16	1988.89	2265.87	2463.60	2695.89
甘 肃	Gansu	267.83	55.25	77.04	78.91	81.65	82.88	74.94	49.23
青 海	Qinghai	121.72	200.01	222.02	221.49	223.00	220.66	220.35	186.37
宁 夏	Ningxia	39.04	139.01	4.10					3.14
新 疆	Xinjiang	1297.83	1848.24	2237.00	2406.43	2474.74	2604.31	2715.13	2512.86

3-5 分地区汽油生产量

GASOLINE PRODUCTION BY REGION

单位：万吨 (10 000 ton)

地 区	Region	1995	2000	2004	2005	2006	2007	2008	2009
北 京	Beijing	101.95	146.20	169.77	170.90	172.93	181.72	215.53	272.55
天 津	Tianjin	94.02	122.02	130.89	145.42	129.83	150.10	117.17	136.41
河 北	Hebei	135.11	159.04	210.79	223.60	212.85	230.15	272.49	275.24
山 西	Shanxi			0.03					
内 蒙	Inner Mongolia	23.43		40.20	44.99	60.57	45.93	41.97	49.65
辽 宁	Liaoning	398.22	683.88	925.79	965.60	1032.33	1005.40	1017.33	1043.57
吉 林	Jilin	147.88	159.45	155.48	164.72	159.74	153.95	166.80	151.67
黑龙江	Heilongjiang	261.72	347.46	405.27	384.85	387.44	402.71	390.84	430.53
上 海	Shanghai	111.00	263.69	290.56	263.45	248.16	211.10	244.88	260.04
江 苏	Jiangsu	108.07	171.53	219.00	233.25	200.58	223.65	232.18	318.24
浙 江	Zhejiang	124.15	178.98	292.47	288.69	254.94	259.64	288.75	321.32
安 徽	Anhui	74.11	79.38	86.99	86.00	86.91	89.38	87.87	97.49
福 建	Fujian	81.49	102.22	108.72	95.19	102.63	98.55	83.36	122.38
江 西	Jiangxi	64.56	82.51	83.19	86.10	86.85	81.33	86.56	96.57
山 东	Shandong	214.88	280.15	438.54	474.54	500.33	558.22	799.70	962.20
河 南	Henan	138.68	136.86	136.20	127.65	140.86	157.83	159.43	189.40
湖 北	Hubei	126.32	154.97	170.96	178.87	178.09	175.74	173.21	216.49
湖 南	Hunan	90.38	120.19	129.67	122.83	124.20	129.86	137.83	133.15
广 东	Guangdong	286.47	331.50	400.73	367.23	401.37	417.43	459.84	538.74
广 西	Guangxi	15.09	15.64	16.24	19.38	24.84	29.58	31.48	37.91
海 南	Hainan					65.68	238.66	244.05	264.31
重 庆	Chongqing			0.01				0.83	
四 川	Sichuan	5.92	8.42	18.33	23.20	32.47	45.53	51.61	69.40
贵 州	Guizhou								
云 南	Yunnan							0.02	
西 藏	Tibet								
陕 西	Shaanxi	49.68	180.13	310.54	387.83	410.32	465.86	465.09	526.21
甘 肃	Gansu	166.84	150.92	226.94	229.30	239.14	276.04	289.31	314.44
青 海	Qinghai	29.48	20.78	26.32	29.40	31.52	32.60	30.89	23.62
宁 夏	Ningxia	23.57	26.91	48.51	58.17	58.15	51.72	65.56	69.38
新 疆	Xinjiang	178.53	211.86	235.85	238.06	252.03	276.76	280.18	274.57

3-6 分地区煤油生产量

KEROSENE PRODUCTION BY REGION

单位：万吨 (10 000 ton)

地 区	Region	1995	2000	2004	2005	2006	2007	2008	2009
北 京	Beijing	0.26		8.11	12.36	11.60	36.39	85.23	111.61
天 津	Tianjin	8.85	32.57	29.19	25.83	27.42	35.12	21.80	32.74
河 北	Hebei	4.83	12.69	12.08	11.94	13.15	11.14	12.21	7.05
山 西	Shanxi								
内 蒙	Inner Mongolia	0.02							
辽 宁	Liaoning	84.34	231.53	213.46	220.00	218.74	206.19	230.06	231.90
吉 林	Jilin	1.96	1.28	0.05				0.05	
黑龙江	Heilongjiang	22.27	23.27	20.53	19.28	20.57	23.54	24.96	28.46
上 海	Shanghai	35.84	48.38	137.05	144.25	112.27	121.19	136.98	149.71
江 苏	Jiangsu	50.64	67.21	69.18	99.41	99.45	141.03	108.93	156.87
浙 江	Zhejiang	32.31	107.28	130.69	130.97	127.29	153.78	129.41	146.08
安 徽	Anhui								
福 建	Fujian	3.49	8.64	5.64	5.81	6.31	5.55	6.41	32.28
江 西	Jiangxi	2.14	4.44	5.34	4.67	1.57	1.29	0.07	
山 东	Shandong	24.89	44.96	59.44	34.65	31.71	35.07	37.88	68.03
河 南	Henan	21.10	17.04	28.2	20.07	21.18	32.45	31.19	49.33
湖 北	Hubei	13.64	16.38	8.59	8.85	7.84	12.62	15.72	23.52
湖 南	Hunan	7.49	8.57	10.45	10.99	7.97	8.44	4.05	3.84
广 东	Guangdong	72.28	147.68	165.25	156.29	164.21	204.81	188.59	298.61
广 西	Guangxi	0.55	0.05		0.01				2.90
海 南	Hainan					3.43	32.78	31.06	35.43
重 庆	Chongqing			0.04	0.02				
四 川	Sichuan	2.76	4.23	1.42	1.44	1.88	1.43	1.11	0.83
贵 州	Guizhou								
云 南	Yunnan								
西 藏	Tibet								
陕 西	Shaanxi	1.65	8.46	8.21		8.92	11.32	15.73	18.69
甘 肃	Gansu	38.64	55.88	42.76	49.61	48.57	48.53	49.58	50.69
青 海	Qinghai								
宁 夏	Ningxia								
新 疆	Xinjiang	15.80	31.75	24.45	32.14	34.79	30.60	38.65	30.86

3-7 分地区柴油生产量

DIESEL OIL PRODUCTION BY REGION

单位：万吨 (10 000 ton)

地 区	Region	1995	2000	2004	2005	2006	2007	2008	2009
北 京	Beijing	79.20	183.92	180.74	199.41	204.78	270.89	373.28	364.24
天 津	Tianjin	119.44	246.82	310.24	364.54	386.99	383.48	340.19	338.69
河 北	Hebei	165.81	271.19	374.98	403.42	412.08	425.82	513.58	482.34
山 西	Shanxi	0.16		0.01					
内 蒙	Inner Mongolia	20.46		48.66	41.01	53.96	53.73	42.80	51.13
辽 宁	Liaoning	677.68	1202.07	1831.60	1899.60	1911.19	2048.93	2048.35	2101.38
吉 林	Jilin	99.83	178.81	332.73	367.43	344.02	320.73	321.68	320.88
黑龙江	Heilongjiang	379.68	532.61	616.80	627.52	577.03	583.59	547.30	589.15
上 海	Shanghai	129.13	401.30	637.89	717.86	639.32	603.47	747.98	682.63
江 苏	Jiangsu	207.31	408.69	544.96	725.87	702.33	696.30	738.33	751.10
浙 江	Zhejiang	201.52	387.40	688.46	728.09	749.50	758.73	862.33	825.89
安 徽	Anhui	98.87	151.85	181.39	177.36	193.75	188.20	177.95	184.93
福 建	Fujian	85.15	161.49	174.44	150.34	155.89	135.51	112.86	273.50
江 西	Jiangxi	83.17	127.09	137.25	132.53	179.04	166.86	182.86	187.47
山 东	Shandong	328.63	540.04	875.31	939.01	1040.80	1107.53	1645.17	1938.55
河 南	Henan	121.69	213.42	250.51	219.02	265.47	243.96	253.61	287.01
湖 北	Hubei	153.05	247.01	298.38	329.83	352.35	378.28	341.08	360.08
湖 南	Hunan	104.36	215.53	240.60	229.25	219.06	228.74	231.16	215.03
广 东	Guangdong	377.36	654.02	867.05	875.28	994.26	1033.53	1187.35	1287.36
广 西	Guangxi	14.98	24.92	27.93	36.33	42.37	47.46	38.90	44.85
海 南	Hainan					94.70	359.06	344.87	341.38
重 庆	Chongqing			0.38					0.30
四 川	Sichuan	5.78	11.14	39.72	48.52	61.22	80.56	83.43	102.68
贵 州	Guizhou								
云 南	Yunnan							0.02	
西 藏	Tibet								
陕 西	Shaanxi	52.93	223.19	453.62	513.38	605.17	707.69	769.50	801.61
甘 肃	Gansu	188.59	276.23	442.53	535.67	585.65	597.39	594.76	641.83
青 海	Qinghai	20.99	22.63	36.14	44.31	47.51	49.58	46.59	37.27
宁 夏	Ningxia	24.92	33.44	63.24	76.57	77.64	69.15	85.60	79.94
新 疆	Xinjiang	231.88	364.79	523.10	697.27	759.46	819.96	826.75	835.78

3-8 分地区燃料油生产量

FUEL OIL PRODUCTION BY REGION

单位：万吨 (10 000 ton)

地 区	Region	1995	2000	2004	2005	2006	2007	2008	2009
北 京	Beijing	220.31	78.95	73.36	75.29	70.02	50.57	42.33	29.58
天 津	Tianjin	142.38	40.60	102.02	29.38	25.92	32.76	54.56	18.31
河 北	Hebei	44.26	30.17	41.53	25.37	28.56	64.85	166.51	34.57
山 西	Shanxi							0.18	
内 蒙	Inner Mongolia	18.85		16.07	13.56	2.97	26.40	64.57	48.10
辽 宁	Liaoning	610.43	413.40	420.47	466.15	497.38	526.10	580.50	504.84
吉 林	Jilin	85.11	95.59	27.26	34.76	43.43	33.92	41.52	38.20
黑龙江	Heilongjiang	181.28	120.56	76.88	44.69	44.12	48.44	51.28	47.37
上 海	Shanghai	290.40	139.03	118.63	119.67	112.99	109.65	51.50	15.15
江 苏	Jiangsu	162.04	136.29	217.44	159.43	181.38	290.59	283.71	154.89
浙 江	Zhejiang	78.33	123.40	160.89	109.76	192.42	208.57	174.37	113.32
安 徽	Anhui	48.48	10.68	10.69	8.30	8.07	13.41	13.64	16.57
福 建	Fujian	10.44	10.01	105.1	8.86	20.73	22.75	18.85	31.02
江 西	Jiangxi	43.27	54.27	58.95	39.53	20	15.76	18.55	22.07
山 东	Shandong	334.33	274.66	429.98	602.62	434.14	347.49	597.56	428.96
河 南	Henan	19.56	30.42	47.54	40.02	43.38	48.32	29.46	15.43
湖 北	Hubei	95.49	40.24	35.7	28.38	23.67	22.58	13.52	15.97
湖 南	Hunan	55.29	33.95	32.8	31.55	27.91	28.61	24.66	16.90
广 东	Guangdong	214.73	186.13	279.49	248.08	305.83	266.85	380.68	166.29
广 西	Guangxi	3.60	4.37	17.47	9.16	9.48	37.82	32.81	20.30
海 南	Hainan		9.45		4.36	9.09	23.04	26.31	23.83
重 庆	Chongqing			0.06	0.06			0.18	
四 川	Sichuan	3.58	4.10	0.23				4.56	8.95
贵 州	Guizhou								
云 南	Yunnan	0.58		0.04			0.11	1.34	0.24
西 藏	Tibet								
陕 西	Shaanxi	55.64	41.54	98.19	83.69	90.22	39.34	58.85	42.90
甘 肃	Gansu	101.21	91.65	73.38	39.57	21.51	26.42	21.19	8.78
青 海	Qinghai	19.72	6.39	2.75	2.11	2.33	4.19	3.43	2.69
宁 夏	Ningxia	10.24	10.54	3.59	3.23	3.05	2.85	2.97	2.74
新 疆	Xinjiang	111.22	67.26	28.58	33.61	49.42	54.65	34.76	28.74

3-9 分地区天然气生产量

NATURAL GAS PRODUCTION BY REGION

单位：亿立方米 (100 million cu.m)

地 区	Region	1995	2000	2004	2005	2006	2007	2008	2009
北 京	Beijing								
天 津	Tianjin	7.57	9.10	8.72	8.79	10.50	13.34	14.01	14.30
河 北	Hebei	3.49	5.14	6.63	6.92	6.55	7.14	8.74	10.87
山 西	Shanxi	0.47	1.14		3.24	6.02		5.21	
内 蒙	Inner Mongolia		4.55	17.19					
辽 宁	Liaoning	21.12	14.70	10.3	11.72	11.94	8.72	8.71	8.10
吉 林	Jilin	1.83	2.05	3.44	5.40	2.41	5.22	8.74	11.62
黑龙江	Heilongjiang	25.91	23.04	20.34	24.43	24.65	25.50	27.10	30.04
上 海	Shanghai		2.60	5.73	6.04	5.64	5.07	4.29	4.03
江 苏	Jiangsu	0.19	0.24	0.53	0.64	0.61	0.58	0.58	0.57
浙 江	Zhejiang		0.04		0.03			0.31	
安 徽	Anhui								
福 建	Fujian								
江 西	Jiangxi								
山 东	Shandong	12.85	6.88	9.25	9.25	8.55	7.84	8.85	9.05
河 南	Henan	11.38	14.95	18.55	17.62	18.68	15.76	11.22	29.58
湖 北	Hubei	0.76	0.91	1.08	1.12	1.16	1.17	1.40	1.67
湖 南	Hunan							3.19	
广 东	Guangdong	1.03	34.60	42.82	44.75	48.95	52.48	60.78	58.43
广 西	Guangxi							8.54	
海 南	Hainan			1.29	1.66	2.05	2.03	2.32	1.86
重 庆	Chongqing		1.94	4.69	3.27	6.47	5.00	9.54	0.60
四 川	Sichuan	76.64	88.60	114.03	142.30	159.95	187.46	194.23	193.56
贵 州	Guizhou		0.70		0.53				0.12
云 南	Yunnan	1.81	0.05	0.18	0.22	0.17	0.14	0.06	0.02
西 藏	Tibet								
陕 西	Shaanxi	0.22	21.10	74.46	75.46	80.47	110.10	144.20	189.52
甘 肃	Gansu	1.13	0.20	0.20	0.84	1.53	0.63	1.43	0.29
青 海	Qinghai	0.64	3.91	17.94	22.26	25.03	34.02	43.65	43.07
宁 夏	Ningxia	0.62	0.15						
新 疆	Xinjiang	11.81	35.38	57.23	106.71	164.20	210.20	235.89	245.39

3-10 分地区发电量
POWER GENERATION BY REGION

单位：亿千瓦小时 (100 million kW•h)

地 区	Region	1995	2000	2004	2005	2006	2007	2008	2009
北 京	Beijing	132.21	145.26	203.89	213.35	214.85	228.08	243.35	242.65
天 津	Tianjin	133.65	211.49	339.76	369.06	359.24	393.27	382.26	415.77
河 北	Hebei	607.17	844.42	1255.56	1338.63	1461.00	1646.24	1527.75	1742.46
山 西	Shanxi	505.97	620.31	1078.99	1311.97	1526.37	1760.50	1793.78	1873.80
内 蒙	Inner Mongolia	278.54	439.22	816.44	1056.59	1412.54	1931.95	2183.85	2242.37
辽 宁	Liaoning	540.08	645.58	874.85	904.21	1014.54	1115.03	1137.84	1162.51
吉 林	Jilin	284.60	313.50	386.19	433.43	443.20	494.76	577.67	541.83
黑龙江	Heilongjiang	388.01	426.73	501.83	596.02	646.59	685.21	732.96	722.95
上 海	Shanghai	403.42	553.09	705.02	733.97	720.74	739.14	773.62	778.20
江 苏	Jiangsu	700.41	909.70	1554.89	2120.00	2535.52	2674.60	2815.03	2928.41
浙 江	Zhejiang	401.48	624.83	1231.9	1456.42	1766.36	1915.15	1905.09	2246.28
安 徽	Anhui	310.32	355.44	607.1	648.41	734.39	873.43	1124.83	1320.24
福 建	Fujian	261.55	403.73	674.64	778.25	904.25	1038.28	1127.27	1170.71
江 西	Jiangxi	176.48	203.35	378.98	373.49	439.90	502.01	576.14	532.91
山 东	Shandong	739.24	1005.26	1688.19	1911.39	2314.53	2698.03	2647.50	2839.90
河 南	Henan	547.71	694.93	1280.75	1414.68	1600.50	1918.26	1977.78	2055.46
湖 北	Hubei	452.74	559.12	1096.77	1289.80	1306.67	1588.39	1828.44	1818.06
湖 南	Hunan	332.94	354.42	651.11	644.41	754.90	860.15	927.25	1027.95
广 东	Guangdong	821.06	1292.69	2141.23	2278.59	2465.82	2731.97	2716.25	2757.61
广 西	Guangxi	217.29	289.09	378.49	446.04	523.34	682.81	868.53	944.45
海 南	Hainan	31.53	39.05	65.7	82.19	96.98	114.82	120.77	127.56
重 庆	Chongqing		167.90	262.66	253.90	291.30	374.55	457.25	474.32
四 川	Sichuan	575.97	500.24	934.49	1018.77	1226.58	1262.92	1382.97	1578.78
贵 州	Guizhou	231.55	404.70	720.46	797.65	986.36	1166.32	1211.03	1380.02
云 南	Yunnan	228.42	297.84	548.05	624.20	753.63	904.50	1078.52	1170.86
西 藏	Tibet	4.83	6.61	11.51	13.34	15.15	15.17	18.46	18.00
陕 西	Shaanxi	236.77	272.28	498.29	548.80	584.70	706.87	853.00	908.94
甘 肃	Gansu	237.75	253.52	455.34	506.17	530.13	618.85	697.71	696.65
青 海	Qinghai	60.42	133.79	172.51	215.89	281.62	307.66	310.46	377.94
宁 夏	Ningxia	107.77	136.61	253.66	312.87	388.42	452.96	471.17	479.85
新 疆	Xinjiang	120.43	182.12	263.84	310.11	357.14	413.62	489.07	549.07

3-11 分地区水力发电量

HYDRO POWER GENERATION BY REGION

单位：亿千瓦小时 (100 million kW•h)

地 区	Region	1995	2000	2004	2005	2006	2007	2008	2009
北 京	Beijing	3.18	8.64	3.96	4.71	4.94	4.93	0.36	0.37
天 津	Tianjin	0.21	0.14				0.14	0.14	
河 北	Hebei	12.63	4.70	4.02	5.61	14.42	5.68	10.95	5.71
山 西	Shanxi	7.11	13.04	21	20.32	23.87	47.32	23.36	21.66
内 蒙	Inner Mongolia	1.43	5.59	8.49	11.55	12.80	11.86	11.18	14.82
辽 宁	Liaoning	41.71	14.89	38.59	56.73	47.03	43.81	38.58	28.81
吉 林	Jilin	83.16	47.84	56.35	78.30	54.60	61.83	58.91	56.28
黑龙江	Heilongjiang	6.69	13.19	13.96	14.70	14.74	10.41	17.56	17.09
上 海	Shanghai								
江 苏	Jiangsu	0.35	0.13	3	2.66	3.05	2.95	6.65	2.23
浙 江	Zhejiang	78.25	65.23	95.38	135.11	139.76	118.15	143.49	152.67
安 徽	Anhui	11.39	4.58	18.11	12.52	15.72	19.67	28.14	16.39
福 建	Fujian	154.91	195.22	184.84	291.00	346.82	311.59	399.61	275.92
江 西	Jiangxi	55.13	53.50	75.55	67.88	95.40	85.06	167.26	85.07
山 东	Shandong	0.40	0.03	0.98	1.30	0.17	0.77	2.80	1.74
河 南	Henan	15.64	15.52	78.36	67.91	88.26	88.53	98.77	93.15
湖 北	Hubei	258.82	281.40	697.24	813.65	756.06	937.70	1272.47	1205.92
湖 南	Hunan	157.97	191.15	280.93	241.28	290.69	312.56	407.00	409.43
广 东	Guangdong	131.10	106.11	192.13	207.74	267.99	241.03	388.31	269.34
广 西	Guangxi	138.30	168.87	185.41	195.82	243.69	323.52	522.97	516.77
海 南	Hainan	11.32	11.54	9.23	10.64	11.59	13.09	12.72	14.95
重 庆	Chongqing		38.22	93.5	67.32	56.43	83.75	171.61	165.74
四 川	Sichuan	259.79	315.11	620.57	653.35	784.65	814.13	980.86	1065.41
贵 州	Guizhou	114.90	183.44	226.05	213.35	225.96	340.62	394.04	400.88
云 南	Yunnan	162.05	196.53	299.83	349.19	355.72	430.95	647.28	622.80
西 藏	Tibet	3.04	5.54	10.32	12.10	13.79	13.99	14.53	15.27
陕 西	Shaanxi	25.43	34.80	42.49	50.54	39.88	55.45	64.23	74.59
甘 肃	Gansu	96.18	102.54	119.42	165.57	170.45	189.08	188.72	250.21
青 海	Qinghai	42.57	107.69	111.3	160.58	209.58	207.76	207.10	276.32
宁 夏	Ningxia	9.30	8.18	9.4	16.41	16.38	17.47	16.08	17.36
新 疆	Xinjiang	22.82	30.83	35.03	42.33	53.42	58.84	73.93	79.55

3-12 分地区火力发电量

THERMAL POWER GENERATION BY REGION

单位：亿千瓦小时 (100 million kW•h)

地 区	Region	1995	2000	2004	2005	2006	2007	2008	2009
北 京	Beijing	128.18	136.62	198.07	209.80	207.05	223.15	242.99	241.04
天 津	Tianjin	131.58	211.35	339.76	365.69	359.24	393.13	377.93	389.67
河 北	Hebei	593.72	839.53	1251.11	1332.17	1438.88	1633.04	1407.60	1707.18
山 西	Shanxi	498.85	607.27	1058.00	1291.65	1502.50	1713.18	1764.93	1848.76
内 蒙	Inner Mongolia	277.11	432.09	805.84	1042.28	1395.93	1876.83	2071.98	2073.49
辽 宁	Liaoning	496.63	628.00	834.48	845.00	962.82	1065.26	1085.26	1117.15
吉 林	Jilin	201.45	265.48	329.15	354.16	385.76	422.74	398.63	458.61
黑龙江	Heilongjiang	381.30	413.54	484.98	581.13	629.64	670.32	696.62	685.91
上 海	Shanghai	401.93	553.09	703.77	728.74	720.33	736.25	765.25	767.77
江 苏	Jiangsu	698.42	909.57	1550.78	2114.03	2512.58	2577.39	2631.34	2762.15
浙 江	Zhejiang	300.67	539.18	915.34	1094.64	1403.49	1570.01	1519.53	1840.32
安 徽	Anhui	297.94	350.87	587.58	636.37	718.67	853.76	1096.32	1300.24
福 建	Fujian	106.60	208.45	489.52	486.88	555.80	723.63	715.97	882.30
江 西	Jiangxi	121.35	149.85	303.43	305.61	344.49	416.95	407.54	447.42
山 东	Shandong	738.83	1005.14	1681.78	1909.59	2309.22	2691.43	2598.25	2020.88
河 南	Henan	532.01	677.76	1200.87	1346.77	1512.35	1829.73	1754.92	1952.61
湖 北	Hubei	193.71	277.73	396.80	476.15	548.41	644.40	525.63	606.07
湖 南	Hunan	174.86	163.27	371.31	403.13	464.08	547.59	520.06	618.51
广 东	Guangdong	583.62	1038.61	1661.26	1764.53	1884.29	2187.24	1968.54	2157.62
广 西	Guangxi	78.99	120.21	192.02	250.23	279.67	355.89	301.26	409.51
海 南	Hainan	20.21	27.51	56.40	72.46	85.08	101.61	107.90	112.49
重 庆	Chongqing		129.68	168.99	185.81	234.87	290.69	284.88	307.59
四 川	Sichuan	316.18	185.13	313.79	365.42	441.93	448.60	400.85	513.09
贵 州	Guizhou	116.64	221.27	490.40	584.30	760.39	825.71	816.97	979.15
云 南	Yunnan	66.37	101.32	248.22	274.89	397.91	473.55	388.44	548.05
西 藏	Tibet	0.25	0.05	0.08	0.08	0.09	0.01	0.14	1.31
陕 西	Shaanxi	211.34	237.48	455.90	495.85	544.82	651.28	786.58	834.37
甘 肃	Gansu	141.56	150.98	334.71	339.70	357.38	424.37	479.27	432.45
青 海	Qinghai	17.85	26.10	61.21	55.63	72.04	99.90	103.23	101.62
宁 夏	Ningxia	98.48	128.43	243.99	295.19	367.31	432.45	449.28	454.60
新 疆	Xinjiang	97.27	149.29	226.34	265.48	299.01	349.20	404.25	447.82

3-13 分地区城市天然气供应情况

BASIC STATISTICS ON SUPPLY OF NATURAL GAS IN CITIES BY REGION

地　区	Region	供气总量(万立方米) Total Gas Supply (10^4cu.m)						用气人口(万人) Population with Access(10^4person)					
		2000	2005	2006	2007	2008	2009	2000	2005	2006	2007	2008	2009
全　国	**National Total**	**821476**	**2104951**	**2447742**	**3086363**	**3680393**	**4050996**	**2581**	**7104**	**8319**	**10190**	**12167**	**14544**
北　京	Beijing	95740	317397	383803	433823	601381	682839	295	880	957	1001	1068	1143
天　津	Tianjin	23474	68966	92561	120100	138630	149736	304	412	478	596	588	570
河　北	Hebei	4647	25374	37997	48408	59887	89065	31	142	193	319	569	674
山　西	Shanxi	5611	10802	50652	65266	89590	103239	36	50	69	165	286	358
内蒙古	Inner Mongolia		9444	18370	30528	38134	46136		50	109	149	166	179
辽　宁	Liaoning	24923	36817	53495	54085	57736	60035	410	567	629	657	711	751
吉　林	Jilin	13162	17333	29933	26861	30249	33774	77	167	198	182	189	216
黑龙江	Heilongjiang	4185	19555	22993	23607	27608	46770	56	104	114	136	289	512
上　海	Shanghai	25974	174962	236548	277458	298601	334399	67	522	586	696	741	851
江　苏	Jiangsu		87634	155940	260919	299726	343544		380	575	700	842	1030
浙　江	Zhejiang		10428	22984	50645	65640	86536		119	188	300	353	459
安　徽	Anhui	600	11564	30814	47920	68481	89259	5	208	241	328	436	529
福　建	Fujian			55	848	2274	10295			4	20	34	211
江　西	Jiangxi		1051	2258	3508	4103	6187		38	46	60	90	114
山　东	Shandong	84065	116691	129369	142638	257433	242908	62	381	599	760	987	1231
河　南	Henan	55018	53337	76488	85165	101008	126721	186	399	444	469	586	707
湖　北	Hubei	1	17422	34971	76214	94429	117703	0	264	294	381	497	610
湖　南	Hunan		5632	24435	53238	77079	95816		62	151	207	236	331
广　东	Guangdong	339	71597	28678	41418	82976	117125	4	79	84	399	582	850
广　西	Guangxi		84	1174	2273	4693	7050	0	1	8	40	59	89
海　南	Hainan		6360	10899	13926	14947	12760		21	26	33	55	64
重　庆	Chongqing	68049	164614	173926	175128	187936	205164	329	509	545	640	696	730
四　川	Sichuan	388394	598531	478063	629864	594963	511115	556	967	904	960	1019	1079
贵　州	Guizhou	450	6199	705	1449	1378	2336	2	2	4	9	9	10
云　南	Yunnan	1533	14500	733	835	743	73	2	5	5	6	6	33
西　藏	Tibet		808						15				
陕　西	Shaanxi	17770	76285	99064	108022	123518	144275	126	359	358	401	419	480
甘　肃	Gansu	78	4100	40918	47043	53394	59505	2	118	133	145	157	181
青　海	Qinghai	2022	63606	75920	103810	118383	152572	4	33	61	70	80	83
宁　夏	Ningxia	56	68193	78034	90762	98881	69561	1	34	43	55	69	85
新　疆	Xinjiang	5385	45665	55963	70603	86592	104498	27	220	273	307	350	382

3-14 分地区城市人工煤气供应情况

BASIC STATISTICS ON SUPPLY OF COAL GAS IN CITIES BY REGION

地区	Region	供气总量(万立方米) Total Gas Supply (10^4cu.m)						用气人口(万人) Population with Access (10^4person)					
		2000	2005	2006	2007	2008	2009	2000	2005	2006	2007	2008	2009
全　国	**National Total**	**1523615**	**2558343**	**2964500**	**3223512**	**3558287**	**3615507**	**3944**	**4369**	**4067**	**4022**	**3370**	**2971**
北　京	Beijing	47310	20211	9763				83	22				
天　津	Tianjin	9882	28803	16876				73	97				
河　北	Hebei	45918	78435	70221	89864	85954	68793	279	401	416	399	201	192
山　西	Shanxi	241869	82291	94728	95750	88168	82276	295	395	412	399	309	282
内蒙古	Inner Mongolia	7485	6887	6113	7000	3602	3915	78	93	79	81	66	63
辽　宁	Liaoning	81957	63614	54347	55785	61958	54441	422	532	474	487	503	524
吉　林	Jilin	15508	13755	16326	17196	17348	17616	150	169	159	151	162	167
黑龙江	Heilongjiang	30347	40199	39465	38691	42367	26349	211	289	301	338	238	85
上　海	Shanghai	213147	199744	217567	208319	199141	162721	450	662	622	576	446	351
江　苏	Jiangsu	362606	1290834	1420015	1633281	1554953	1728890	325	234	177	146	123	135
浙　江	Zhejiang	27796	27686	1647	1847	2186	1468	48	83	29	33	39	30
安　徽	Anhui	22996	8723	5910	5827	2268	1372	169	67	69	45	17	14
福　建	Fujian	12727	1810	2336	2489	2474	2537	21	11	13	18	14	14
江　西	Jiangxi	39463	31707	39467	40595	39968	37898	125	131	115	127	134	146
山　东	Shandong	43041	47743	34663	49030	48322	29377	335	357	337	282	210	156
河　南	Henan	81775	117592	54946	48669	112111	111136	136	142	149	153	174	180
湖　北	Hubei	14588	9184	1118	13155	12281	12382	180	22	31	58	50	49
湖　南	Hunan	60375	44064	45635	89086	103516	89819	81	75	30	42	35	39
广　东	Guangdong	12097	29310	41703	35831	26068	15493	150	163	202	215	139	25
广　西	Guangxi	2817	4483	4774	4861	4965	4449	15	25	26	25	46	42
海　南	Hainan												
重　庆	Chongqing	100						1					
四　川	Sichuan	111677	128252	145864	158597	158993	162826	30	33	33	34	38	40
贵　州	Guizhou	8727	19209	21650	23491	26613	26886	73	125	134	145	156	161
云　南	Yunnan	15407	20287	18668	20365	21737	33113	100	177	223	220	227	235
西　藏	Tibet												
陕　西	Shaanxi	4447	4365					33	27				
甘　肃	Gansu	6691	3802	3017	3955	9429	9427	70	24	22	29	23	22
青　海	Qinghai	24						3					
宁　夏	Ningxia	2838	3013	412	794	924	1024	10	9	8	12	13	13
新　疆	Xinjiang		232340	597267	579036	932940	931300		5	6	6	6	6

3-15 分地区城市液化石油气供应情况

BASIC STATISTICS ON SUPPLY OF LPG IN CITIES BY REGION

地区	Region	供气总量(吨) Total Gas Supply (ton)						用气人口(万人) Population with Access (10^4person)					
		2000	2005	2006	2007	2008	2009	2000	2005	2006	2007	2008	2009
全　国	**National Total**	**10537147**	**12220141**	**12636613**	**14667692**	**13291072**	**13400303**	**11107**	**18013**	**17100**	**18172**	**17632**	**16924**
北　京	Beijing	176460	374358	418256	320434	324549	367323	253	341	561	501	371	349
天　津	Tianjin	44203	61503	21463	20502	87404	58963	89	123	85	56	51	38
河　北	Hebei	189612	327294	279802	264559	254206	284101	476	705	650	677	667	630
山　西	Shanxi	34152	42004	65838	61678	53822	55884	102	170	198	187	188	197
内蒙古	Inner Mongolia	59425	138348	99616	73842	72279	84206	192	295	315	327	337	356
辽　宁	Liaoning	379194	402659	487296	456504	396282	398309	569	713	719	719	694	694
吉　林	Jilin	169062	184659	182529	179839	208064	219848	350	493	422	478	489	491
黑龙江	Heilongjiang	601427	228630	291962	244172	198672	195710	546	612	560	553	538	538
上　海	Shanghai	490561	452613	458558	506502	489201	400176	421	711	703	749	701	719
江　苏	Jiangsu	705010	1129147	1042278	999243	931734	865663	883	1765	1409	1407	1328	1248
浙　江	Zhejiang	630895	1060572	1057580	938273	937042	909487	555	1135	1163	1377	1327	1236
安　徽	Anhui	458621	613614	605279	602727	680514	594994	379	541	527	552	555	525
福　建	Fujian	737609	378053	387506	407443	385945	341795	341	604	657	844	833	712
江　西	Jiangxi	164698	174521	165138	181379	185460	179792	220	412	423	443	453	454
山　东	Shandong	276543	572194	564472	703495	758261	872762	887	1836	1471	1541	1404	1253
河　南	Henan	162199	225864	234453	247689	250556	237895	430	574	527	575	570	547
湖　北	Hubei	296179	311171	294314	393772	356448	343513	908	1142	989	959	945	877
湖　南	Hunan	199873	294718	287407	275365	279320	235885	461	648	659	681	688	647
广　东	Guangdong	3108612	4101990	3758956	5673421	4478851	4704485	1485	3223	3214	3462	3394	3309
广　西	Guangxi	204904	315998	324298	462835	306091	296843	374	551	549	596	598	596
海　南	Hainan	77856	66866	66610	71384	67883	61724	117	113	101	104	109	113
重　庆	Chongqing	38769	95577	73506	81624	69252	70066	35	72	86	113	103	110
四　川	Sichuan	66154	164266	197021	183257	184229	176579	81	152	137	141	133	134
贵　州	Guizhou	28973	53779	50108	55563	58121	60227	90	189	188	170	191	194
云　南	Yunnan	82954	70436	131838	139759	130602	155859	138	141	120	235	235	245
西　藏	Tibet	16680	1500	813000	814450	813348	826148	14	3	16	24	34	38
陕　西	Shaanxi	79038	121943	45473	80501	113582	111081	206	243	228	267	259	217
甘　肃	Gansu	783739	71904	72543	85483	97642	185733	102	142	146	160	166	187
青　海	Qinghai	11496	14339	12642	11064	8743	7628	30	37	27	20	20	19
宁　夏	Ningxia	18231	22697	20478	16671	15868	15625	70	90	82	85	80	93
新　疆	Xinjiang	244018	147314	126396	114262	97102	81999	306	240	168	171	167	161

3-16 分地区城市集中供热情况

BASIC STATISTICS ON HEATING SUPPLY IN CITIES BY REGION

地区	Region	蒸汽供应能力(吨/小时) Capacity of Steam Supply (tn/hr)						热水供应能力(兆瓦) Capacity of Hot Water Supply(10^6 W)					
		2000	2005	2006	2007	2008	2009	2000	2005	2006	2007	2008	2009
全国	**National Total**	**74148**	**106723**	**95204**	**94009**	**94454**	**93193**	**97417**	**197976**	**217699**	**224660**	**305695**	**286106**
北京	Beijing	3408	2297	620	620	200	200	4755	30115	30546	28989	31772	32674
天津	Tianjin	9106	3294	3325	3620	3469	3579	5608	10563	11753	13866	16011	16158
河北	Hebei	6427	9290	9132	10117	10594	10979	8388	13917	15219	16536	17787	22247
山西	Shanxi	3316	3133	3570	1452	2190	2215	5347	8578	9421	8265	12677	12999
内蒙古	Inner Mongolia	1200	844	277	1024	998	214	5687	10887	13328	16042	19210	21364
辽宁	Liaoning	11569	12583	10967	11718	11612	12013	19154	36051	43765	39717	46395	51183
吉林	Jilin	3425	4749	4515	3587	3288	2882	10564	18925	20143	20985	23238	26147
黑龙江	Heilongjiang	4513	5937	4365	4323	4248	4199	13750	23952	23805	26143	27499	30420
上海	Shanghai												
江苏	Jiangsu	2554	19744	9597	5934	6823	4330	8	200	33	33	33	55
浙江	Zhejiang	1516	4569	5056	5236	4801	4795		233	233	233	233	
安徽	Anhui	1915	2006	2613	3154	3346	3487	214	135	165	165	165	176
福建	Fujian							43	286	286	286		
江西	Jiangxi												
山东	Shandong	12498	22770	24896	26394	28106	27609	9206	16744	17881	19637	21088	22661
河南	Henan	3261	4698	4713	4926	4982	5632	1334	2118	3078	3224	3664	3905
湖北	Hubei	775	1404	1404	1404	1404	1404		78	78	78	78	78
湖南	Hunan	493	105										
广东	Guangdong												
广西	Guangxi												
海南	Hainan												
重庆	Chongqing												
四川	Sichuan		160	60	60	60	60						
贵州	Guizhou												
云南	Yunnan												
西藏	Tibet												
陕西	Shaanxi	1923	2240	2947	4079	2196	3305	551	1806	2672	2992	11971	12543
甘肃	Gansu	3949	4813	5159	4229	4504	4511	3611	5791	7276	7749	8969	9225
青海	Qinghai							89	173	173	121	193	369
宁夏	Ningxia	662	646	869	432	425	425	2963	5115	4482	5127	5160	5595
新疆	Xinjiang	1638	1441	1119	1700	1208	1354	6145	12309	13362	14472		18307

四、能源消费

Chapter 4　Energy Consumption

4-1 能源消费总量和构成

TOTAL ENERGY CONSUMPTION AND COMPOSITION

年 份 Year	电热当量计算法 calorific value calculation						
	能源消费总量 (万吨标准煤) Total Energy Consumption (10^4 tce)	占能源消费总量的比重 (%) As percentage of primary energy consumption (%)					
		煤 炭 Coal	石 油 Petroleum	天然气 Natural Gas	水电、核电、其他能发电 Hydro Power Nuclear Power Other Power	#水电 Hydro Power	核电 Nuclear Power
1980	58587	74.2	21.4	3.2	1.2	1.2	-
1981	57577	75.1	20.6	2.9	1.4	1.4	-
1982	59966	76.3	19.6	2.6	1.5	1.5	-
1983	63635	77.0	18.8	2.5	1.7	1.7	-
1984	68495	77.8	18.1	2.5	1.6	1.6	-
1985	74112	78.5	17.7	2.3	1.5	1.5	-
1986	77776	78.2	17.9	2.4	1.5	1.5	-
1987	83850	78.7	17.6	2.2	1.5	1.5	-
1988	89963	78.8	17.6	2.1	1.5	1.5	-
1989	93666	79.3	17.1	2.0	1.6	1.6	-
1990	95384	79.0	17.2	2.1	1.7	1.7	-
1991	100413	78.7	17.7	2.1	1.5	1.5	-
1992	105602	78.3	18.1	2.0	1.6	1.6	-
1993	111490	79.0	17.1	2.1	1.8	1.8	0.0
1994	118071	79.5	16.2	2.2	2.1	2.0	0.1
1995	123471	77.0	18.6	1.9	2.5	2.4	0.1
1996	129665	76.7	19.5	1.9	1.9	1.8	0.1
1997	130082	74.9	21.3	1.8	2.0	1.9	0.1
1998	130260	74.2	21.8	1.9	2.1	2.0	0.1
1999	135132	73.6	22.3	2.1	1.9	1.8	0.1
2000	139445	72.4	23.1	2.3	2.1	2.0	0.1
2001	142972	71.9	23.0	2.6	2.6	2.4	0.2
2002	151789	71.5	23.4	2.6	2.6	2.4	0.2
2003	176074	73.1	22.1	2.6	2.3	2.0	0.3
2004	204219	72.8	22.2	2.6	2.5	2.2	0.3
2005	225781	74.1	20.7	2.8	2.5	2.2	0.3
2006	247562	74.3	20.2	3.0	2.5	2.2	0.3
2007	268413	74.3	19.7	3.5	2.6	2.2	0.3
2008	277515	74.9	19.2	2.9	3.0	2.6	0.3
2009	292028	74.0	18.8	4.1	3.1	2.6	0.3

续表

Continued

年 份 Year	发电煤耗计算法 coal equivalent calculation						
	能源消费总量 (万吨标准煤) Total Energy Consumption (10^4 tce)	占能源消费总量的比重（%） As percentage of primary energy consumption (%)					
		煤 炭 Coal	石 油 Petroleum	天然气 Natural Gas	水电、核电、其他能发电 Hydro Power Nuclear Power Other Power	#水电 Hydro Power	核电 Nuclear Power
1980	60275	72.2	20.7	3.1	4.0	4.0	-
1981	59447	72.7	20.0	2.8	4.5	4.5	-
1982	62067	73.7	18.9	2.5	4.9	4.9	-
1983	66040	74.2	18.1	2.4	5.3	5.3	-
1984	70904	75.3	17.4	2.4	4.9	4.9	-
1985	76682	75.8	17.1	2.2	4.9	4.9	-
1986	80850	75.8	17.2	2.3	4.7	4.7	-
1987	86632	76.2	17.0	2.1	4.7	4.7	-
1988	92997	76.1	17.1	2.1	4.7	4.7	-
1989	96934	76.1	17.1	2.1	4.7	4.7	-
1990	98703	76.2	16.6	2.1	5.1	5.1	-
1991	103783	76.1	17.1	2.0	4.8	4.8	-
1992	109170	75.7	17.5	1.9	4.9	4.9	-
1993	115993	74.7	18.2	1.9	5.2	5.1	0.1
1994	122737	75.0	17.4	1.9	5.7	5.2	0.5
1995	131176	74.6	17.5	1.8	6.1	5.7	0.4
1996	135192	73.5	18.7	1.8	6.0	5.6	0.4
1997	135909	71.4	20.4	1.8	6.4	5.9	0.4
1998	136184	70.9	20.8	1.8	6.5	6.1	0.4
1999	140569	70.6	21.5	2.0	5.9	5.5	0.4
2000	145531	69.2	22.2	2.2	6.4	5.9	0.4
2001	150406	68.3	21.8	2.4	7.5	7.1	0.4
2002	159431	68.0	22.3	2.4	7.3	6.8	0.5
2003	183792	69.8	21.2	2.5	6.5	5.7	0.8
2004	213456	69.5	21.3	2.5	6.7	5.9	0.8
2005	235997	70.8	19.8	2.6	6.8	5.9	0.8
2006	258676	71.1	19.3	2.9	6.7	5.9	0.7
2007	280508	71.1	18.8	3.3	6.8	5.9	0.8
2008	291448	70.3	18.3	3.7	7.7	6.7	0.8
2009	306647	70.4	17.9	3.9	7.8	6.5	0.8

4-2 工业分行业终端能源消费量(实物量)-2009

行 业	Item	煤合计 (万吨) Coal Total (10^4 tn)
工业	**Industry**	**67755.90**
(一)采掘业	**Mining and Quarrying**	**7299.19**
煤炭开采和洗选业	Mining and Washing of Coal	6443.46
石油和天然气开采业	Extraction of Petroleum and Natural Gas	141.45
黑色金属矿采选业	Mining and Processing of Ferrous Metal Ores	166.01
有色金属矿采选业	Mining and Processing of Non-Ferrous Metal Ores	94.26
非金属矿采选业	Mining and Processing of Nonmetal Ores	451.75
其他采矿业	Mining of Other Ores	2.26
(二)制造业	**Manufacturing**	**57268.68**
农副食品加工业	Processing of Food from Agricultural Products	1364.57
食品制造业	Manufacture of Foods	848.49
饮料制造业	Manufacture of Beverages	748.33
烟草制品业	Manufacture of Tobacco	83.94
纺织业	Manufacture of Textile	1842.81
纺织服装、鞋、帽制造业	Manufacture of Textile Wearing Apparel,Footware, and Caps	204.97
皮革、毛皮、羽毛(绒)及其制品业	Manufacture of Leather, Fur, Feather and Related Products	85.73
木材加工及木、竹、藤、棕、草制品业	Processing of Timber,Manufacture of Wood,Bamboo,Rattan,Palm, and Straw Products	424.30
家具制造业	Manufacture of Furniture	29.74
造纸及纸制品业	Manufacture of Paper and Paper Products	2300.21
印刷业和记录媒介的复制	Printing,Reproduction of Recording Media	39.19
文教体育用品制造业	Manufacture of Articles For Culture, Education and Sport Activity	17.63
石油加工、炼焦及核燃料加工业	Processing of Petroleum, Coking, Processing of Nuclear Fuel	1421.51
化学原料及化学制品制造业	Manufacture of Raw Chemical Materials and Chemical Products	10197.35
医药制造业	Manufacture of Medicines	546.22
化学纤维制造业	Manufacture of Chemical Fibers	262.51
橡胶制品业	Manufacture of Rubber	408.30
塑料制品业	Manufacture of Plastics	292.10
非金属矿物制品业	Manufacture of Non-metallic Mineral Products	23504.71
黑色金属冶炼及压延加工业	Smelting and Pressing of Ferrous Metals	8747.65
有色金属冶炼及压延加工业	Smelting and Pressing of Non-ferrous Metals	1432.15
金属制品业	Manufacture of Metal Products	327.06
通用设备制造业	Manufacture of General Purpose Machinery	395.49
专用设备制造业	Manufacture of Special Purpose Machinery	488.76
交通运输设备制造业	Manufacture of Transport Equipment	605.44
电气机械及器材制造业	Manufacture of Electrical Machinery and Equipment	169.75
通信设备、计算机及其他电子设备制造业	Manufacture of Communication Equipment,Computers and Other Electronic Equipment	139.96
仪器仪表及文化、办公用机械制造业	Manufacture of Measuring Instruments and Machinery for Cultural Activity and Office Work	25.16
工艺品及其他制造业	Manufacture of Artwork and Other Manufacturing	304.28
废弃资源和废旧材料回收加工业	Recycling and Disposal of Waste	10.36
(三)电力、煤气及水生产和供应业	**Electric Power, Gas and Water Production and Supply**	**3188.03**
电力、热力的生产和供应业	Production and Distribution of Electric Power and Heat Power	3080.74
燃气生产和供应业	Production and Distribution of Gas	80.07
水的生产和供应业	Production and Distribution of Water	27.22

FINAL ENERGY CONSUMPTION BY INDUSTRIAL SECTOR-2009 (PHYSICAL QUANTITY)

原煤 (万吨) Raw Coal (10⁴ tn)	洗精煤 (万吨) Cleaned Coal (10⁴ tn)	其他洗煤 (万吨) Other Washed Coal (10⁴ tn)	焦炭 (万吨) Coke (10⁴ tn)	焦炉煤气 (亿立方米) Coke Oven Gas (10⁸ cu.m)	其他煤气 (亿立方米) Other Gas (10⁸ cu.m)	其他焦化产品 (万吨) Other Coking Products (10⁴ tn)	油品合计 (万吨) Petroleum Products Total (10⁴ tn)	原油 (万吨) Crude Oil (10⁴ tn)
58440.87	**2916.87**	**5985.66**	**31583.02**	**467.24**	**2114.20**	**807.82**	**13153.74**	**826.16**
6673.06	**256.93**	**360.70**	**138.61**	**1.84**	**10.00**	**2.87**	**1158.88**	**486.91**
5854.58	233.35	351.02	27.83	1.07	8.46	2.87	139.70	
141.45					0.01		837.26	486.91
151.96	6.42	3.63	83.82	0.77	1.54		59.26	
83.85	9.16	1.25	14.89				27.58	
438.95	8.00	4.80	12.07				93.91	
2.26							1.17	
48676.66	**2651.08**	**5542.18**	**31433.91**	**457.39**	**2096.44**	**790.81**	**11800.99**	**338.54**
1271.23	7.16	81.59	10.56	0.03			108.74	0.10
834.44	8.41	5.64	7.13	0.02	0.45		61.45	
735.29	7.00	6.05	0.94	0.00			38.71	0.20
79.56	1.26	3.12		0.03	0.12		6.37	
1808.42	12.73	14.16	4.10	1.27	0.01		99.64	0.20
200.90	2.38	1.69	1.40	0.01	0.07		59.23	0.33
84.82	0.36	0.55	0.31				34.39	0.03
414.67	6.97	2.66	2.46				24.50	0.28
29.35	0.08	0.30	1.01		0.01		21.86	
2212.88	25.83	57.00	4.35	0.12		1.26	66.82	0.36
38.95	0.08	0.16	0.56	0.01	0.01		25.81	0.00
17.39	0.03	0.21	5.06				24.54	0.04
903.92	441.70	75.90	97.16	45.92	38.94	106.14	5810.25	142.73
9342.07	433.16	207.71	2103.77	14.93	17.91	299.78	2849.70	173.47
526.41	15.17	4.64	1.24	0.31	0.05		37.11	0.03
259.95	2.56		5.54			2.73	56.16	10.01
399.37	3.44	5.50	3.25	0.28	0.03		32.96	0.40
284.49	3.92	3.69	3.07				85.07	0.02
18175.08	492.71	4786.38	384.65	10.82	27.37	98.43	954.09	8.89
7436.51	1041.13	193.44	27083.17	371.58	1881.71	273.41	224.06	0.04
1282.01	60.03	64.00	648.57	8.85	86.57	6.18	303.61	0.61
312.57	7.64	6.85	98.22	0.17	0.26		137.57	0.18
372.06	9.03	5.33	663.64	1.17	16.91	2.48	147.37	0.06
446.33	39.89	2.54	100.74	1.21	23.14	0.40	83.52	0.05
590.99	10.30	4.14	163.67	0.32	1.00		186.00	0.10
161.44	7.12	1.19	23.21	0.11	0.39		139.66	0.12
137.96	1.68	0.32	1.74	0.06	0.14		121.32	0.25
23.79		1.37	8.32		0.01		20.89	0.01
286.01	9.29	3.51	1.81		1.18		34.04	0.02
7.82		2.54	4.25	0.18	0.16		5.55	
3091.16	**8.86**	**82.78**	**10.49**	**8.01**	**7.75**	**14.14**	**193.87**	**0.71**
2984.31	8.60	82.60	8.13	0.04	3.13	12.50	139.04	0.50
79.66	0.25	0.16	2.27	7.97	4.62	1.64	45.07	0.21
27.19	0.01	0.02	0.09				9.76	0.00

续表

行　　业	Item	汽油 (万吨) Gasoline (10^4tn)
工业	**Industry**	**670.98**
(一)采掘业	**Mining and Quarrying**	**65.44**
煤炭开采和洗选业	Mining and Washing of Coal	21.19
石油和天然气开采业	Extraction of Petroleum and Natural Gas	25.04
黑色金属矿采选业	Mining and Processing of Ferrous Metal Ores	6.46
有色金属矿采选业	Mining and Processing of Non-Ferrous Metal Ores	7.64
非金属矿采选业	Mining and Processing of Nonmetal Ores	5.08
其他采矿业	Mining of Other Ores	0.03
(二)制造业	**Manufacturing**	**571.16**
农副食品加工业	Processing of Food from Agricultural Products	32.98
食品制造业	Manufacture of Foods	14.16
饮料制造业	Manufacture of Beverages	10.39
烟草制品业	Manufacture of Tobacco	0.75
纺织业	Manufacture of Textile	26.25
纺织服装、鞋、帽制造业	Manufacture of Textile Wearing Apparel,Footware, and Caps	17.18
皮革、毛皮、羽毛(绒)及其制品业	Manufacture of Leather, Fur, Feather and Related Products	9.22
木材加工及木、竹、藤、棕、草制品业	Processing of Timber,Manufacture of Wood,Bamboo,Rattan,Palm, and Straw Products	7.94
家具制造业	Manufacture of Furniture	7.84
造纸及纸制品业	Manufacture of Paper and Paper Products	12.83
印刷业和记录媒介的复制	Printing,Reproduction of Recording Media	8.77
文教体育用品制造业	Manufacture of Articles For Culture, Education and Sport Activity	4.43
石油加工、炼焦及核燃料加工业	Processing of Petroleum, Coking, Processing of Nuclear Fuel	39.81
化学原料及化学制品制造业	Manufacture of Raw Chemical Materials and Chemical Products	49.80
医药制造业	Manufacture of Medicines	12.07
化学纤维制造业	Manufacture of Chemical Fibers	1.61
橡胶制品业	Manufacture of Rubber	11.06
塑料制品业	Manufacture of Plastics	18.24
非金属矿物制品业	Manufacture of Non-metallic Mineral Products	36.95
黑色金属冶炼及压延加工业	Smelting and Pressing of Ferrous Metals	15.52
有色金属冶炼及压延加工业	Smelting and Pressing of Non-ferrous Metals	10.14
金属制品业	Manufacture of Metal Products	31.13
通用设备制造业	Manufacture of General Purpose Machinery	50.48
专用设备制造业	Manufacture of Special Purpose Machinery	28.30
交通运输设备制造业	Manufacture of Transport Equipment	42.74
电气机械及器材制造业	Manufacture of Electrical Machinery and Equipment	35.60
通信设备、计算机及其他电子设备制造业	Manufacture of Communication Equipment,Computers and Other Electronic Equipment	19.25
仪器仪表及文化、办公用机械制造业	Manufacture of Measuring Instruments and Machinery for Cultural Activity and Office Work	6.85
工艺品及其他制造业	Manufacture of Artwork and Other Manufacturing	8.18
废弃资源和废旧材料回收加工业	Recycling and Disposal of Waste	0.69
(三)电力、煤气及水生产和供应业	**Electric Power, Gas and Water Production and Supply**	**34.38**
电力、热力的生产和供应业	Production and Distribution of Electric Power and Heat Power	26.46
燃气生产和供应业	Production and Distribution of Gas	2.88
水的生产和供应业	Production and Distribution of Water	5.04

Continued

煤油 (万吨) Kerosene (10^4tn)	柴油 (万吨) Diesel Oil (10^4tn)	燃料油 (万吨) Fuel Oil (10^4tn)	液化石油气 (万吨) LPG (10^4tn)	炼厂干气 (万吨) Refinery Gas (10^4tn)	其他石油制品 (万吨) Other Petroleum Products (10^4tn)	天然气 (亿立方米) Natural Gas (10^8 cu.m)	热力 (万百万千焦) Heat (10^{10} kJ)	电力 (亿千瓦小时) Electricity (10^8kW•h)
32.04	**2196.99**	**1227.48**	**477.41**	**932.69**	**6790.00**	**402.71**	**183874.13**	**24596.27**
4.64	**498.17**	**32.47**	**0.29**	**33.60**	**37.37**	**91.18**	**4128.99**	**1761.77**
2.90	108.40	4.83	0.05		2.34	1.86	374.91	691.13
0.05	230.21	27.02	0.20	33.60	34.23	89.07	1933.74	333.34
0.45	51.92	0.32			0.10	0.03	0.20	289.73
0.87	18.85	0.04	0.02		0.16	0.04	1.33	215.72
0.37	87.64	0.26	0.02		0.54	0.18	1818.81	155.26
	1.14					0.01		76.59
27.28	**1590.50**	**1179.51**	**447.63**	**897.24**	**6749.13**	**308.71**	**173909.46**	**19685.98**
0.22	51.83	12.68	2.73	7.24	0.96	0.65	3503.40	389.32
0.11	30.22	13.76	3.05		0.15	2.31	4851.24	166.54
0.29	15.73	11.06	0.94		0.10	1.43	3159.97	117.03
	4.71	0.90	0.01		0.00	0.50	349.06	41.70
0.43	43.86	23.96	3.37	0.25	1.32	1.35	18957.39	1147.50
0.28	33.62	6.63	1.12		0.06	0.24	625.08	132.54
0.29	16.05	8.43	0.25		0.12	0.07	222.13	78.45
0.20	15.23	0.50	0.29		0.06	0.34	520.91	191.53
0.13	12.62	0.26	1.00		0.01	0.44	118.03	35.59
0.41	30.54	18.75	2.58		1.35	1.06	12750.56	482.73
0.23	13.74	1.44	1.56		0.07	0.52	228.60	83.01
0.12	15.90	2.14	1.65		0.26	0.11	34.92	48.09
1.24	68.59	201.96	140.08	816.38	4399.46	20.57	26650.20	475.07
3.69	200.48	195.33	75.89	69.86	2081.18	170.84	52480.44	2907.12
0.07	17.15	5.39	1.82	0.12	0.46	2.35	4707.71	188.99
0.11	9.56	18.42	0.30	0.71	15.44	0.29	5496.44	269.93
0.08	7.72	11.90	0.46		1.34	0.69	1079.67	280.28
0.23	46.65	14.51	2.05		3.37	1.36	465.12	460.29
1.23	317.07	411.12	95.30	2.46	81.07	44.62	1072.30	2126.16
1.39	111.72	58.61	28.58		8.20	18.76	20536.69	4020.52
1.65	64.53	77.31	12.41		136.96	6.69	7767.77	2576.15
1.64	73.24	14.67	15.20	0.01	1.50	2.47	480.20	744.40
3.88	68.25	11.50	9.38	0.01	3.81	6.06	786.79	502.04
0.53	42.81	5.62	4.51		1.70	4.56	1780.65	256.94
7.16	105.60	12.75	14.43	0.02	3.20	12.12	2464.29	565.40
0.50	68.55	9.63	19.88	0.18	5.20	3.03	1461.99	423.49
0.22	69.74	27.34	4.40		0.12	4.88	865.36	558.96
0.69	12.56	0.18	0.26		0.34	0.36	123.63	68.54
0.23	18.15	2.28	4.01		1.17	0.06	363.60	335.49
0.03	4.08	0.48	0.12		0.15		5.33	12.15
0.12	**108.33**	**15.50**	**29.49**	**1.84**	**3.50**	**2.81**	**5835.68**	**3148.52**
0.12	93.92	14.49	0.03	0.20	3.32	0.47	5514.06	2821.76
	10.21	0.51	29.44	1.64	0.18	2.22	283.94	70.23
	4.20	0.50	0.02			0.12	37.68	256.53

4-3 工业分行业终端能源消费量(标准量)-2009

单位:万吨标准煤

行业	Sector	终端消费合计 Final Consumption Total (发电煤耗计算法) (coal equivalent calculation)	终端消费合计 Final Consumption Total (电热当量计算法) (calorific value calculation)
工业	**Industry**	**205322.48**	**153098.71**
(一)采掘业	**Mining and Quarrying**	**14664.84**	**11037.90**
煤炭开采和洗选业	Mining and Washing of Coal	7556.09	6148.93
石油和天然气开采业	Extraction of Petroleum and Natural Gas	3676.21	2975.46
黑色金属矿采选业	Mining and Processing of Ferrous Metal Ores	1250.71	662.78
有色金属矿采选业	Mining and Processing of Non-Ferrous Metal Ores	832.89	395.14
非金属矿采选业	Mining and Processing of Nonmetal Ores	1095.77	757.84
其他采矿业	Mining of Other Ores	253.16	97.74
(二)制造业	**Manufacturing**	**177163.25**	**135028.87**
农副食品加工业	Processing of Food from Agricultural Products	2795.40	1961.30
食品制造业	Manufacture of Foods	1563.34	1164.38
饮料制造业	Manufacture of Beverages	1191.44	914.21
烟草制品业	Manufacture of Tobacco	233.80	144.78
纺织业	Manufacture of Textile	6251.01	3684.07
纺织服装、鞋、帽制造业	Manufacture of Textile Wearing Apparel,Footware, and Caps	713.10	436.26
皮革、毛皮、羽毛(绒)及其制品业	Manufacture of Leather, Fur, Feather and Related Products	384.47	222.49
木材加工及木、竹、藤、棕、草制品业	Processing of Timber,Manufacture of Wood,Bamboo,Rattan,Palm, and Straw Products	1049.09	653.88
家具制造业	Manufacture of Furniture	183.81	110.10
造纸及纸制品业	Manufacture of Paper and Paper Products	4101.00	2961.10
印刷业和记录媒介的复制	Printing,Reproduction of Recording Media	357.48	186.16
文教体育用品制造业	Manufacture of Articles For Culture, Education and Sport Activity	214.62	116.60
石油加工、炼焦及核燃料加工业	Processing of Petroleum, Coking, Processing of Nuclear Fuel	12753.72	11454.55
化学原料及化学制品制造业	Manufacture of Raw Chemical Materials and Chemical Products	28612.85	22053.65
医药制造业	Manufacture of Medicines	1354.58	911.87
化学纤维制造业	Manufacture of Chemical Fibers	1436.85	819.98
橡胶制品业	Manufacture of Rubber	1344.72	762.39
塑料制品业	Manufacture of Plastics	1894.96	955.08
非金属矿物制品业	Manufacture of Non-metallic Mineral Products	26870.60	22542.65
黑色金属冶炼及压延加工业	Smelting and Pressing of Ferrous Metals	55989.05	47572.24
有色金属冶炼及压延加工业	Smelting and Pressing of Non-ferrous Metals	11321.94	5996.66
金属制品业	Manufacture of Metal Products	3037.78	1521.20
通用设备制造业	Manufacture of General Purpose Machinery	2981.68	1953.03
专用设备制造业	Manufacture of Special Purpose Machinery	1663.41	1119.64
交通运输设备制造业	Manufacture of Transport Equipment	3031.90	1853.59
电气机械及器材制造业	Manufacture of Electrical Machinery and Equipment	1854.48	976.74
通信设备、计算机及其他电子设备制造业	Manufacture of Communication Equipment,Computers and Other Electronic Equipment	2216.28	1071.13
仪器仪表及文化、办公用机械制造业	Manufacture of Measuring Instruments and Machinery for Cultural Activity and Office Work	291.92	151.29
工艺品及其他制造业	Manufacture of Artwork and Other Manufacturing	1406.86	721.50
废弃资源和废旧材料回收加工业	Recycling and Disposal of Waste	61.11	36.38
(三)电力、煤气及水生产和供应业	**Electric Power, Gas and Water Production and Supply**	**13494.39**	**7031.94**
电力、热力的生产和供应业	Production and Distribution of Electric Power and Heat Power	12145.31	6349.98
燃气生产和供应业	Production and Distribution of Gas	474.17	328.09
水的生产和供应业	Production and Distribution of Water	874.91	353.88

FINAL ENERGY CONSUMPTION BY INDUSTRIAL SECTOR-2009 (STANDARD QUANTITY)

(10 000 tce)

煤合计 Coal Total	原煤 Raw Coal	洗精煤 Cleaned Coal	其他洗煤 Other Washed Coal	焦炭 Coke	焦炉煤气 Coke Oven Gas	其他煤气 Other Gas	其他焦化产品 Other Coking Products	油品合计 Petroleum Products Total
51863.69	**45844.37**	**2625.18**	**3143.67**	**30679.74**	**2870.26**	**6080.02**	**932.22**	**18297.51**
5660.57	**5234.73**	**231.23**	**189.44**	**134.65**	**11.30**	**28.76**	**3.31**	**1672.94**
4989.77	4592.67	210.01	184.36	27.04	6.57	24.32	3.31	203.42
110.96	110.96					0.02		1204.28
129.32	119.21	5.78	1.90	81.42	4.73	4.43		86.42
74.68	65.78	8.23	0.66	14.46				40.29
354.06	344.34	7.20	2.52	11.72				136.83
1.77	1.77							1.70
43723.61	**38184.76**	**2385.97**	**2910.75**	**30534.90**	**2809.75**	**6028.95**	**912.59**	**16334.78**
1049.31	997.22	6.44	42.85	10.26	0.16			159.94
665.11	654.58	7.57	2.96	6.93	0.11	1.28		90.12
586.28	576.80	6.30	3.18	0.92	0.02			56.46
65.18	62.41	1.13	1.64		0.18	0.35		9.27
1442.08	1418.62	11.46	7.44	3.98	7.80	0.03		145.56
160.62	157.60	2.14	0.89	1.36	0.06	0.19		86.63
67.15	66.53	0.32	0.29	0.31				50.05
332.96	325.29	6.27	1.40	2.39				35.86
23.26	23.03	0.07	0.16	0.98		0.03		32.21
1791.83	1735.91	23.25	29.94	4.23	0.74		1.45	97.40
30.71	30.55	0.07	0.08	0.54	0.06	0.03		38.09
13.78	13.64	0.03	0.11	4.92				36.14
1146.47	709.09	397.53	39.86	94.38	282.07	111.99	122.49	7906.06
7957.58	7328.45	389.85	109.09	2043.60	91.73	51.52	345.95	3848.30
429.04	412.95	13.65	2.44	1.21	1.90	0.14		54.50
206.23	203.92	2.31		5.39			3.15	78.82
319.27	313.29	3.09	2.89	3.16	1.72	0.09		47.75
228.64	223.17	3.53	1.94	2.98				123.82
17245.51	14257.57	443.44	2513.81	373.65	66.45	78.71	113.59	1391.04
6918.73	5833.62	937.02	101.59	26308.59	2282.62	5411.41	315.52	331.14
1109.18	1005.68	54.03	33.61	630.02	54.37	248.95	7.13	422.36
255.67	245.20	6.87	3.60	95.41	1.06	0.75		204.17
308.30	291.86	8.13	2.80	644.66	7.19	48.64	2.86	217.01
387.36	350.13	35.90	1.33	97.86	7.41	66.55	0.46	122.85
475.06	463.61	9.27	2.18	158.98	1.97	2.89		274.59
133.67	126.64	6.41	0.63	22.55	0.68	1.13		208.06
109.91	108.22	1.52	0.17	1.69	0.37	0.40		177.38
19.38	18.66		0.72	8.08		0.03		30.55
237.89	224.36	8.36	1.84	1.76		3.38		50.50
7.47	6.13		1.33	4.13	1.11	0.46		8.10
2479.51	**2424.88**	**7.98**	**43.48**	**10.19**	**49.20**	**22.29**	**16.32**	**289.78**
2395.36	2341.06	7.74	43.38	7.90	0.25	9.00	14.43	202.07
62.80	62.49	0.23	0.08	2.21	48.96	13.29	1.89	73.42
21.35	21.33	0.01	0.01	0.09				14.29

续表

单位:万吨标准煤

行　业	Sector	原油 Crude Oil	汽油 Gasoline
工业	**Industry**	**1180.25**	**987.28**
(一)采掘业	**Mining and Quarrying**	**695.60**	**96.29**
煤炭开采和洗选业	Mining and Washing of Coal		31.18
石油和天然气开采业	Extraction of Petroleum and Natural Gas	695.60	36.84
黑色金属矿采选业	Mining and Processing of Ferrous Metal Ores		9.51
有色金属矿采选业	Mining and Processing of Non-Ferrous Metal Ores		11.24
非金属矿采选业	Mining and Processing of Nonmetal Ores		7.47
其他采矿业	Mining of Other Ores		0.04
(二)制造业	**Manufacturing**	**483.64**	**840.40**
农副食品加工业	Processing of Food from Agricultural Products	0.14	48.53
食品制造业	Manufacture of Foods		20.84
饮料制造业	Manufacture of Beverages	0.29	15.29
烟草制品业	Manufacture of Tobacco		1.10
纺织业	Manufacture of Textile	0.29	38.62
纺织服装、鞋、帽制造业	Manufacture of Textile Wearing Apparel,Footware, and Caps	0.47	25.28
皮革、毛皮、羽毛(绒)及其制品业	Manufacture of Leather, Fur, Feather and Related Products	0.04	13.57
木材加工及木、竹、藤、棕、草制品业	Processing of Timber,Manufacture of Wood,Bamboo,Rattan,Palm, and Straw Products	0.40	11.68
家具制造业	Manufacture of Furniture		11.54
造纸及纸制品业	Manufacture of Paper and Paper Products	0.51	18.88
印刷业和记录媒介的复制	Printing,Reproduction of Recording Media		12.90
文教体育用品制造业	Manufacture of Articles For Culture, Education and Sport Activity	0.06	6.52
石油加工、炼焦及核燃料加工业	Processing of Petroleum, Coking, Processing of Nuclear Fuel	203.90	58.58
化学原料及化学制品制造业	Manufacture of Raw Chemical Materials and Chemical Products	247.83	73.28
医药制造业	Manufacture of Medicines	0.04	17.76
化学纤维制造业	Manufacture of Chemical Fibers	14.30	2.37
橡胶制品业	Manufacture of Rubber	0.57	16.27
塑料制品业	Manufacture of Plastics	0.03	26.84
非金属矿物制品业	Manufacture of Non-metallic Mineral Products	12.70	54.37
黑色金属冶炼及压延加工业	Smelting and Pressing of Ferrous Metals	0.06	22.84
有色金属冶炼及压延加工业	Smelting and Pressing of Non-ferrous Metals	0.87	14.92
金属制品业	Manufacture of Metal Products	0.26	45.80
通用设备制造业	Manufacture of General Purpose Machinery	0.09	74.28
专用设备制造业	Manufacture of Special Purpose Machinery	0.07	41.64
交通运输设备制造业	Manufacture of Transport Equipment	0.14	62.89
电气机械及器材制造业	Manufacture of Electrical Machinery and Equipment	0.17	52.38
通信设备、计算机及其他电子设备制造业	Manufacture of Communication Equipment,Computers and Other Electronic Equipment	0.36	28.32
仪器仪表及文化、办公用机械制造业	Manufacture of Measuring Instruments and Machinery for Cultural Activity and Office Work	0.01	10.08
工艺品及其他制造业	Manufacture of Artwork and Other Manufacturing	0.03	12.04
废弃资源和废旧材料回收加工业	Recycling and Disposal of Waste		1.02
(三)电力、煤气及水生产和供应业	**Electric Power, Gas and Water Production and Supply**	**1.02**	**50.59**
电力、热力的生产和供应业	Production and Distribution of Electric Power and Heat Power	0.71	38.93
燃气生产和供应业	Production and Distribution of Gas	0.30	4.24
水的生产和供应业	Production and Distribution of Water		7.42

Continued

(10 000 tce)

煤油 Kerosene	柴油 Diesel Oil	燃料油 Fuel Oil	液化石油气 LPG	炼厂干气 Refinery Gas	其他石油制品 Other Petroleum Products	天然气 Natural Gas	热力 Heat	电力 Electricity
47.14	**3201.23**	**1753.58**	**818.42**	**1465.63**	**8843.97**	**5355.04**	**6270.11**	**30228.82**
6.83	**725.87**	**46.38**	**0.50**	**52.80**	**48.67**	**1212.75**	**140.80**	**2165.23**
4.27	157.95	6.89	0.09		3.04	24.72	12.78	849.41
0.07	335.43	38.60	0.34	52.80	44.58	1184.59	65.94	409.67
0.66	75.66	0.46			0.13	0.38	0.01	356.08
1.28	27.47	0.06	0.03		0.21	0.53	0.05	265.12
0.54	127.70	0.37	0.03		0.70	2.39	62.02	190.81
	1.66					0.13		94.13
40.14	**2317.51**	**1685.05**	**767.37**	**1409.94**	**8790.74**	**4105.94**	**5930.31**	**24194.07**
0.32	75.52	18.11	4.68	11.38	1.25	8.62	119.47	478.48
0.16	44.03	19.66	5.23		0.20	30.72	165.43	204.68
0.43	22.92	15.80	1.61		0.13	18.95	107.75	143.83
	6.86	1.29	0.02		0.00	6.64	11.90	51.26
0.63	63.91	34.23	5.78	0.40	1.71	17.90	646.45	1410.28
0.41	48.99	9.47	1.92		0.08	3.19	21.32	162.90
0.43	23.39	12.04	0.43		0.16	0.99	7.57	96.42
0.29	22.19	0.71	0.50		0.08	4.52	17.76	235.39
0.19	18.39	0.37	1.71		0.01	5.85	4.02	43.74
0.60	44.50	26.79	4.42		1.76	14.04	434.79	593.28
0.34	20.02	2.05	2.67		0.09	6.92	7.80	102.02
0.18	23.17	3.05	2.83		0.34	1.46	1.19	59.10
1.82	99.94	288.52	240.14	1282.86	5730.30	273.58	908.77	583.87
5.43	292.11	279.04	130.10	109.78	2710.74	2272.20	1789.58	3572.86
0.10	24.99	7.70	3.12	0.19	0.60	31.27	160.53	232.27
0.16	13.93	26.31	0.51	1.12	20.11	3.86	187.43	331.74
0.12	11.25	17.00	0.79		1.75	9.13	36.82	344.46
0.34	67.97	20.74	3.51		4.39	18.09	15.86	565.70
1.81	462.00	587.33	163.37	3.86	105.59	593.47	36.57	2613.05
2.05	162.79	83.73	48.99		10.68	249.56	700.30	4941.22
2.43	91.03	110.45	21.27		178.39	88.91	264.88	3166.09
2.41	106.72	20.95	26.06	0.02	1.95	32.89	16.37	914.87
5.71	99.45	16.43	16.08	0.02	4.96	80.54	26.83	617.01
0.78	62.38	8.03	7.73		2.21	60.65	60.72	315.78
10.54	153.87	18.22	24.74	0.03	4.17	161.20	84.03	694.87
0.74	99.88	13.76	34.08	0.28	6.77	40.33	49.85	520.47
0.32	101.62	39.06	7.54		0.16	64.90	29.51	686.97
1.02	18.30	0.25	0.45		0.44	4.79	4.22	84.24
0.34	26.45	3.25	6.87		1.52	0.76	12.40	412.32
0.04	5.94	0.69	0.21	0.01	0.20		0.18	14.94
0.18	**157.85**	**22.15**	**50.55**	**2.89**	**4.56**	**37.35**	**199.00**	**3869.53**
0.18	136.85	20.70	0.05	0.32	4.32	6.22	188.03	3467.94
	14.88	0.73	50.47	2.58	0.23	29.53	9.68	86.31
	6.12	0.71	0.03			1.60	1.28	315.28

4-4 分行业能源消费总量

单位：万吨标准煤

行　业	Sector	1995
消 费 总 量	**Total Consumption**	**131175.50**
农、林、牧、渔、水利业	**Farming,Forestry,Animal Husbandry,Fishery and Water Conservancy**	**5505.20**
工业	**Industry**	**96191.30**
采掘业	**Mining and Quarrying**	**9941.00**
煤炭开采和洗选业	Mining and Washing of Coal	5499.80
石油和天然气开采业	Extraction of Petroleum and Natural Gas	2812.60
黑色金属矿采选业	Mining and Processing of Ferrous Metal Ores	268.20
有色金属矿采选业	Mining and Processing of Non-Ferrous Metal Ores	557.20
非金属矿采选业	Mining and Processing of Nonmetal Ores	553.40
其他采矿业	Mining of Other Ores	249.80
制造业	**Manufacturing**	**78368.20**
农副食品加工业	Processing of Food from Agricultural Products	1972.50
食品制造业	Manufacture of Foods	1208.00
饮料制造业	Manufacture of Beverages	1000.30
烟草制品业	Manufacture of Tobacco	223.80
纺织业	Manufacture of Textile	3531.30
纺织服装、鞋、帽制造业	Manufacture of Textile Wearing Apparel,Footware, and Caps	329.20
皮革、毛皮、羽毛(绒)及其制品业	Manufacture of Leather, Fur, Feather and Related Products	289.90
木材加工及木、竹、藤、棕、草制品业	Processing of Timber,Manufacture of Wood,Bamboo,Rattan,Palm, and Straw Products	380.00
家具制造业	Manufacture of Furniture	105.80
造纸及纸制品业	Manufacture of Paper and Paper Products	2138.40
印刷业和记录媒介的复制	Printing,Reproduction of Recording Media	203.40
文教体育用品制造业	Manufacture of Articles For Culture, Education and Sport Activity	62.00
石油加工、炼焦及核燃料加工业	Processing of Petroleum, Coking, Processing of Nuclear Fuel	5567.30
化学原料及化学制品制造业	Manufacture of Raw Chemical Materials and Chemical Products	15821.60
医药制造业	Manufacture of Medicines	1201.30
化学纤维制造业	Manufacture of Chemical Fibers	1278.00
橡胶制品业	Manufacture of Rubber	644.10
塑料制品业	Manufacture of Plastics	541.90
非金属矿物制品业	Manufacture of Non-metallic Mineral Products	13058.00
黑色金属冶炼及压延加工业	Smelting and Pressing of Ferrous Metals	18532.80
有色金属冶炼及压延加工业	Smelting and Pressing of Non-ferrous Metals	2841.70
金属制品业	Manufacture of Metal Products	993.90
通用设备制造业	Manufacture of General Purpose Machinery	1650.50
专用设备制造业	Manufacture of Special Purpose Machinery	1089.30
交通运输设备制造业	Manufacture of Transport Equipment	1376.30
电气机械及器材制造业	Manufacture of Electrical Machinery and Equipment	629.20
通信设备、计算机及其他电子设备制造业	Manufacture of Communication Equipment,Computers and Other Electronic Equipment	321.40
仪器仪表及文化、办公用机械制造业	Manufacture of Measuring Instruments and Machinery for Cultural Activity and Office Work	142.60
工艺品及其他制造业	Manufacture of Artwork and Other Manufacturing	1233.70
废弃资源和废旧材料回收加工业	Recycling and Disposal of Waste	
电力、煤气及水生产和供应业	**Electric Power, Gas and Water Production and Supply**	**7882.70**
电力、热力的生产和供应业	Production and Distribution of Electric Power and Heat Power	7052.70
燃气生产和供应业	Production and Distribution of Gas	341.30
水的生产和供应业	Production and Distribution of Water	488.70
建筑业	**Construction**	**1334.50**
交通运输、仓储和邮政业	**Transport, Storage and Post**	**5862.90**
批发、零售业和住宿、餐饮业	**Wholesale, Retail Trade and Hotel ,Restaurants**	**2017.80**
其他行业	**Others**	**4519.00**
生活消费	**Residential Consumption**	**15744.80**

CONSUMPTION OF TOTAL ENERGY AND ITS MAIN VARIETIES BY SECTOR

(10 000 tce)

2000	2005	2006	2007	2008	2009
145530.86	**235996.65**	**258676.30**	**280507.94**	**291448.29**	**306647.15**
3913.77	**6071.06**	**6330.71**	**6228.40**	**6013.13**	**6251.18**
103773.85	**168723.53**	**184945.45**	**200531.38**	**209302.15**	**219197.16**
10968.06	**13914.67**	**14247.13**	**15240.74**	**17050.44**	**17585.17**
5286.08	7522.45	7672.90	8269.88	9356.17	10206.55
3963.58	3710.92	3586.79	3651.26	4210.04	3945.90
374.66	971.13	1138.05	1330.32	1408.03	1250.90
425.26	680.67	738.02	828.89	863.14	832.89
690.46	927.84	978.21	1035.12	1028.27	1095.77
228.02	101.68	133.17	125.27	184.79	253.16
80771.97	**137140.40**	**151274.67**	**164951.10**	**172106.52**	**180595.97**
1717.36	2207.28	2360.77	2537.65	2731.34	2795.37
1055.55	1281.74	1389.67	1448.62	1544.66	1563.34
800.45	992.06	1081.60	1098.77	1161.85	1191.44
303.98	257.08	255.38	249.03	232.60	233.80
3014.37	5281.32	6108.59	6528.30	6396.38	6251.01
348.43	577.42	661.68	711.44	725.34	713.08
203.86	323.71	364.15	387.67	388.73	384.48
360.66	754.77	843.10	893.67	981.91	1049.09
101.14	133.12	149.32	152.86	181.80	183.81
2269.30	3574.91	3791.56	3643.36	3998.65	4101.00
204.55	280.70	303.62	327.08	349.81	357.48
122.75	198.37	202.85	210.09	219.76	214.62
7220.12	11923.57	12498.72	13445.30	13747.01	15328.29
14326.13	23848.69	25995.36	28621.16	28961.13	28946.07
941.62	1203.58	1255.98	1261.41	1360.49	1354.58
1883.87	1382.82	1465.05	1575.02	1448.58	1436.85
687.98	1137.05	1246.95	1305.16	1335.83	1344.72
696.39	1486.34	1604.91	1652.49	1852.37	1894.96
13768.08	21310.46	22637.64	23111.66	25460.52	26882.28
18962.27	39544.25	44729.92	50186.53	51862.92	56404.37
4079.30	7403.80	8861.83	10867.61	11287.99	11401.37
1210.42	2271.08	2632.41	2852.64	3023.79	3037.78
1251.01	2149.71	2406.23	2649.23	2758.11	2985.24
866.58	1314.71	1438.19	1579.44	1630.28	1671.52
1502.38	2043.13	2247.85	2467.64	2732.58	3031.90
648.35	1213.20	1353.04	1557.01	1791.10	1854.48
692.89	1482.64	1754.05	1994.99	2197.44	2216.28
156.70	197.45	232.82	260.90	284.98	291.92
1375.45	1330.45	1349.93	1323.74	1401.72	1413.73
	34.98	51.49	50.64	56.84	61.11
12033.83	**17668.45**	**19423.65**	**20339.53**	**20145.19**	**21016.02**
10812.32	16326.50	18004.12	18892.27	18676.48	19574.86
605.09	643.19	663.11	650.79	634.60	566.25
616.42	698.76	756.42	796.48	834.11	874.91
2178.53	**3403.31**	**3760.73**	**4127.52**	**3812.53**	**4562.02**
11241.59	**18391.01**	**20284.23**	**21959.18**	**22917.25**	**23691.84**
3047.63	**4847.75**	**5314.05**	**5689.38**	**5733.58**	**6412.26**
5761.58	**9254.56**	**10275.98**	**11158.19**	**11771.34**	**12689.81**
15613.91	**25305.43**	**27765.16**	**30813.90**	**31898.32**	**33842.88**

4-5 分行业煤炭消费总量

单位：万吨

行　业	Sector	1995
消 费 总 量	**Total Consumption**	**137676.50**
农、林、牧、渔、水利业	**Farming,Forestry,Animal Husbandry,Fishery and Water Conservancy**	**1856.70**
工业	**Industry**	**117570.70**
采掘业	**Mining and Quarrying**	**9861.00**
煤炭开采和洗选业	Mining and Washing of Coal	8290.70
石油和天然气开采业	Extraction of Petroleum and Natural Gas	637.20
黑色金属矿采选业	Mining and Processing of Ferrous Metal Ores	94.90
有色金属矿采选业	Mining and Processing of Non-Ferrous Metal Ores	174.70
非金属矿采选业	Mining and Processing of Nonmetal Ores	434.40
其他采矿业	Mining of Other Ores	229.10
制造业	**Manufacturing**	**63109.40**
农副食品加工业	Processing of Food from Agricultural Products	1753.90
食品制造业	Manufacture of Foods	1214.50
饮料制造业	Manufacture of Beverages	983.30
烟草制品业	Manufacture of Tobacco	190.70
纺织业	Manufacture of Textile	2536.90
纺织服装、鞋、帽制造业	Manufacture of Textile Wearing Apparel,Footware, and Caps	117.30
皮革、毛皮、羽毛(绒)及其制品业	Manufacture of Leather, Fur, Feather and Related Products	239.00
木材加工及木、竹、藤、棕、草制品业	Processing of Timber,Manufacture of Wood,Bamboo,Rattan,Palm, and Straw Products	363.00
家具制造业	Manufacture of Furniture	62.70
造纸及纸制品业	Manufacture of Paper and Paper Products	2132.20
印刷业和记录媒介的复制	Printing,Reproduction of Recording Media	86.80
文教体育用品制造业	Manufacture of Articles For Culture, Education and Sport Activity	33.20
石油加工、炼焦及核燃料加工业	Processing of Petroleum, Coking, Processing of Nuclear Fuel	8025.10
化学原料及化学制品制造业	Manufacture of Raw Chemical Materials and Chemical Products	10803.50
医药制造业	Manufacture of Medicines	915.10
化学纤维制造业	Manufacture of Chemical Fibers	823.10
橡胶制品业	Manufacture of Rubber	566.40
塑料制品业	Manufacture of Plastics	311.50
非金属矿物制品业	Manufacture of Non-metallic Mineral Products	13424.20
黑色金属冶炼及压延加工业	Smelting and Pressing of Ferrous Metals	12920.70
有色金属冶炼及压延加工业	Smelting and Pressing of Non-ferrous Metals	1348.60
金属制品业	Manufacture of Metal Products	462.10
通用设备制造业	Manufacture of General Purpose Machinery	821.10
专用设备制造业	Manufacture of Special Purpose Machinery	652.50
交通运输设备制造业	Manufacture of Transport Equipment	860.20
电气机械及器材制造业	Manufacture of Electrical Machinery and Equipment	343.60
通信设备、计算机及其他电子设备制造业	Manufacture of Communication Equipment,Computers and Other Electronic Equipment	141.50
仪器仪表及文化、办公用机械制造业	Manufacture of Measuring Instruments and Machinery for Cultural Activity and Office Work	70.90
工艺品及其他制造业	Manufacture of Artwork and Other Manufacturing	905.90
废弃资源和废旧材料回收加工业	Recycling and Disposal of Waste	
电力、煤气及水生产和供应业	**Electric Power, Gas and Water Production and Supply**	**44600.30**
电力、热力的生产和供应业	Production and Distribution of Electric Power and Heat Power	43799.60
燃气生产和供应业	Production and Distribution of Gas	763.10
水的生产和供应业	Production and Distribution of Water	37.60
建筑业	**Construction**	**439.80**
交通运输、仓储和邮政业	**Transport, Storage and Post**	**1315.10**
批发、零售业和住宿、餐饮业	**Wholesale, Retail Trade and Hotel ,Restaurants**	**977.40**
其他行业	**Others**	**1986.70**
生活消费	**Residential Consumption**	**13530.10**

CONSUMPTION OF COAL AND ITS MAIN VARIETIES BY SECTOR

(10 000 ton)

2000	2005	2006	2007	2008	2009
141091.70	**231851.07**	**255065.45**	**272745.88**	**281095.92**	**295833.08**
933.38	**1513.80**	**1502.60**	**1519.57**	**1522.57**	**1582.11**
127806.65	**215493.30**	**238510.23**	**256202.76**	**265574.20**	**279888.52**
11512.86	**15833.26**	**16884.65**	**18971.74**	**19501.07**	**21728.00**
9874.51	14535.96	15599.75	17626.33	18317.30	20245.30
846.81	373.74	376.51	381.19	299.41	557.60
78.61	140.06	144.85	153.42	182.05	167.84
103.00	112.39	115.80	113.51	95.75	94.26
472.06	668.99	645.54	694.84	605.16	660.74
137.87	2.10	2.19	2.44	1.39	2.26
57742.34	**92018.39**	**99084.39**	**102002.35**	**108176.80**	**112005.84**
1581.25	1392.33	1450.96	1557.11	1641.55	1673.25
747.35	974.49	1022.42	1054.17	1071.85	1047.01
725.48	840.34	860.56	864.04	856.53	814.72
150.41	135.30	139.56	124.04	94.94	89.20
1638.22	2555.37	2796.32	2862.05	2529.12	2433.32
139.67	237.14	258.88	265.91	229.35	219.34
81.46	105.20	110.56	107.29	85.60	85.72
264.74	437.06	459.40	455.35	440.00	441.63
49.51	32.75	34.06	33.20	33.46	29.74
2081.70	3439.45	3823.24	3819.31	3858.05	4006.28
58.32	45.64	47.42	46.25	41.52	39.47
20.25	20.92	21.75	21.23	18.25	17.63
9078.34	19753.15	22944.00	25000.49	26437.72	27204.87
8838.69	12915.21	13654.69	14187.95	15067.46	15014.41
614.98	686.31	730.76	701.89	717.67	697.32
953.48	813.13	830.10	886.90	751.47	733.36
315.16	443.14	456.73	456.80	458.39	453.90
168.52	280.45	293.78	285.87	312.40	367.29
13804.64	20036.23	20708.53	20416.79	23049.05	23753.51
12342.14	21294.47	22551.56	22846.70	24126.17	26553.24
1512.84	2488.32	2711.14	2918.68	3301.39	3086.63
271.78	337.56	340.66	333.35	342.56	334.90
411.51	411.63	438.93	419.01	436.37	425.42
375.74	553.91	580.71	571.95	548.01	576.83
825.31	865.59	891.77	887.33	835.57	845.85
220.40	172.76	179.74	176.08	179.34	383.11
82.82	155.25	153.47	150.02	185.11	184.68
37.13	24.68	25.65	25.07	26.55	25.16
350.49	563.56	559.76	520.27	491.79	457.67
	7.08	7.30	7.26	9.54	10.36
58551.45	**107641.65**	**122541.19**	**135228.67**	**137896.33**	**146154.67**
57380.72	106286.71	121059.67	133651.89	136725.09	144877.42
1120.30	1316.52	1441.37	1537.85	1136.08	1248.90
50.44	38.42	40.15	38.93	35.16	28.35
536.82	**603.56**	**651.99**	**615.33**	**603.18**	**635.59**
882.24	**811.17**	**769.94**	**735.89**	**665.41**	**640.89**
1314.64	**1674.39**	**1791.46**	**1868.27**	**1791.39**	**1977.89**
1161.01	**1715.88**	**1802.90**	**2043.43**	**1791.56**	**1986.14**
8456.96	**10038.97**	**10036.34**	**9760.61**	**9147.61**	**9121.95**

4-6 分行业焦炭消费总量

单位：万吨

行　业	Sector	1995
消费总量	**Total Consumption**	**10725.28**
农、林、牧、渔、水利业	**Farming,Forestry,Animal Husbandry,Fishery and Water Conservancy**	**128.62**
工业	**Industry**	**10412.04**
采掘业	**Mining and Quarrying**	**151.42**
煤炭开采和洗选业	Mining and Washing of Coal	41.97
石油和天然气开采业	Extraction of Petroleum and Natural Gas	1.21
黑色金属矿采选业	Mining and Processing of Ferrous Metal Ores	56.76
有色金属矿采选业	Mining and Processing of Non-Ferrous Metal Ores	24.53
非金属矿采选业	Mining and Processing of Nonmetal Ores	26.14
其他采矿业	Mining of Other Ores	0.81
制造业	**Manufacturing**	**10243.83**
农副食品加工业	Processing of Food from Agricultural Products	15.37
食品制造业	Manufacture of Foods	10.43
饮料制造业	Manufacture of Beverages	4.98
烟草制品业	Manufacture of Tobacco	1.59
纺织业	Manufacture of Textile	5.78
纺织服装、鞋、帽制造业	Manufacture of Textile Wearing Apparel,Footware, and Caps	1.12
皮革、毛皮、羽毛(绒)及其制品业	Manufacture of Leather, Fur, Feather and Related Products	0.80
木材加工及木、竹、藤、棕、草制品业	Processing of Timber,Manufacture of Wood,Bamboo,Rattan,Palm, and Straw Products	1.13
家具制造业	Manufacture of Furniture	1.29
造纸及纸制品业	Manufacture of Paper and Paper Products	3.84
印刷业和记录媒介的复制	Printing,Reproduction of Recording Media	0.53
文教体育用品制造业	Manufacture of Articles For Culture, Education and Sport Activity	1.52
石油加工、炼焦及核燃料加工业	Processing of Petroleum, Coking, Processing of Nuclear Fuel	31.56
化学原料及化学制品制造业	Manufacture of Raw Chemical Materials and Chemical Products	1298.71
医药制造业	Manufacture of Medicines	2.64
化学纤维制造业	Manufacture of Chemical Fibers	23.53
橡胶制品业	Manufacture of Rubber	1.56
塑料制品业	Manufacture of Plastics	1.52
非金属矿物制品业	Manufacture of Non-metallic Mineral Products	276.66
黑色金属冶炼及压延加工业	Smelting and Pressing of Ferrous Metals	7810.76
有色金属冶炼及压延加工业	Smelting and Pressing of Non-ferrous Metals	195.09
金属制品业	Manufacture of Metal Products	123.24
通用设备制造业	Manufacture of General Purpose Machinery	237.13
专用设备制造业	Manufacture of Special Purpose Machinery	101.25
交通运输设备制造业	Manufacture of Transport Equipment	41.42
电气机械及器材制造业	Manufacture of Electrical Machinery and Equipment	15.59
通信设备、计算机及其他电子设备制造业	Manufacture of Communication Equipment,Computers and Other Electronic Equipment	1.05
仪器仪表及文化、办公用机械制造业	Manufacture of Measuring Instruments and Machinery for Cultural Activity and Office Work	3.42
工艺品及其他制造业	Manufacture of Artwork and Other Manufacturing	30.32
废弃资源和废旧材料回收加工业	Recycling and Disposal of Waste	
电力、煤气及水生产和供应业	**Electric Power, Gas and Water Production and Supply**	**16.79**
电力、热力的生产和供应业	Production and Distribution of Electric Power and Heat Power	3.80
燃气生产和供应业	Production and Distribution of Gas	12.88
水的生产和供应业	Production and Distribution of Water	0.11
建筑业	**Construction**	**10.76**
交通运输、仓储和邮政业	**Transport, Storage and Post**	**10.10**
批发、零售业和住宿、餐饮业	**Wholesale, Retail Trade and Hotel ,Restaurants**	**25.71**
其他行业	**Others**	**6.44**
生活消费	**Residential Consumption**	**131.61**

CONSUMPTION OF COKE AND ITS MAIN VARIETIES BY SECTOR

(10 000 ton)

2000	2005	2006	2007	2008	2009
10840.76	**25105.84**	**27892.77**	**29168.12**	**29900.23**	**31849.97**
70.93	**63.47**	**55.73**	**57.23**	**53.14**	**44.59**
10554.55	**24860.92**	**27653.55**	**28932.22**	**29756.70**	**31743.32**
160.58	**174.51**	**196.09**	**219.64**	**181.87**	**139.04**
53.06	61.34	65.63	75.84	55.80	28.26
5.76	0.29	0.31	0.35	0.01	
52.38	83.71	97.89	107.91	102.92	83.82
22.12	16.32	17.83	19.66	12.17	14.89
26.95	12.86	14.42	15.90	10.97	12.07
0.31					
10357.19	**24621.38**	**27421.25**	**28673.29**	**29538.48**	**31572.03**
16.15	8.52	8.10	8.92	13.20	10.56
14.67	5.36	5.60	6.18	7.92	7.13
3.14	1.03	1.08	1.18	1.05	0.94
1.26	0.01	0.01	0.01	0.83	
4.19	2.99	3.27	3.57	5.28	4.10
1.68	1.33	1.49	1.64	3.23	1.40
1.76	0.31	0.34	0.38	0.22	0.31
1.47	1.81	1.98	2.19	2.59	2.46
1.05	1.03	1.08	1.19	1.06	1.01
1.57	4.35	4.34	4.79	5.66	4.35
0.29	0.15	0.17	0.19	0.32	0.56
1.68	3.57	3.73	5.78	5.30	5.06
64.96	76.76	92.34	98.97	103.48	97.16
1104.86	1724.26	2024.28	2250.47	2248.82	2105.35
0.68	1.13	1.27	1.43	1.55	1.24
27.49	51.22	57.20	62.48	18.48	5.54
2.62	1.77	1.77	1.95	2.50	3.25
6.29	2.62	2.98	3.29	4.38	3.07
312.35	208.27	237.52	261.84	305.49	384.65
8084.98	21429.43	23731.54	24577.44	25477.78	27191.81
218.09	372.51	423.12	477.96	498.07	676.48
126.05	78.33	87.47	96.43	90.83	98.22
208.23	455.52	519.49	572.67	473.50	663.64
73.93	68.89	76.59	84.44	91.58	100.74
32.28	93.91	107.10	118.06	139.70	163.67
10.92	16.75	17.51	18.95	25.78	23.21
0.31	0.69	0.73	0.80	0.87	1.74
4.19	2.75	3.07	3.38	3.77	8.32
30.07	3.79	3.78	4.16	2.18	1.81
	2.33	2.33	2.57	3.04	4.25
36.78	**65.03**	**36.21**	**39.29**	**36.35**	**32.24**
	6.13	6.70	7.45	7.13	8.13
36.78	58.84	29.44	31.76	29.15	24.02
	0.07	0.07	0.08	0.07	0.09
18.98	**18.38**	**18.50**	**17.48**	**10.70**	**5.68**
11.24	**1.07**	**0.85**	**0.55**	**0.29**	**0.14**
35.71	**64.08**	**65.39**	**71.00**	**7.54**	**3.94**
12.15	**7.59**	**8.30**	**8.23**	**6.93**	**3.47**
137.20	**90.33**	**90.45**	**81.40**	**64.93**	**48.84**

4-7 分行业原油消费总量

单位：万吨

行　业	Sector	1995
消 费 总 量	**Total Consumption**	**14886.39**
农、林、牧、渔、水利业	**Farming,Forestry,Animal Husbandry,Fishery and Water Conservancy**	**10.11**
工业	**Industry**	**14716.30**
采掘业	**Mining and Quarrying**	**1686.21**
煤炭开采和洗选业	Mining and Washing of Coal	
石油和天然气开采业	Extraction of Petroleum and Natural Gas	1686.16
黑色金属矿采选业	Mining and Processing of Ferrous Metal Ores	
有色金属矿采选业	Mining and Processing of Non-Ferrous Metal Ores	0.05
非金属矿采选业	Mining and Processing of Nonmetal Ores	
其他采矿业	Mining of Other Ores	
制造业	**Manufacturing**	**12963.62**
农副食品加工业	Processing of Food from Agricultural Products	0.53
食品制造业	Manufacture of Foods	0.72
饮料制造业	Manufacture of Beverages	0.72
烟草制品业	Manufacture of Tobacco	
纺织业	Manufacture of Textile	1.29
纺织服装、鞋、帽制造业	Manufacture of Textile Wearing Apparel,Footware, and Caps	0.04
皮革、毛皮、羽毛(绒)及其制品业	Manufacture of Leather, Fur, Feather and Related Products	0.04
木材加工及木、竹、藤、棕、草制品业	Processing of Timber,Manufacture of Wood,Bamboo,Rattan,Palm, and Straw Products	
家具制造业	Manufacture of Furniture	
造纸及纸制品业	Manufacture of Paper and Paper Products	0.26
印刷业和记录媒介的复制	Printing,Reproduction of Recording Media	0.10
文教体育用品制造业	Manufacture of Articles For Culture, Education and Sport Activity	
石油加工、炼焦及核燃料加工业	Processing of Petroleum, Coking, Processing of Nuclear Fuel	11338.36
化学原料及化学制品制造业	Manufacture of Raw Chemical Materials and Chemical Products	1078.84
医药制造业	Manufacture of Medicines	0.12
化学纤维制造业	Manufacture of Chemical Fibers	478.22
橡胶制品业	Manufacture of Rubber	1.22
塑料制品业	Manufacture of Plastics	0.02
非金属矿物制品业	Manufacture of Non-metallic Mineral Products	56.32
黑色金属冶炼及压延加工业	Smelting and Pressing of Ferrous Metals	3.17
有色金属冶炼及压延加工业	Smelting and Pressing of Non-ferrous Metals	0.35
金属制品业	Manufacture of Metal Products	0.17
通用设备制造业	Manufacture of General Purpose Machinery	0.28
专用设备制造业	Manufacture of Special Purpose Machinery	0.20
交通运输设备制造业	Manufacture of Transport Equipment	0.57
电气机械及器材制造业	Manufacture of Electrical Machinery and Equipment	0.85
通信设备、计算机及其他电子设备制造业	Manufacture of Communication Equipment,Computers and Other Electronic Equipment	
仪器仪表及文化、办公用机械制造业	Manufacture of Measuring Instruments and Machinery for Cultural Activity and Office Work	
工艺品及其他制造业	Manufacture of Artwork and Other Manufacturing	1.23
废弃资源和废旧材料回收加工业	Recycling and Disposal of Waste	
电力、煤气及水生产和供应业	**Electric Power, Gas and Water Production and Supply**	**66.47**
电力、热力的生产和供应业	Production and Distribution of Electric Power and Heat Power	66.47
燃气生产和供应业	Production and Distribution of Gas	
水的生产和供应业	Production and Distribution of Water	
建筑业	**Construction**	**2.71**
交通运输、仓储和邮政业	**Transport, Storage and Post**	**156.77**
批发、零售业和住宿、餐饮业	**Wholesale, Retail Trade and Hotel ,Restaurants**	**0.50**
其他行业	**Others**	
生活消费	**Residential Consumption**	

CONSUMPTION OF CRUDE OIL AND ITS MAIN VARIETIES BY SECTOR

(10 000 ton)

2000	2005	2006	2007	2008	2009
21232.01	**30086.24**	**32245.20**	**34031.60**	**35496.24**	**38128.59**
21052.08	**29959.37**	**32081.54**	**33867.94**	**35332.58**	**37975.17**
3196.35	**1386.75**	**1171.41**	**1203.93**	**1294.56**	**1078.98**
2.32					
3194.03	1386.75	1171.41	1203.93	1294.56	1078.98
17779.14	**28563.58**	**30898.48**	**32655.33**	**34027.78**	**36891.89**
0.42	0.07	0.06	0.06	0.08	0.10
0.48	0.10	0.09	0.09	0.11	
0.52	0.50	0.49	0.49	0.60	0.20
0.05	0.20	0.19	0.19	0.23	0.20
0.16	0.24	0.23	0.25	0.31	0.33
	0.04	0.04	0.04	0.05	0.03
	0.12	0.11	0.14	0.17	0.28
	0.03	0.03	0.03	0.05	
0.48	0.51	0.50	0.52	0.60	0.36
0.10	0.09	0.08	0.08	0.10	0.04
15305.82	26021.27	28726.34	30309.24	31204.73	34047.74
1809.79	2513.08	2141.34	2315.05	2785.15	2821.81
			0.10	0.10	0.03
594.71	10.62	11.89	11.97	14.51	10.01
0.05	0.82	0.81	0.78	0.85	0.40
0.40	0.08	0.08	0.05	0.07	0.02
53.54	14.17	14.57	14.66	17.78	8.89
10.25	0.13	0.13	0.10	0.15	0.04
0.80	0.31	0.31	0.31	0.38	0.61
0.03	0.06	0.06	0.06	0.11	0.18
0.11	0.15	0.15	0.19	0.23	0.06
0.27	0.11	0.11	0.13	0.16	0.05
0.06	0.15	0.15	0.11	0.14	0.10
0.50	0.26	0.26	0.24	0.29	0.12
	0.40	0.40	0.40	0.49	0.25
	0.05	0.05	0.04	0.04	0.01
0.60	0.01	0.01	0.01	0.01	0.02
76.59	**9.04**	**11.65**	**8.67**	**10.23**	**4.30**
76.59	8.78	11.40	8.42	9.93	4.09
	0.26	0.25	0.25	0.31	0.21
					0.00
3.30					
175.05	**126.87**	**163.66**	**163.66**	**165.66**	**153.42**
0.18					
1.40					

4-8 分行业汽油消费总量

单位：万吨

行　业	Sector	1995
消费总量	**Total Consumption**	**2909.59**
农、林、牧、渔、水利业	**Farming,Forestry,Animal Husbandry,Fishery and Water Conservancy**	**179.66**
工业	**Industry**	**812.43**
采掘业	**Mining and Quarrying**	**135.90**
煤炭开采和洗选业	Mining and Washing of Coal	37.87
石油和天然气开采业	Extraction of Petroleum and Natural Gas	58.99
黑色金属矿采选业	Mining and Processing of Ferrous Metal Ores	4.74
有色金属矿采选业	Mining and Processing of Non-Ferrous Metal Ores	8.18
非金属矿采选业	Mining and Processing of Nonmetal Ores	8.74
其他采矿业	Mining of Other Ores	17.38
制造业	**Manufacturing**	**637.21**
农副食品加工业	Processing of Food from Agricultural Products	37.56
食品制造业	Manufacture of Foods	16.33
饮料制造业	Manufacture of Beverages	14.91
烟草制品业	Manufacture of Tobacco	3.17
纺织业	Manufacture of Textile	42.72
纺织服装、鞋、帽制造业	Manufacture of Textile Wearing Apparel,Footware, and Caps	11.39
皮革、毛皮、羽毛(绒)及其制品业	Manufacture of Leather, Fur, Feather and Related Products	5.38
木材加工及木、竹、藤、棕、草制品业	Processing of Timber,Manufacture of Wood,Bamboo,Rattan,Palm, and Straw Products	4.68
家具制造业	Manufacture of Furniture	3.71
造纸及纸制品业	Manufacture of Paper and Paper Products	14.59
印刷业和记录媒介的复制	Printing,Reproduction of Recording Media	6.17
文教体育用品制造业	Manufacture of Articles For Culture, Education and Sport Activity	2.66
石油加工、炼焦及核燃料加工业	Processing of Petroleum, Coking, Processing of Nuclear Fuel	29.23
化学原料及化学制品制造业	Manufacture of Raw Chemical Materials and Chemical Products	62.64
医药制造业	Manufacture of Medicines	8.98
化学纤维制造业	Manufacture of Chemical Fibers	4.56
橡胶制品业	Manufacture of Rubber	14.41
塑料制品业	Manufacture of Plastics	17.47
非金属矿物制品业	Manufacture of Non-metallic Mineral Products	82.14
黑色金属冶炼及压延加工业	Smelting and Pressing of Ferrous Metals	42.55
有色金属冶炼及压延加工业	Smelting and Pressing of Non-ferrous Metals	12.71
金属制品业	Manufacture of Metal Products	18.19
通用设备制造业	Manufacture of General Purpose Machinery	58.65
专用设备制造业	Manufacture of Special Purpose Machinery	26.69
交通运输设备制造业	Manufacture of Transport Equipment	37.48
电气机械及器材制造业	Manufacture of Electrical Machinery and Equipment	24.07
通信设备、计算机及其他电子设备制造业	Manufacture of Communication Equipment,Computers and Other Electronic Equipment	9.15
仪器仪表及文化、办公用机械制造业	Manufacture of Measuring Instruments and Machinery for Cultural Activity and Office Work	4.69
工艺品及其他制造业	Manufacture of Artwork and Other Manufacturing	20.33
废弃资源和废旧材料回收加工业	Recycling and Disposal of Waste	
电力、煤气及水生产和供应业	**Electric Power, Gas and Water Production and Supply**	**39.32**
电力、热力的生产和供应业	Production and Distribution of Electric Power and Heat Power	33.85
燃气生产和供应业	Production and Distribution of Gas	3.21
水的生产和供应业	Production and Distribution of Water	2.26
建筑业	**Construction**	**103.62**
交通运输、仓储和邮政业	**Transport, Storage and Post**	**982.30**
批发、零售业和住宿、餐饮业	**Wholesale, Retail Trade and Hotel ,Restaurants**	**197.23**
其他行业	**Others**	**570.65**
生活消费	**Residential Consumption**	**63.70**

CONSUMPTION OF GASOLINE AND ITS MAIN VARIETIES BY SECTOR

(10 000 ton)

2000	2005	2006	2007	2008	2009
3504.56	**4854.91**	**5242.55**	**5519.09**	**6145.52**	**6172.69**
89.16	**159.59**	**167.75**	**172.78**	**160.44**	**168.06**
681.98	**441.71**	**498.50**	**524.50**	**586.11**	**671.07**
120.78	**51.89**	**59.43**	**62.91**	**65.73**	**65.46**
36.32	14.61	17.04	18.32	22.36	21.21
45.38	25.71	29.46	30.99	27.84	25.04
6.81	4.60	5.11	5.38	5.96	6.46
5.87	3.30	3.73	3.93	4.39	7.64
9.07	3.65	4.06	4.27	5.14	5.08
17.34	0.02	0.02	0.02	0.04	0.03
528.75	**364.25**	**411.39**	**436.66**	**492.78**	**571.16**
34.04	13.24	14.96	15.74	17.58	32.98
13.62	7.36	8.32	8.75	9.87	14.16
11.35	6.93	7.71	7.39	9.14	10.39
34.04	0.75	0.83	0.87	0.88	0.75
39.68	16.74	18.99	19.98	22.48	26.25
7.94	9.28	10.32	10.86	12.58	17.18
5.68	4.30	4.78	5.03	6.05	9.22
3.68	4.72	5.26	5.53	7.89	7.94
3.97	2.74	3.04	3.20	4.03	7.84
13.62	8.05	9.11	9.58	11.96	12.83
6.81	6.64	7.39	7.11	8.18	8.77
2.55	3.70	4.12	3.70	4.23	4.43
16.63	20.87	23.20	24.40	20.05	39.81
51.05	42.14	48.28	45.00	51.75	49.80
10.22	7.34	8.16	10.26	11.33	12.07
4.31	1.10	1.34	1.88	2.04	1.61
9.69	9.13	10.27	10.91	13.73	11.06
13.73	11.97	13.53	14.23	17.14	18.24
51.74	24.03	26.72	31.56	38.03	36.95
34.04	21.17	25.23	26.55	24.72	15.52
12.49	6.14	6.90	7.25	7.00	10.14
20.42	17.14	19.38	23.75	29.38	31.13
23.82	26.21	29.63	33.88	40.51	50.48
34.12	15.84	17.73	20.76	21.60	28.30
22.70	34.92	39.61	41.27	46.46	42.74
18.15	20.62	23.25	23.20	26.68	35.60
9.07	10.55	11.90	13.39	16.13	19.25
3.40	3.45	3.83	4.66	5.15	6.85
16.20	6.87	7.26	5.62	5.84	8.18
	0.31	0.35	0.34	0.38	0.69
32.44	**25.56**	**27.67**	**24.93**	**27.60**	**34.45**
28.17	20.25	21.77	19.06	21.99	26.53
1.95	2.36	2.66	2.62	2.10	2.88
2.32	2.95	3.25	3.25	3.51	5.04
115.55	**172.14**	**180.75**	**178.83**	**196.19**	**235.43**
1527.78	**2430.05**	**2592.36**	**2613.19**	**3090.43**	**2881.59**
69.84	**129.39**	**123.34**	**131.73**	**135.28**	**147.52**
792.67	**998.20**	**1064.11**	**1119.67**	**1121.93**	**1069.93**
227.58	**523.83**	**615.74**	**778.40**	**855.14**	**999.08**

4-9 分行业煤油消费总量

单位：万吨

行　业	Sector	1995
消 费 总 量	**Total Consumption**	**512.11**
农、林、牧、渔、水利业	**Farming,Forestry,Animal Husbandry,Fishery and Water Conservancy**	**3.57**
工业	**Industry**	**44.94**
采掘业	**Mining and Quarrying**	**2.92**
煤炭开采和洗选业	Mining and Washing of Coal	1.59
石油和天然气开采业	Extraction of Petroleum and Natural Gas	0.59
黑色金属矿采选业	Mining and Processing of Ferrous Metal Ores	0.08
有色金属矿采选业	Mining and Processing of Non-Ferrous Metal Ores	0.40
非金属矿采选业	Mining and Processing of Nonmetal Ores	0.20
其他采矿业	Mining of Other Ores	0.06
制造业	**Manufacturing**	**40.41**
农副食品加工业	Processing of Food from Agricultural Products	0.26
食品制造业	Manufacture of Foods	0.33
饮料制造业	Manufacture of Beverages	0.23
烟草制品业	Manufacture of Tobacco	2.07
纺织业	Manufacture of Textile	2.91
纺织服装、鞋、帽制造业	Manufacture of Textile Wearing Apparel,Footware, and Caps	0.11
皮革、毛皮、羽毛(绒)及其制品业	Manufacture of Leather, Fur, Feather and Related Products	0.42
木材加工及木、竹、藤、棕、草制品业	Processing of Timber,Manufacture of Wood,Bamboo,Rattan,Palm, and Straw Products	1.17
家具制造业	Manufacture of Furniture	0.01
造纸及纸制品业	Manufacture of Paper and Paper Products	1.78
印刷业和记录媒介的复制	Printing,Reproduction of Recording Media	3.41
文教体育用品制造业	Manufacture of Articles For Culture, Education and Sport Activity	0.10
石油加工、炼焦及核燃料加工业	Processing of Petroleum, Coking, Processing of Nuclear Fuel	1.02
化学原料及化学制品制造业	Manufacture of Raw Chemical Materials and Chemical Products	8.10
医药制造业	Manufacture of Medicines	0.15
化学纤维制造业	Manufacture of Chemical Fibers	0.18
橡胶制品业	Manufacture of Rubber	0.16
塑料制品业	Manufacture of Plastics	0.39
非金属矿物制品业	Manufacture of Non-metallic Mineral Products	2.59
黑色金属冶炼及压延加工业	Smelting and Pressing of Ferrous Metals	0.41
有色金属冶炼及压延加工业	Smelting and Pressing of Non-ferrous Metals	0.57
金属制品业	Manufacture of Metal Products	3.37
通用设备制造业	Manufacture of General Purpose Machinery	3.05
专用设备制造业	Manufacture of Special Purpose Machinery	0.91
交通运输设备制造业	Manufacture of Transport Equipment	4.87
电气机械及器材制造业	Manufacture of Electrical Machinery and Equipment	0.50
通信设备、计算机及其他电子设备制造业	Manufacture of Communication Equipment,Computers and Other Electronic Equipment	0.23
仪器仪表及文化、办公用机械制造业	Manufacture of Measuring Instruments and Machinery for Cultural Activity and Office Work	0.12
工艺品及其他制造业	Manufacture of Artwork and Other Manufacturing	0.99
废弃资源和废旧材料回收加工业	Recycling and Disposal of Waste	
电力、煤气及水生产和供应业	**Electric Power, Gas and Water Production and Supply**	**1.61**
电力、热力的生产和供应业	Production and Distribution of Electric Power and Heat Power	1.30
燃气生产和供应业	Production and Distribution of Gas	0.11
水的生产和供应业	Production and Distribution of Water	0.20
建筑业	**Construction**	**3.51**
交通运输、仓储和邮政业	**Transport, Storage and Post**	**250.01**
批发、零售业和住宿、餐饮业	**Wholesale, Retail Trade and Hotel ,Restaurants**	**8.51**
其他行业	**Others**	**137.32**
生活消费	**Residential Consumption**	**64.25**

CONSUMPTION OF KEROSENE AND ITS MAIN VARIETIES BY SECTOR

(10 000 ton)

2000	2005	2006	2007	2008	2009
871.61	**1076.84**	**1124.74**	**1243.72**	**1294.01**	**1439.41**
1.50	**1.60**	**1.54**	**0.94**	**1.26**	**0.76**
83.95	**57.50**	**48.19**	**45.24**	**49.08**	**32.04**
7.44	**6.40**	**5.72**	**5.30**	**5.38**	**4.64**
5.37	3.26	2.93	2.71	2.87	2.90
0.42	0.17	0.16	0.15	0.13	0.05
0.04	1.42	1.27	1.16	1.03	0.45
1.26	0.74	0.66	0.62	0.77	0.87
0.34	0.80	0.70	0.66	0.58	0.37
0.01	0.01	0.01			
76.05	**50.74**	**42.18**	**39.64**	**43.46**	**27.28**
0.25	0.40	0.35	0.33	0.42	0.22
0.08	0.33	0.29	0.27	0.26	0.11
0.08	0.54	0.48	0.45	0.49	0.29
0.08	0.03	0.03	0.03		
3.78	2.05	1.84	1.72	1.38	0.43
0.42	0.70	0.61	0.57	0.49	0.28
0.17	0.37	0.32	0.30	0.24	0.29
0.08	1.09	0.97	0.91	0.46	0.20
0.04	0.24	0.21	0.20	0.18	0.13
3.61	0.91	0.81	0.76	0.91	0.41
5.71	0.74	0.66	0.62	0.53	0.23
1.26	0.35	0.31	0.29	0.17	0.12
18.06	2.06	1.85	1.73	2.08	1.24
8.73	6.09	4.58	4.20	3.87	3.69
0.15	0.52	0.46	0.43	0.43	0.07
0.42	0.50	0.44	0.41	0.29	0.11
0.07	0.27	0.23	0.22	0.15	0.08
0.42	0.74	0.66	0.52	1.04	0.23
2.43	3.06	2.75	2.58	2.32	1.23
5.37	1.92	1.71	1.61	2.25	1.39
0.59	2.32	2.07	1.94	2.18	1.65
1.68	2.64	2.35	2.21	2.65	1.64
3.27	5.80	5.18	4.82	6.32	3.88
1.34	1.69	1.49	1.38	0.98	0.53
6.30	11.08	7.76	7.57	9.05	7.16
0.25	1.60	1.40	1.31	1.58	0.50
0.18	0.82	0.80	0.75	0.86	0.22
0.15	1.13	0.99	0.93	1.39	0.69
11.08	0.70	0.59	0.55	0.44	0.23
	0.04	0.03	0.03	0.05	0.03
0.46	**0.36**	**0.29**	**0.31**	**0.25**	**0.12**
0.42	0.32	0.24	0.25	0.23	0.12
0.01	0.02	0.02	0.03	0.01	
0.03	0.03	0.03	0.03	0.01	
4.00				**9.67**	**10.39**
535.90	**952.42**	**1010.54**	**1129.98**	**1174.59**	**1314.25**
14.00	**3.67**	**3.77**	**4.90**	**20.82**	**29.15**
160.09	**36.19**	**37.97**	**43.17**	**25.90**	**33.67**
72.17	**25.46**	**22.73**	**19.48**	**12.68**	**19.15**

4-10 分行业柴油消费总量

单位：万吨

行　业	Sector	1995
消 费 总 量	**Total Consumption**	**4321.44**
农、林、牧、渔、水利业	**Farming,Forestry,Animal Husbandry,Fishery and Water Conservancy**	**1001.39**
工业	**Industry**	**1189.87**
采掘业	**Mining and Quarrying**	**229.63**
煤炭开采和洗选业	Mining and Washing of Coal	31.68
石油和天然气开采业	Extraction of Petroleum and Natural Gas	147.95
黑色金属矿采选业	Mining and Processing of Ferrous Metal Ores	5.41
有色金属矿采选业	Mining and Processing of Non-Ferrous Metal Ores	12.62
非金属矿采选业	Mining and Processing of Nonmetal Ores	20.96
其他采矿业	Mining of Other Ores	11.01
制造业	**Manufacturing**	**722.25**
农副食品加工业	Processing of Food from Agricultural Products	33.65
食品制造业	Manufacture of Foods	18.15
饮料制造业	Manufacture of Beverages	8.04
烟草制品业	Manufacture of Tobacco	1.16
纺织业	Manufacture of Textile	36.39
纺织服装、鞋、帽制造业	Manufacture of Textile Wearing Apparel,Footware, and Caps	8.64
皮革、毛皮、羽毛(绒)及其制品业	Manufacture of Leather, Fur, Feather and Related Products	5.76
木材加工及木、竹、藤、棕、草制品业	Processing of Timber,Manufacture of Wood,Bamboo,Rattan,Palm, and Straw Products	6.10
家具制造业	Manufacture of Furniture	1.42
造纸及纸制品业	Manufacture of Paper and Paper Products	27.59
印刷业和记录媒介的复制	Printing,Reproduction of Recording Media	2.66
文教体育用品制造业	Manufacture of Articles For Culture, Education and Sport Activity	2.73
石油加工、炼焦及核燃料加工业	Processing of Petroleum, Coking, Processing of Nuclear Fuel	48.89
化学原料及化学制品制造业	Manufacture of Raw Chemical Materials and Chemical Products	94.41
医药制造业	Manufacture of Medicines	3.86
化学纤维制造业	Manufacture of Chemical Fibers	5.45
橡胶制品业	Manufacture of Rubber	4.04
塑料制品业	Manufacture of Plastics	21.02
非金属矿物制品业	Manufacture of Non-metallic Mineral Products	149.29
黑色金属冶炼及压延加工业	Smelting and Pressing of Ferrous Metals	73.20
有色金属冶炼及压延加工业	Smelting and Pressing of Non-ferrous Metals	21.66
金属制品业	Manufacture of Metal Products	23.40
通用设备制造业	Manufacture of General Purpose Machinery	31.18
专用设备制造业	Manufacture of Special Purpose Machinery	14.53
交通运输设备制造业	Manufacture of Transport Equipment	31.60
电气机械及器材制造业	Manufacture of Electrical Machinery and Equipment	17.14
通信设备、计算机及其他电子设备制造业	Manufacture of Communication Equipment,Computers and Other Electronic Equipment	10.73
仪器仪表及文化、办公用机械制造业	Manufacture of Measuring Instruments and Machinery for Cultural Activity and Office Work	3.94
工艺品及其他制造业	Manufacture of Artwork and Other Manufacturing	15.62
废弃资源和废旧材料回收加工业	Recycling and Disposal of Waste	
电力、煤气及水生产和供应业	**Electric Power, Gas and Water Production and Supply**	**237.99**
电力、热力的生产和供应业	Production and Distribution of Electric Power and Heat Power	234.44
燃气生产和供应业	Production and Distribution of Gas	2.12
水的生产和供应业	Production and Distribution of Water	1.43
建筑业	**Construction**	**118.19**
交通运输、仓储和邮政业	**Transport, Storage and Post**	**1246.56**
批发、零售业和住宿、餐饮业	**Wholesale, Retail Trade and Hotel ,Restaurants**	**103.59**
其他行业	**Others**	**645.70**
生活消费	**Residential Consumption**	**16.14**

CONSUMPTION OF DIESEL OIL AND ITS MAIN VARIETIES BY SECTOR

(10 000 ton)

2000	2005	2006	2007	2008	2009
6806.23	**10972.16**	**11835.43**	**12496.67**	**13532.58**	**13756.64**
697.10	**1286.35**	**1365.53**	**1218.97**	**1098.87**	**1134.15**
1696.46	**1991.27**	**1961.58**	**1972.78**	**2517.02**	**2348.80**
289.49	**360.52**	**363.07**	**380.58**	**525.91**	**498.62**
54.46	64.50	62.82	66.32	93.48	108.69
166.62	187.29	190.59	198.44	272.77	230.37
12.54	33.29	33.57	35.45	54.66	51.92
13.71	13.45	13.57	14.33	19.64	18.85
29.39	61.00	61.52	64.97	83.47	87.64
12.77	0.99	1.00	1.06	1.90	1.14
1138.97	**1222.51**	**1240.33**	**1302.84**	**1688.64**	**1596.84**
39.71	54.93	54.77	57.81	59.28	51.88
17.88	21.37	20.61	21.77	30.17	30.22
10.75	14.26	14.52	15.33	20.57	15.73
4.29	5.61	5.66	5.98	6.66	4.71
46.31	42.93	42.69	44.82	51.24	44.11
14.69	29.37	30.82	31.46	38.06	33.62
15.55	14.70	15.18	15.57	20.49	16.05
6.97	11.11	11.60	13.08	16.80	15.23
2.58	8.30	8.37	8.84	13.81	12.62
24.18	25.13	25.76	26.10	36.32	30.92
7.70	6.93	6.97	7.33	17.19	13.74
12.20	12.36	12.26	12.65	18.49	15.90
74.18	51.50	50.89	53.35	59.26	72.24
123.40	137.37	141.31	149.46	194.22	201.25
7.18	8.60	8.67	9.15	15.03	17.15
10.41	7.44	7.75	8.96	13.62	9.59
8.25	9.93	9.86	10.41	9.09	7.72
42.29	38.92	38.73	40.18	51.43	46.67
319.33	253.14	258.91	272.31	329.57	317.08
73.95	92.01	92.78	97.96	124.97	112.33
44.09	52.98	53.90	56.46	75.37	64.93
39.86	52.36	53.25	55.91	74.89	73.24
33.28	56.70	57.33	60.25	71.25	68.25
13.62	27.06	26.66	28.08	41.04	42.81
51.30	68.40	68.88	72.37	118.85	105.66
25.83	49.03	48.90	51.00	69.40	68.65
37.82	48.57	50.82	52.76	76.22	69.75
10.40	8.83	9.40	9.58	13.49	12.56
20.98	11.52	11.87	12.61	18.13	18.15
	1.15	1.20	1.28	3.74	4.08
268.00	**408.23**	**358.18**	**289.36**	**302.46**	**253.34**
258.02	396.17	345.37	275.74	284.23	238.93
7.18	9.67	10.27	10.89	14.55	10.21
2.80	2.39	2.54	2.73	3.68	4.20
205.86	**386.64**	**428.66**	**433.82**	**370.79**	**415.29**
3293.81	**5890.41**	**6547.32**	**7184.37**	**7649.31**	**7891.96**
95.94	**116.03**	**129.77**	**133.94**	**152.72**	**181.74**
638.70	**895.06**	**932.96**	**1007.48**	**1151.80**	**1131.80**
178.36	**406.40**	**469.59**	**545.32**	**592.08**	**652.91**

4-11 分行业燃料油消费总量

单位：万吨

行　　业	Sector	1995
消 费 总 量	**Total Consumption**	**3693.67**
农、林、牧、渔、水利业	**Farming,Forestry,Animal Husbandry,Fishery and Water Conservancy**	**8.37**
工业	**Industry**	**3406.16**
采掘业	**Mining and Quarrying**	**246.45**
煤炭开采和洗选业	Mining and Washing of Coal	1.16
石油和天然气开采业	Extraction of Petroleum and Natural Gas	226.71
黑色金属矿采选业	Mining and Processing of Ferrous Metal Ores	2.33
有色金属矿采选业	Mining and Processing of Non-Ferrous Metal Ores	9.46
非金属矿采选业	Mining and Processing of Nonmetal Ores	6.79
其他采矿业	Mining of Other Ores	
制造业	**Manufacturing**	**2186.73**
农副食品加工业	Processing of Food from Agricultural Products	20.68
食品制造业	Manufacture of Foods	5.40
饮料制造业	Manufacture of Beverages	7.13
烟草制品业	Manufacture of Tobacco	1.34
纺织业	Manufacture of Textile	34.95
纺织服装、鞋、帽制造业	Manufacture of Textile Wearing Apparel,Footware, and Caps	2.07
皮革、毛皮、羽毛(绒)及其制品业	Manufacture of Leather, Fur, Feather and Related Products	1.49
木材加工及木、竹、藤、棕、草制品业	Processing of Timber,Manufacture of Wood,Bamboo,Rattan,Palm, and Straw Products	1.59
家具制造业	Manufacture of Furniture	0.83
造纸及纸制品业	Manufacture of Paper and Paper Products	16.62
印刷业和记录媒介的复制	Printing,Reproduction of Recording Media	0.23
文教体育用品制造业	Manufacture of Articles For Culture, Education and Sport Activity	0.06
石油加工、炼焦及核燃料加工业	Processing of Petroleum, Coking, Processing of Nuclear Fuel	611.91
化学原料及化学制品制造业	Manufacture of Raw Chemical Materials and Chemical Products	388.63
医药制造业	Manufacture of Medicines	38.86
化学纤维制造业	Manufacture of Chemical Fibers	90.23
橡胶制品业	Manufacture of Rubber	11.23
塑料制品业	Manufacture of Plastics	3.19
非金属矿物制品业	Manufacture of Non-metallic Mineral Products	324.83
黑色金属冶炼及压延加工业	Smelting and Pressing of Ferrous Metals	464.93
有色金属冶炼及压延加工业	Smelting and Pressing of Non-ferrous Metals	62.13
金属制品业	Manufacture of Metal Products	13.24
通用设备制造业	Manufacture of General Purpose Machinery	9.99
专用设备制造业	Manufacture of Special Purpose Machinery	22.57
交通运输设备制造业	Manufacture of Transport Equipment	15.93
电气机械及器材制造业	Manufacture of Electrical Machinery and Equipment	10.20
通信设备、计算机及其他电子设备制造业	Manufacture of Communication Equipment,Computers and Other Electronic Equipment	7.96
仪器仪表及文化、办公用机械制造业	Manufacture of Measuring Instruments and Machinery for Cultural Activity and Office Work	1.24
工艺品及其他制造业	Manufacture of Artwork and Other Manufacturing	17.27
废弃资源和废旧材料回收加工业	Recycling and Disposal of Waste	
电力、煤气及水生产和供应业	**Electric Power, Gas and Water Production and Supply**	**972.98**
电力、热力的生产和供应业	Production and Distribution of Electric Power and Heat Power	927.73
燃气生产和供应业	Production and Distribution of Gas	45.25
水的生产和供应业	Production and Distribution of Water	
建筑业	**Construction**	**14.24**
交通运输、仓储和邮政业	**Transport, Storage and Post**	**227.45**
批发、零售业和住宿、餐饮业	**Wholesale, Retail Trade and Hotel ,Restaurants**	**6.62**
其他行业	**Others**	**30.83**
生活消费	**Residential Consumption**	

CONSUMPTION OF FUEL OIL AND ITS MAIN VARIETIES BY SECTOR

(10 000 ton)

2000	2005	2006	2007	2008	2009
3872.75	**4242.06**	**4368.33**	**4157.49**	**3237.15**	**2827.80**
0.40	**0.66**	**0.69**	**1.00**	**1.50**	**1.05**
2975.05	**2924.77**	**2836.11**	**2329.19**	**2039.47**	**1521.53**
209.96	**37.07**	**39.04**	**35.84**	**49.12**	**35.06**
5.77	4.95	5.26	4.93	6.44	4.83
202.77	30.68	32.27	29.49	41.43	29.61
	0.61	0.65	0.61	0.65	0.32
0.22	0.24	0.25	0.24	0.20	0.04
1.20	0.59	0.62	0.58	0.41	0.26
1928.46	**1732.73**	**1821.68**	**1689.89**	**1604.91**	**1268.49**
13.32	11.68	10.56	9.62	10.86	12.68
9.04	17.06	15.43	14.05	15.43	13.76
8.08	12.29	13.45	12.75	11.35	11.06
3.00	1.38	1.44	1.35	1.06	0.90
66.61	41.96	42.43	39.65	36.01	23.98
12.44	6.52	6.89	6.53	6.98	6.63
3.50	11.21	12.27	11.64	11.12	8.43
2.82	2.47	2.23	2.09	1.99	0.50
0.67	0.27	0.28	0.27	0.29	0.26
19.72	26.98	28.77	27.29	23.91	19.58
2.30	1.69	1.80	1.68	1.80	1.44
1.04	2.41	2.64	2.50	2.67	2.14
510.63	377.03	384.84	348.99	320.27	263.66
372.50	303.28	352.37	328.72	286.71	219.98
5.53	5.65	5.57	5.00	6.00	5.40
89.86	31.65	33.46	31.37	32.43	18.80
12.44	16.67	17.77	16.65	15.85	11.90
10.77	17.27	18.39	16.98	16.13	14.51
314.36	497.27	543.05	510.09	515.13	411.12
332.01	176.66	151.36	138.48	98.40	59.20
55.43	84.51	88.89	83.48	98.41	77.89
12.93	16.74	16.59	14.45	15.44	14.67
7.05	8.75	7.50	6.98	9.33	11.50
11.56	6.72	6.24	5.86	7.27	5.75
14.22	10.98	10.97	10.28	14.23	12.75
12.67	13.13	13.72	12.67	12.04	9.63
12.57	26.79	29.45	27.33	30.44	27.34
0.15	0.19	0.20	0.18	0.20	0.18
11.24	2.64	2.39	2.24	2.53	2.28
	0.86	0.74	0.70	0.65	0.57
836.63	**1154.97**	**975.39**	**603.47**	**385.44**	**217.98**
812.31	1140.04	961.43	597.96	382.83	216.65
24.31	14.92	13.95	5.49	2.05	0.83
0.01	0.01	0.01	0.01	0.56	0.50
16.71	**14.18**	**16.34**	**30.74**	**37.70**	**34.18**
850.00	**1261.02**	**1480.61**	**1759.95**	**1142.77**	**1250.64**
11.59	**27.52**	**21.44**	**24.78**	**6.25**	**8.11**
19.00	**13.91**	**13.14**	**11.83**	**9.46**	**12.30**

4-12 分行业天然气消费总量

单位：亿立方米

行　业	Sector	1995
消 费 总 量	**Total Consumption**	**177.41**
农、林、牧、渔、水利业	**Farming,Forestry,Animal Husbandry,Fishery and Water Conservancy**	**0.02**
工业	**Industry**	**154.39**
采掘业	**Mining and Quarrying**	**51.87**
煤炭开采和洗选业	Mining and Washing of Coal	
石油和天然气开采业	Extraction of Petroleum and Natural Gas	50.58
黑色金属矿采选业	Mining and Processing of Ferrous Metal Ores	
有色金属矿采选业	Mining and Processing of Non-Ferrous Metal Ores	0.59
非金属矿采选业	Mining and Processing of Nonmetal Ores	0.70
其他采矿业	Mining of Other Ores	
制造业	**Manufacturing**	**100.80**
农副食品加工业	Processing of Food from Agricultural Products	1.00
食品制造业	Manufacture of Foods	0.03
饮料制造业	Manufacture of Beverages	0.02
烟草制品业	Manufacture of Tobacco	
纺织业	Manufacture of Textile	3.97
纺织服装、鞋、帽制造业	Manufacture of Textile Wearing Apparel,Footware, and Caps	
皮革、毛皮、羽毛(绒)及其制品业	Manufacture of Leather, Fur, Feather and Related Products	
木材加工及木、竹、藤、棕、草制品业	Processing of Timber,Manufacture of Wood,Bamboo,Rattan,Palm, and Straw Products	
家具制造业	Manufacture of Furniture	
造纸及纸制品业	Manufacture of Paper and Paper Products	0.06
印刷业和记录媒介的复制	Printing,Reproduction of Recording Media	
文教体育用品制造业	Manufacture of Articles For Culture, Education and Sport Activity	
石油加工、炼焦及核燃料加工业	Processing of Petroleum, Coking, Processing of Nuclear Fuel	15.14
化学原料及化学制品制造业	Manufacture of Raw Chemical Materials and Chemical Products	63.36
医药制造业	Manufacture of Medicines	0.30
化学纤维制造业	Manufacture of Chemical Fibers	4.32
橡胶制品业	Manufacture of Rubber	
塑料制品业	Manufacture of Plastics	
非金属矿物制品业	Manufacture of Non-metallic Mineral Products	2.27
黑色金属冶炼及压延加工业	Smelting and Pressing of Ferrous Metals	3.69
有色金属冶炼及压延加工业	Smelting and Pressing of Non-ferrous Metals	0.50
金属制品业	Manufacture of Metal Products	0.45
通用设备制造业	Manufacture of General Purpose Machinery	0.14
专用设备制造业	Manufacture of Special Purpose Machinery	2.25
交通运输设备制造业	Manufacture of Transport Equipment	0.66
电气机械及器材制造业	Manufacture of Electrical Machinery and Equipment	0.74
通信设备、计算机及其他电子设备制造业	Manufacture of Communication Equipment,Computers and Other Electronic Equipment	1.01
仪器仪表及文化、办公用机械制造业	Manufacture of Measuring Instruments and Machinery for Cultural Activity and Office Work	0.01
工艺品及其他制造业	Manufacture of Artwork and Other Manufacturing	0.88
废弃资源和废旧材料回收加工业	Recycling and Disposal of Waste	
电力、煤气及水生产和供应业	**Electric Power, Gas and Water Production and Supply**	**1.72**
电力、热力的生产和供应业	Production and Distribution of Electric Power and Heat Power	1.14
燃气生产和供应业	Production and Distribution of Gas	0.58
水的生产和供应业	Production and Distribution of Water	
建筑业	**Construction**	**0.28**
交通运输、仓储和邮政业	**Transport, Storage and Post**	**1.57**
批发、零售业和住宿、餐饮业	**Wholesale, Retail Trade and Hotel ,Restaurants**	**0.55**
其他行业	**Others**	**1.19**
生活消费	**Residential Consumption**	**19.41**

CONSUMPTION OF NATURAL GAS AND ITS MAIN VARIETIES BY SECTOR

(100 million cu.m)

2000	2005	2006	2007	2008	2009
245.03	**467.63**	**561.41**	**705.23**	**812.94**	**895.20**
199.00	**328.79**	**383.97**	**479.67**	**531.60**	**577.90**
72.12	**83.26**	**81.72**	**90.97**	**109.67**	**122.93**
0.10	4.32	4.22	4.98	5.14	4.70
71.98	78.88	77.44	85.89	104.41	117.40
	0.02	0.02	0.03	0.04	0.03
	0.02	0.02	0.02	0.04	0.04
0.04	0.02	0.02	0.04	0.05	0.76
					0.01
118.75	**219.37**	**263.12**	**309.08**	**337.92**	**321.14**
0.15	0.27	0.27	0.33	0.54	0.65
0.07	1.28	1.28	1.39	2.10	2.31
0.03	0.50	0.58	0.68	0.95	1.43
0.08	0.26	0.26	0.30	0.38	0.52
1.09	0.56	0.56	0.69	1.49	1.35
	0.09	0.09	0.09	0.20	0.24
	0.03	0.03	0.04	0.06	0.07
	0.11	0.13	0.15	0.22	0.34
	0.04	0.04	0.05	0.39	0.44
0.29	0.50	0.59	0.69	1.11	1.06
0.08	0.19	0.23	0.27	0.46	0.52
					0.11
13.24	18.26	21.03	25.00	26.03	26.72
88.73	141.44	177.42	207.05	200.03	176.84
0.59	0.97	1.14	1.34	1.81	2.35
0.07	0.29	0.35	0.41	0.48	0.29
	0.35	0.34	0.41	0.53	0.69
0.10	0.55	0.65	0.76	1.09	1.36
2.46	23.81	23.78	28.91	43.75	44.62
1.68	9.76	11.22	13.15	17.06	18.81
0.49	3.87	4.56	5.35	6.08	6.73
0.59	0.69	0.81	0.95	2.06	2.47
0.20	1.81	2.35	3.00	5.50	6.06
1.29	2.70	2.97	3.48	5.08	4.67
1.68	4.92	5.65	6.62	11.62	12.18
0.79	1.23	1.42	1.66	2.33	3.03
3.35	4.77	5.24	6.16	6.26	4.88
0.02	0.08	0.10	0.12	0.25	0.36
1.69	0.04	0.05	0.05	0.05	0.06
8.14	**26.16**	**39.13**	**79.62**	**84.01**	**133.82**
6.44	18.78	29.49	70.74	73.92	127.91
1.68	7.33	9.58	8.80	9.99	5.79
0.02	0.06	0.06	0.08	0.10	0.12
0.82	**1.49**	**1.66**	**2.09**	**0.99**	**0.97**
8.81	**38.01**	**47.24**	**46.88**	**71.55**	**91.07**
3.44	**10.79**	**13.16**	**17.11**	**17.75**	**23.96**
0.64	**9.12**	**12.77**	**16.09**	**20.92**	**23.64**
32.32	**79.43**	**102.62**	**143.39**	**170.12**	**177.67**

4-13 分行业电力消费总量

单位：亿千瓦小时

行　业	Sector	1995
消费总量	**Total Consumption**	**10023.40**
农、林、牧、渔、水利业	**Farming,Forestry,Animal Husbandry,Fishery and Water Conservancy**	**582.42**
工业	**Industry**	**7659.81**
采掘业	**Mining and Quarrying**	**837.66**
煤炭开采和洗选业	Mining and Washing of Coal	392.38
石油和天然气开采业	Extraction of Petroleum and Natural Gas	258.85
黑色金属矿采选业	Mining and Processing of Ferrous Metal Ores	34.28
有色金属矿采选业	Mining and Processing of Non-Ferrous Metal Ores	83.00
非金属矿采选业	Mining and Processing of Nonmetal Ores	52.76
其他采矿业	Mining of Other Ores	16.39
制造业	**Manufacturing**	**5156.10**
农副食品加工业	Processing of Food from Agricultural Products	181.00
食品制造业	Manufacture of Foods	72.15
饮料制造业	Manufacture of Beverages	52.62
烟草制品业	Manufacture of Tobacco	17.16
纺织业	Manufacture of Textile	335.22
纺织服装、鞋、帽制造业	Manufacture of Textile Wearing Apparel,Footware, and Caps	41.22
皮革、毛皮、羽毛(绒)及其制品业	Manufacture of Leather, Fur, Feather and Related Products	42.88
木材加工及木、竹、藤、棕、草制品业	Processing of Timber,Manufacture of Wood,Bamboo,Rattan,Palm, and Straw Products	25.88
家具制造业	Manufacture of Furniture	13.16
造纸及纸制品业	Manufacture of Paper and Paper Products	169.06
印刷业和记录媒介的复制	Printing,Reproduction of Recording Media	31.19
文教体育用品制造业	Manufacture of Articles For Culture, Education and Sport Activity	7.09
石油加工、炼焦及核燃料加工业	Processing of Petroleum, Coking, Processing of Nuclear Fuel	156.06
化学原料及化学制品制造业	Manufacture of Raw Chemical Materials and Chemical Products	1028.05
医药制造业	Manufacture of Medicines	107.46
化学纤维制造业	Manufacture of Chemical Fibers	92.78
橡胶制品业	Manufacture of Rubber	53.80
塑料制品业	Manufacture of Plastics	71.36
非金属矿物制品业	Manufacture of Non-metallic Mineral Products	599.61
黑色金属冶炼及压延加工业	Smelting and Pressing of Ferrous Metals	905.36
有色金属冶炼及压延加工业	Smelting and Pressing of Non-ferrous Metals	425.61
金属制品业	Manufacture of Metal Products	113.51
通用设备制造业	Manufacture of General Purpose Machinery	136.30
专用设备制造业	Manufacture of Special Purpose Machinery	97.67
交通运输设备制造业	Manufacture of Transport Equipment	154.63
电气机械及器材制造业	Manufacture of Electrical Machinery and Equipment	64.96
通信设备、计算机及其他电子设备制造业	Manufacture of Communication Equipment,Computers and Other Electronic Equipment	38.64
仪器仪表及文化、办公用机械制造业	Manufacture of Measuring Instruments and Machinery for Cultural Activity and Office Work	17.12
工艺品及其他制造业	Manufacture of Artwork and Other Manufacturing	104.55
废弃资源和废旧材料回收加工业	Recycling and Disposal of Waste	
电力、煤气及水生产和供应业	**Electric Power, Gas and Water Production and Supply**	**1666.05**
电力、热力的生产和供应业	Production and Distribution of Electric Power and Heat Power	1539.76
燃气生产和供应业	Production and Distribution of Gas	10.83
水的生产和供应业	Production and Distribution of Water	115.46
建筑业	**Construction**	**159.62**
交通运输、仓储和邮政业	**Transport, Storage and Post**	**182.30**
批发、零售业和住宿、餐饮业	**Wholesale, Retail Trade and Hotel ,Restaurants**	**199.47**
其他行业	**Others**	**234.20**
生活消费	**Residential Consumption**	**1005.58**

CONSUMPTION OF ELECTRICITY AND ITS MAIN VARIETIES BY SECTOR

(100 million kW • h)

2000	2005	2006	2007	2008	2009
13472.38	**24940.32**	**28587.97**	**32711.81**	**34541.35**	**37032.14**
532.96	**776.33**	**827.04**	**878.96**	**887.05**	**939.90**
10004.62	**18521.69**	**21267.74**	**24290.81**	**25388.63**	**26854.49**
993.71	**1480.34**	**1479.27**	**1589.79**	**1701.27**	**1761.77**
417.16	589.53	580.45	600.28	639.93	691.13
321.64	385.35	316.32	310.70	318.43	333.34
63.46	205.63	248.85	304.56	320.08	289.73
80.79	157.66	173.77	203.62	222.46	215.72
84.83	114.14	122.76	135.13	146.00	155.26
25.84	28.04	37.14	35.49	54.37	76.59
6731.44	**13126.01**	**15387.40**	**17832.78**	**18588.88**	**19685.98**
161.24	253.35	296.02	334.95	362.28	389.32
98.83	114.81	134.15	151.79	166.44	166.54
58.98	76.55	89.45	101.20	110.97	117.03
32.85	35.86	34.41	36.57	38.62	41.70
370.42	823.57	1032.21	1124.38	1126.38	1147.50
49.07	87.60	108.80	124.50	130.07	132.54
27.12	54.85	64.39	73.68	76.99	78.45
32.24	105.57	127.34	148.80	175.40	191.53
12.48	24.28	28.49	29.63	34.90	35.59
237.41	407.73	447.76	435.69	471.79	482.73
31.21	60.71	66.54	74.18	77.26	83.01
20.81	42.54	43.44	46.01	47.72	48.09
245.60	313.49	357.36	409.63	423.80	475.07
1153.74	2129.77	2439.33	2779.33	2761.34	2907.12
88.36	153.21	159.60	170.71	182.90	188.99
194.79	233.20	244.80	276.92	264.28	269.93
98.74	209.30	237.25	263.09	271.06	280.28
120.82	322.42	355.15	381.05	435.88	460.29
763.74	1419.51	1675.48	1855.92	1959.68	2126.16
1121.08	2550.47	3039.00	3661.70	3693.10	4020.52
697.58	1473.10	1829.51	2398.44	2511.23	2576.15
196.30	507.25	605.77	677.09	728.52	744.40
160.77	344.77	389.30	447.78	490.99	502.04
94.49	182.90	207.23	229.16	251.28	256.94
203.42	300.72	345.42	417.69	471.93	565.40
90.68	245.80	282.33	341.54	402.25	423.49
125.88	327.89	401.97	479.75	530.93	558.96
25.37	42.52	51.81	61.16	66.35	68.54
217.42	275.62	281.77	289.36	313.06	335.49
	6.66	11.30	11.07	11.47	12.15
2279.47	**3915.34**	**4401.07**	**4868.24**	**5098.48**	**5406.74**
2094.11	3698.28	4165.41	4602.94	4804.88	5079.98
34.41	29.86	31.40	44.87	55.08	70.23
150.94	187.20	204.26	220.43	238.52	256.53
159.77	**233.93**	**271.05**	**309.00**	**367.34**	**421.90**
281.20	**430.34**	**467.37**	**531.91**	**571.82**	**617.01**
418.68	**752.31**	**847.25**	**929.82**	**1017.44**	**1136.77**
623.20	**1340.91**	**1555.94**	**1708.60**	**1912.97**	**2189.92**
1451.95	**2884.81**	**3351.58**	**4062.71**	**4396.10**	**4872.16**

4-14 分地区能源消费总量
TOTAL ENERGY CONSUMPTION BY REGION

单位：万吨标准煤 (10 000 tce)

地　区	Region	1990	1995	2000	2005	2006	2007	2008	2009
北　京	Beijing	2709	3518	4144	5522	5904	6285	6327	6570
天　津	Tianjin	2071	2569	2794	4085	4500	4943	5364	5874
河　北	Hebei	6124	8990	11196	19836	21794	23585	24322	25419
山　西	Shanxi	4710	8413	6728	12750	14098	15601	15675	15576
内蒙古	Inner Mongolia	2424	2632	3549	9666	11221	12777	14100	15344
辽　宁	Liaoning	7856	9671	10656	13611	14987	16544	17801	19112
吉　林	Jilin	3523	4109	3766	5315	5908	6557	7221	7698
黑龙江	Heilongjiang	5285	5935	6166	8050	8731	9377	9979	10467
上　海	Shanghai	3175	4466	5499	8225	8876	9670	10207	10367
江　苏	Jiangsu	5509	8047	8612	17167	19041	20948	22232	23709
浙　江	Zhejiang	2580	4580	6560	12032	13219	14524	15107	15567
安　徽	Anhui	2761	4194	4879	6506	7069	7739	8325	8896
福　建	Fujian	1451	2280	3463	6142	6828	7587	8254	8916
江　西	Jiangxi	1732	2392	2505	4286	4660	5053	5383	5813
山　东	Shandong	6830	8780	11362	24162	26759	29177	30570	32420
河　南	Henan	5206	6473	7919	14625	16232	17838	18976	19751
湖　北	Hubei	3997	5655	6269	10082	11049	12143	12845	13708
湖　南	Hunan	3821	5426	4071	9709	10581	11629	12355	13331
广　东	Guangdong	4065	7345	9448	17921	19971	22217	23476	24654
广　西	Guangxi	1309	2384	2669	4869	5390	5997	6497	7075
海　南	Hainan	121	303	480	822	920	1057	1135	1233
重　庆	Chongqing			2428	4943	5368	5947	6472	7030
四　川	Sichuan	6353	9525	6518	11816	12986	14214	15145	16322
贵　州	Guizhou	2133	3183	4279	5641	6172	6800	7084	7566
云　南	Yunnan	1954	2641	3468	6024	6621	7133	7511	8032
陕　西	Shaanxi	2239	3134	2731	5571	6129	6775	7417	8044
甘　肃	Gansu	2172	2738	3012	4368	4743	5109	5346	5482
青　海	Qinghai	507	688	897	1670	1903	2095	2279	2348
宁　夏	Ningxia	707	759	1179	2536	2830	3077	3229	3388
新　疆	Xinjiang	2063	2830	3328	5506	6047	6576	7069	7526

注：1.1996年以前重庆包括在四川省内。

2.由于折算系数的不同，故各地区相加数与全国数不等，以下同。

a) Prior to 1996, the consumption for Chongqing was included in Sichuan.

b) As the conversion factors, the sum of the data by region is not equal to the total . The same as in the following tables.

4-15 分地区煤炭消费量
COAL CONSUMPTION BY REGION

单位：万吨 (10 000 ton)

地　区	Region	1990	1995	2000	2005	2006	2007	2008	2009
北　京	Beijing	2413	2692	2720	3069	3056	2985	2748	2665
天　津	Tianjin	1788	2428	2473	3801	3809	3927	3973	4120
河　北	Hebei	7875	10983	12115	20542	21360	24681	24419	26516
山　西	Shanxi	7659	15015	14262	25872	28605	29645	28373	27762
内蒙古	Inner Mongolia	3953	4420	5908	13954	22242	18607	22242	24047
辽　宁	Liaoning	8252	9363	9582	12710	13837	14712	15347	16033
吉　林	Jilin	4015	4816	4213	6447	6937	7312	8367	8589
黑龙江	Heilongjiang	6517	6188	5815	8524	9030	9857	11204	11050
上　海	Shanghai	2742	3944	4496	5306	5142	5223	5464	5305
江　苏	Jiangsu	6223	8936	8770	17159	18692	20237	20737	21003
浙　江	Zhejiang	2486	4231	5385	9681	11334	13024	13041	13276
安　徽	Anhui	3428	4965	5909	8323	8793	9766	11377	12666
福　建	Fujian	1307	1677	2160	4717	5342	6117	6596	7109
江　西	Jiangxi	2266	3039	2469	4243	4592	5171	5267	5356
山　东	Shandong	7256	9759	8698	26056	29838	32719	34390	34795
河　南	Henan	6099	7960	8725	18468	20999	23180	23868	24445
湖　北	Hubei	3343	5404	6051	8873	9910	10792	10196	11100
湖　南	Hunan	3956	5591	3335	8739	9401	10277	10169	10751
广　东	Guangdong	2991	4941	5890	9853	10948	12430	13298	13647
广　西	Guangxi	1562	2330	2228	3619	3980	4671	4676	5199
海　南	Hainan	68	168	192	326	332	426	472	537
重　庆	Chongqing			2942	4196	4690	5110	5273	5782
四　川	Sichuan	6646	8909	4862	8513	9160	10191	10727	12147
贵　州	Guizhou	2709	3946	5146	7921	8995	9573	9732	10912
云　南	Yunnan	2194	2765	3062	6682	7482	7620	7916	8886
陕　西	Shaanxi	2728	3779	2766	6049	7598	8082	8941	9497
甘　肃	Gansu	1858	2547	2480	3751	3959	4469	4683	4479
青　海	Qinghai	471	462	522	949	1082	1291	1316	1310
宁　夏	Ningxia	885	1079	1042	3277	3519	4089	4287	4781
新　疆	Xinjiang	1835	2448	2702	3854	4436	4944	5709	7418

4-16 分地区焦炭消费量
COKE CONSUMPTION BY REGION

单位：万吨 (10 000 ton)

地 区	Region	1990	1995	2000	2005	2006	2007	2008	2009
北 京	Beijing	231.43	500.71	449.08	397.40	348.62	358.19	232.87	211.97
天 津	Tianjin	137.06	149.45	143.68	329.75	541.10	667.75	719.23	868.65
河 北	Hebei	559.47	1135.79	1227.85	4583.15	5460.55	5127.33	6007.69	6208.83
山 西	Shanxi	835.68	1287.03	1283.72	2139.90	2432.14	2556.37	2358.76	2438.39
内蒙古	Inner Mongolia	234.93	339.33	286.47	814.03	1380.64	1213.12	1380.64	1554.12
辽 宁	Liaoning	889.23	987.59	878.12	1706.90	1959.93	2298.83	2440.82	2795.19
吉 林	Jilin	144.01	176.22	170.55	306.92	369.92	407.64	541.82	593.10
黑龙江	Heilongjiang	102.34	107.24	72.83	101.16	210.70	226.92	227.30	321.90
上 海	Shanghai	452.82	716.47	719.99	630.51	655.46	729.70	714.44	677.68
江 苏	Jiangsu	228.42	362.02	383.69	1593.12	1944.49	2018.89	1888.95	2221.20
浙 江	Zhejiang	85.46	127.76	117.46	163.59	317.76	326.40	485.98	504.51
安 徽	Anhui	260.36	440.72	533.27	538.39	652.22	809.70	851.22	856.28
福 建	Fujian	53.84	78.54	100.16	280.93	299.59	356.02	368.04	653.08
江 西	Jiangxi	157.25	187.87	205.94	452.86	527.26	597.65	581.40	710.41
山 东	Shandong	317.53	356.92	424.83	1992.57	2413.63	2593.44	2611.90	2922.57
河 南	Henan	231.86	393.19	426.75	994.37	1192.23	1437.05	1488.98	1441.74
湖 北	Hubei	381.79	491.15	556.83	685.47	752.13	820.00	952.27	910.76
湖 南	Hunan	248.75	293.03	299.74	356.58	423.12	915.89	998.90	1011.92
广 东	Guangdong	104.80	131.88	146.57	300.16	410.78	460.97	449.60	466.43
广 西	Guangxi	111.38	184.16	158.61	433.04	451.26	520.42	580.03	627.88
海 南	Hainan	3.21	1.61	3.47	19.11	18.65	22.99	14.88	17.76
重 庆	Chongqing			180.74	388.00	329.15	323.38	342.44	334.10
四 川	Sichuan	506.54	754.07	447.25	894.54	1003.67	1144.05	1119.10	1121.99
贵 州	Guizhou	133.01	201.71	238.86	254.26	338.14	445.97	450.97	367.79
云 南	Yunnan	253.19	370.85	360.00	1223.36	1252.01	1377.39	1331.43	1276.33
陕 西	Shaanxi	98.43	304.04	134.27	251.10	288.23	407.00	387.95	655.00
甘 肃	Gansu	88.75	133.65	179.28	424.41	469.36	561.56	544.17	540.33
青 海	Qinghai	2.57	22.73	15.59	47.02	93.23	116.24	150.16	185.56
宁 夏	Ningxia	20.88	20.92	28.91	69.72	126.16	65.08	237.98	251.00
新 疆	Xinjiang	58.90	73.81	74.06	179.18	230.60	284.75	456.12	528.24

4-17 分地区原油消费量

CRUDE OIL CONSUMPTION BY REGION

单位：万吨 (10 000 ton)

地 区	Region	1990	1995	2000	2005	2006	2007	2008	2009
北 京	Beijing	680.98	654.66	754.71	799.60	796.12	950.91	1116.76	1162.93
天 津	Tianjin	404.92	488.38	709.76	863.14	900.49	950.14	790.33	844.64
河 北	Hebei	312.97	498.50	747.37	1003.29	1046.69	1124.77	1357.63	1379.12
山 西	Shanxi								
内蒙古	Inner Mongolia	0.61	87.30	126.26	131.83	189.25	142.82	189.25	191.76
辽 宁	Liaoning	2387.08	2516.42	3938.74	5410.89	5555.04	5893.46	5945.19	5873.05
吉 林	Jilin	470.15	493.30	702.63	967.67	913.44	934.17	915.24	851.89
黑龙江	Heilongjiang	997.15	1204.34	1601.27	1785.01	1850.06	1886.02	1735.97	2065.13
上 海	Shanghai	828.27	976.04	1309.70	1967.00	1832.84	1719.57	1951.55	1937.18
江 苏	Jiangsu	823.47	1010.80	1376.65	2264.76	2302.70	2454.00	2313.13	2661.44
浙 江	Zhejiang	243.68	575.02	1112.48	2113.04	2114.73	2248.73	2287.35	2505.80
安 徽	Anhui	257.34	277.04	345.06	414.49	445.40	451.08	426.34	454.13
福 建	Fujian		225.02	358.43	348.40	375.03	352.33	310.96	706.01
江 西	Jiangxi	155.1	230.56	331.18	368.02	417.99	396.47	411.00	451.68
山 东	Shandong	1170.31	1347.92	1771.22	3300.36	3878.27	4075.67	4626.97	5142.90
河 南	Henan	222.79	401.96	610.58	668.82	696.57	713.83	704.22	785.82
湖 北	Hubei	508.55	511.36	669.77	822.13	851.10	913.00	884.26	946.60
湖 南	Hunan	322.11	348.87	541.05	660.86	574.49	671.67	614.11	565.77
广 东	Guangdong	912.94	1226.95	1956.41	2388.37	2805.71	2940.10	3046.21	3709.44
广 西	Guangxi	5.88	42.44	61.41	97.71	118.21	152.98	133.30	163.03
海 南	Hainan		0.01	14.69	11.46	230.10	816.28	796.83	835.68
重 庆	Chongqing				2.86	3.17	0.13	0.02	0.01
四 川	Sichuan	16.68	30.60	38.89	140.81	174.94	239.95	285.49	315.68
贵 州	Guizhou								
云 南	Yunnan		32.16		0.07	0.07	0.11	0.06	0.07
陕 西	Shaanxi	60.99	153.94	521.61	1242.42	1488.94	1608.85	1764.73	1870.10
甘 肃	Gansu	473.83	673.37	880.88	1229.26	1323.38	1432.87	1394.36	1440.79
青 海	Qinghai	31.64	83.96	62.17	95.05	104.29	110.15	109.20	82.03
宁 夏	Ningxia	11.62	67.86	92.62	167.05	174.42	156.78	183.75	182.65
新 疆	Xinjiang	483.73	727.61	1071.29	1628.77	1813.64	1873.37	1940.53	1997.90

4-18 分地区汽油消费量
GASOLINE CONSUMPTION BY REGION

单位：万吨 (10 000 ton)

地区	Region	1990	1995	2000	2005	2006	2007	2008	2009
北京	Beijing	56.56	75.41	106.60	235.23	278.16	324.72	340.92	363.61
天津	Tianjin	37.12	74.85	112.43	122.95	128.09	139.55	148.76	181.03
河北	Hebei	96.55	132.24	136.44	221.91	263.78	249.04	211.11	212.06
山西	Shanxi	70.95	97.51	88.84	145.89	169.69	194.92	236.63	262.41
内蒙古	Inner Mongolia	33.50	49.62	64.81	192.41	260.88	236.12	260.88	279.51
辽宁	Liaoning	103.06	119.75	149.47	357.17	393.53	439.12	410.49	464.05
吉林	Jilin	55.58	82.71	90.67	110.60	110.82	112.46	130.30	138.44
黑龙江	Heilongjiang	93.33	184.44	244.04	312.19	345.32	376.01	278.97	319.40
上海	Shanghai	49.96	78.84	133.25	224.04	261.73	303.66	340.50	388.52
江苏	Jiangsu	90.94	164.07	187.30	420.13	449.51	488.27	561.80	585.66
浙江	Zhejiang	58.33	123.96	196.19	368.53	402.30	444.09	475.36	508.62
安徽	Anhui	44.10	58.38	68.54	86.41	97.80	114.91	127.37	140.40
福建	Fujian	39.50	69.47	105.11	199.81	208.05	264.17	250.48	263.64
江西	Jiangxi	42.31	42.06	58.46	64.49	65.99	70.61	75.68	77.21
山东	Shandong	123.82	192.85	188.52	443.68	477.72	529.49	588.59	640.91
河南	Henan	86.93	142.55	120.86	234.54	249.69	210.90	191.75	196.36
湖北	Hubei	110.45	152.36	169.17	344.01	421.49	554.91	624.23	559.50
湖南	Hunan	55.24	104.37	115.40	205.38	236.24	271.66	231.80	246.11
广东	Guangdong	141.59	281.73	301.16	706.22	771.39	837.73	886.90	957.20
广西	Guangxi	33.19	41.32	65.87	139.59	173.91	190.70	202.00	216.28
海南	Hainan	11.98	20.88	30.93	21.27	27.12	32.06	38.85	47.62
重庆	Chongqing			65.66	77.53	86.22	86.46	96.59	90.54
四川	Sichuan	78.24	124.38	143.65	224.44	269.32	330.44	375.92	462.92
贵州	Guizhou	46.07	52.00	46.46	71.91	81.00	105.81	123.42	129.99
云南	Yunnan	53.71	64.92	90.79	122.95	128.12	158.11	178.86	193.27
陕西	Shaanxi	46.49	82.39	103.51	196.70	178.16	286.77	219.13	248.49
甘肃	Gansu	36.98	55.57	98.41	86.90	88.03	87.66	50.18	50.14
青海	Qinghai	12.49	17.98	16.31	12.92	15.26	18.36	21.38	23.17
宁夏	Ningxia	9.88	10.71	10.50	24.49	19.07	19.06	20.66	20.95
新疆	Xinjiang	69.32	101.89	101.93	106.73	117.82	124.51	123.66	121.87

4-19 分地区煤油消费量
KEROSENE CONSUMPTION BY REGION

单位：万吨 (10 000 ton)

地　区	Region	1990	1995	2000	2005	2006	2007	2008	2009
北　京	Beijing	43.17	65.84	117.60	189.36	233.86	277.10	318.39	341.93
天　津	Tianjin	1.96	3.79	18.82	15.12	16.36	19.38	18.13	20.73
河　北	Hebei	3.69	3.50	3.23	3.21	5.88	6.22	7.37	6.25
山　西	Shanxi	2.33	2.65	6.36	8.45	10.43	11.90	14.67	16.28
内蒙古	Inner Mongolia	1.48	0.40	1.55	0.40	7.24	6.44	7.24	8.28
辽　宁	Liaoning	6.13	11.56	18.55	26.40	34.89	38.15	24.99	20.62
吉　林	Jilin	1.28	2.55	3.28	1.04	1.09	0.89	1.18	1.15
黑龙江	Heilongjiang	2.46	5.17	8.74	7.28	10.25	3.85	0.51	0.31
上　海	Shanghai	20.53	37.56	55.71	223.00	262.01	295.48	321.47	353.11
江　苏	Jiangsu	12.65	8.61	38.94	21.55	18.41	20.79	21.45	21.18
浙　江	Zhejiang	6.59	7.29	11.25	40.98	46.47	49.48	54.91	62.90
安　徽	Anhui	8.55	5.36	2.56	10.52	10.60	11.34	11.02	13.23
福　建	Fujian	3.23	4.63	7.60	32.77	36.99	49.09	51.95	50.96
江　西	Jiangxi	5.31	3.19	2.81	7.14	7.95	7.80	8.01	7.65
山　东	Shandong	11.38	23.51	48.25	21.99	23.88	32.02	30.73	35.41
河　南	Henan	7.77	16.42	14.34	13.91	16.03	17.03	16.50	25.63
湖　北	Hubei	12.15	14.93	18.29	16.08	34.61	35.98	49.70	47.43
湖　南	Hunan	7.54	9.77	8.08	20.48	22.83	24.50	25.41	30.44
广　东	Guangdong	31.62	56.04	89.51	153.72	157.40	171.14	183.07	192.12
广　西	Guangxi	6.14	5.60	3.79	6.80		0.27	16.05	0.09
海　南	Hainan	1.27	11.01	28.13	62.83	66.27	75.24	80.16	90.03
重　庆	Chongqing			8.34	12.30	23.01	27.01	30.44	34.06
四　川	Sichuan	20.55	24.17	36.04	93.56	105.83	128.62	126.61	155.07
贵　州	Guizhou	4.90	7.49	9.37	2.64	9.63	3.57	2.95	2.95
云　南	Yunnan	5.84	9.15	19.24	28.71	35.06	36.18	38.19	37.24
陕　西	Shaanxi	8.11	17.26	19.49	34.81	34.80	1.78	15.65	8.48
甘　肃	Gansu	3.10	3.17	3.73	4.61	4.68	5.48	5.51	5.45
青　海	Qinghai	1.00	0.07	0.06	0.01	0.00	2.06	0.40	0.16
宁　夏	Ningxia	0.33	0.42	0.04	2.01	2.25	2.81	3.72	4.23
新　疆	Xinjiang	4.62	16.10	21.31	26.12	30.88	33.28	38.15	31.40

4-20 分地区柴油消费量
DIESEL OIL CONSUMPTION BY REGION

单位：万吨 (10 000 ton)

地 区	Region	1990	1995	2000	2005	2006	2007	2008	2009
北 京	Beijing	47.99	51.29	81.17	140.86	177.49	192.02	227.22	240.18
天 津	Tianjin	73.78	65.59	197.60	220.78	235.38	255.83	289.76	303.57
河 北	Hebei	136.67	189.91	181.28	444.44	484.39	532.74	531.73	521.67
山 西	Shanxi	50.31	63.22	80.67	266.42	316.79	375.21	472.75	506.67
内蒙古	Inner Mongolia	34.55	44.05	68.73	379.96	686.16	579.46	686.16	738.95
辽 宁	Liaoning	138.48	143.49	197.22	464.40	587.76	660.52	778.42	810.45
吉 林	Jilin	51.39	67.14	73.74	249.42	269.24	300.83	312.57	328.12
黑龙江	Heilongjiang	147.00	225.79	409.71	473.05	477.83	497.81	440.54	512.63
上 海	Shanghai	99.59	122.67	176.44	312.73	344.56	379.83	427.05	483.19
江 苏	Jiangsu	179.46	223.50	345.02	515.12	587.17	607.99	646.21	655.87
浙 江	Zhejiang	130.78	283.72	434.22	803.11	842.43	871.40	898.63	897.23
安 徽	Anhui	78.27	108.06	142.12	210.07	239.90	259.16	309.63	329.14
福 建	Fujian	62.27	156.91	213.50	368.96	391.12	476.03	433.08	413.09
江 西	Jiangxi	45.43	57.83	104.78	302.07	313.59	295.27	288.47	293.17
山 东	Shandong	226.65	309.78	343.87	1056.86	1101.08	1187.79	1257.74	1334.11
河 南	Henan	137.34	134.81	155.02	329.47	346.01	460.51	543.45	526.18
湖 北	Hubei	165.66	209.11	261.30	420.49	514.62	625.42	613.49	790.67
湖 南	Hunan	88.57	104.92	140.18	335.55	364.08	395.04	375.51	432.38
广 东	Guangdong	276.71	597.66	766.23	1306.66	1367.60	1438.21	1518.92	1567.91
广 西	Guangxi	55.45	72.43	147.44	295.46	308.91	337.25	355.54	413.61
海 南	Hainan	9.92	38.99	46.20	63.12	75.40	85.19	93.80	106.24
重 庆	Chongqing			61.44	180.18	186.55	234.11	257.65	273.55
四 川	Sichuan	72.52	101.97	161.61	287.43	354.61	394.23	473.94	538.46
贵 州	Guizhou	27.46	29.82	57.81	132.17	171.88	184.04	226.46	234.69
云 南	Yunnan	34.61	46.89	55.46	283.90	331.66	382.15	411.95	437.70
陕 西	Shaanxi	46.29	72.52	94.76	283.62	311.69	279.89	443.55	493.29
甘 肃	Gansu	38.56	73.04	91.82	114.98	117.61	113.94	168.61	185.62
青 海	Qinghai	9.40	12.83	19.29	62.22	61.66	73.07	78.38	87.11
宁 夏	Ningxia	9.03	9.75	11.22	68.02	82.11	88.28	96.51	98.57
新 疆	Xinjiang	88.75	119.35	155.28	302.76	341.01	378.39	335.44	331.70

4-21 分地区燃料油消费量
FUEL OIL CONSUMPTION BY REGION

单位：万吨 (10 000 ton)

地 区	Region	1990	1995	2000	2005	2006	2007	2008	2009
北 京	Beijing	228.49	196.20	89.62	65.88	48.05	42.85	25.62	42.40
天 津	Tianjin	227.88	155.73	79.51	112.69	107.12	89.63	92.49	94.65
河 北	Hebei	46.18	54.66	49.39	60.78	59.33	48.31	65.82	59.76
山 西	Shanxi	12.61	13.15	12.42	8.95	10.10	14.39	12.09	12.06
内蒙古	Inner Mongolia	25.54	15.91	30.99	25.34	13.75	7.20	13.75	19.66
辽 宁	Liaoning	642.38	499.65	296.73	189.88	230.73	224.22	379.66	299.94
吉 林	Jilin	101.07	75.76	50.96	42.43	34.28	30.62	39.84	38.44
黑龙江	Heilongjiang	235.48	187.51	135.38	39.89	44.34	47.19	69.86	88.18
上 海	Shanghai	434.28	364.71	494.20	767.95	805.29	848.61	788.73	742.79
江 苏	Jiangsu	189.98	161.95	202.44	257.72	201.06	236.59	218.00	217.10
浙 江	Zhejiang	102.20	106.47	182.52	303.66	240.95	227.29	219.86	289.53
安 徽	Anhui	42.37	47.02	46.91	23.88	21.62	13.24	15.60	14.26
福 建	Fujian	15.53	31.80	53.23	161.62	173.48	124.94	142.32	165.83
江 西	Jiangxi	23.38	26.70	34.20	31.08	26.50	20.95	26.98	22.04
山 东	Shandong	248.43	309.90	344.25	354.43	346.31	386.24	355.43	404.87
河 南	Henan	38.95	52.89	57.55	78.46	70.37	62.78	46.08	25.93
湖 北	Hubei	132.31	125.26	106.69	88.87	125.99	123.54	106.97	108.88
湖 南	Hunan	53.08	56.39	46.38	48.09	42.04	40.20	41.41	68.39
广 东	Guangdong	365.54	647.19	941.95	1600.05	1573.72	1316.44	1077.76	894.99
广 西	Guangxi	8.08	13.57	7.67	32.96	24.07	20.85	9.92	7.38
海 南	Hainan	0.51	4.19	9.39	5.24	11.28	20.18	29.55	26.82
重 庆	Chongqing			2.68	3.61	2.66	7.84	8.14	7.59
四 川	Sichuan	6.92	11.41	13.32	8.08	9.50	7.17	12.60	13.34
贵 州	Guizhou	4.77	5.34	7.51	10.39	12.01	21.19	23.16	13.47
云 南	Yunnan	1.80	2.80	11.17	3.91	4.72	5.04	5.20	5.16
陕 西	Shaanxi	22.40	28.19	80.05	4.43	0.99	1.13	5.93	0.03
甘 肃	Gansu	62.59	76.48	58.00	16.03	14.05	14.33	12.73	13.39
青 海	Qinghai	10.72	14.96	6.93	0.02	0.06	0.22	0.13	0.16
宁 夏	Ningxia	23.70	27.67	33.13	1.80	0.98	0.53	1.98	0.52
新 疆	Xinjiang	89.95	117.03	56.59	17.32	19.31	22.26	27.34	22.37

4-22 分地区天然气消费量
NATURAL GAS CONSUMPTION BY REGION

单位：亿立方米 (100 million cu.m)

地 区	Region	1990	1995	2000	2005	2006	2007	2008	2009
北 京	Beijing	0.83	1.16	10.90	32.04	40.65	46.64	60.65	69.40
天 津	Tianjin	2.45	3.93	5.40	9.04	11.22	14.27	16.84	18.12
河 北	Hebei	6.07	6.89	7.72	9.14	11.01	12.05	17.17	23.11
山 西	Shanxi	0.60	0.47	1.14	3.24	6.02	6.91	6.60	13.76
内蒙古	Inner Mongolia			0.01	6.35	30.53	26.51	30.53	44.29
辽 宁	Liaoning	20.42	21.12	20.15	14.81	13.10	14.24	16.21	16.44
吉 林	Jilin	0.98	1.83	2.98	7.65	7.48	9.63	13.83	16.66
黑龙江	Heilongjiang	22.47	25.91	23.04	24.43	24.53	30.70	31.47	30.00
上 海	Shanghai			2.54	18.72	22.60	27.96	30.00	33.52
江 苏	Jiangsu	0.38	0.19	0.24	13.62	31.30	44.58	63.13	63.43
浙 江	Zhejiang				2.25	11.89	18.09	17.70	19.30
安 徽	Anhui				0.85	1.95	4.03	7.17	9.77
福 建	Fujian				0.51	0.57	0.48	1.53	8.49
江 西	Jiangxi				0.11	0.68	1.04	2.50	2.58
山 东	Shandong	14.44	12.85	4.53	17.14	22.60	22.36	34.50	40.24
河 南	Henan	10.73	9.37	11.23	23.71	30.53	33.14	38.23	41.50
湖 北	Hubei	0.58	0.76	0.91	11.11	9.64	9.91	15.60	16.52
湖 南	Hunan				4.85	5.05	7.64	8.23	10.23
广 东	Guangdong		1.02	1.43	2.49	14.46	45.69	53.58	112.86
广 西	Guangxi				1.12	1.22	1.34	1.01	1.21
海 南	Hainan			5.28	20.97	23.97	23.49	26.78	24.94
重 庆	Chongqing			33.26	35.50	40.05	43.53	48.75	49.47
四 川	Sichuan	57.51	68.92	58.67	89.52	106.08	112.15	108.94	126.99
贵 州	Guizhou	4.74	5.08	5.72	5.05	4.98	5.14	4.74	4.18
云 南	Yunnan	4.53	4.71	5.17	6.12	5.45	5.49	5.28	4.52
陕 西	Shaanxi	0.07	0.38	6.67	18.76	28.43	41.34	51.60	50.01
甘 肃	Gansu	0.26	0.62	0.85	9.62	11.97	12.97	12.01	12.43
青 海	Qinghai	0.39	0.64	3.91	11.02	13.27	14.30	22.90	24.56
宁 夏	Ningxia	0.07	0.15	0.12	6.63	7.94	8.99	11.00	11.98
新 疆	Xinjiang	5.02	11.48	23.44	56.04	65.04	69.81	69.84	67.93

4-23 分地区电力消费量
ELECTRICITY CONSUMPTION BY REGION

单位：亿千瓦小时 (100 million kW • h)

地 区	Region	1990	1995	2000	2005	2006	2007	2008	2009
北 京	Beijing	174.13	261.74	384.48	567.04	618.99	675.09	708.15	758.85
天 津	Tianjin	124.15	178.99	236.55	396.33	445.73	510.68	535.26	576.92
河 北	Hebei	354.16	602.68	809.33	1501.93	1734.83	2013.68	2095.02	2344.18
山 西	Shanxi	255.47	399.16	506.09	946.32	1097.67	1348.81	1313.49	1267.54
内蒙古	Inner Mongolia	121.82	186.83	256.07	667.93	1220.57	1160.21	1220.57	1287.93
辽 宁	Liaoning	462.19	622.81	796.53	1110.54	1228.28	1359.51	1411.99	1488.17
吉 林	Jilin	190.77	267.60	300.57	378.23	412.45	462.64	496.49	515.25
黑龙江	Heilongjiang	296.38	409.38	397.24	569.25	596.86	642.94	697.10	688.66
上 海	Shanghai	264.74	403.27	559.42	921.97	990.15	1072.38	1138.22	1153.38
江 苏	Jiangsu	411.81	684.80	971.82	2193.45	2569.75	2952.02	3118.33	3313.98
浙 江	Zhejiang	230.29	439.59	742.89	1642.32	1909.23	2189.33	2322.87	2471.44
安 徽	Anhui	185.67	288.97	338.92	581.65	662.40	768.70	858.87	952.30
福 建	Fujian	136.66	261.28	403.02	756.59	866.84	1000.33	1149.77	1215.51
江 西	Jiangxi	127.65	181.21	209.39	413.98	453.28	516.09	546.77	609.22
山 东	Shandong	448.69	741.07	1000.49	1976.89	2272.04	2596.05	2726.98	2941.07
河 南	Henan	338.17	571.48	717.62	1387.49	1534.21	1864.14	2092.63	2275.19
湖 北	Hubei	281.33	414.99	503.02	867.28	894.76	1009.23	1076.24	1183.04
湖 南	Hunan	226.73	374.76	406.20	787.19	912.79	1019.63	1128.54	1232.19
广 东	Guangdong	359.00	787.66	1334.58	2794.61	3004.03	3394.05	3506.78	3609.64
广 西	Guangxi	125.58	220.77	322.02	510.15	579.46	681.15	760.79	856.29
海 南	Hainan	13.96	32.00	42.23	81.59	97.66	113.25	122.97	133.76
重 庆	Chongqing			307.61	348.95	405.19	449.21	485.92	532.34
四 川	Sichuan	350.23	582.85	462.26	942.59	1059.44	1177.50	1213.29	1361.87
贵 州	Guizhou	103.21	203.70	334.76	486.97	581.98	669.09	679.18	750.30
云 南	Yunnan	124.55	223.71	317.25	557.25	645.62	745.52	829.44	891.19
陕 西	Shaanxi	170.29	239.68	314.39	516.00	580.73	653.69	708.02	740.11
甘 肃	Gansu	177.84	241.06	295.34	489.48	536.33	614.74	677.76	705.51
青 海	Qinghai	42.21	69.02	115.96	207.80	246.04	287.11	313.23	337.24
宁 夏	Ningxia	55.02	92.38	115.32	307.01	377.85	439.78	439.62	470.32
新 疆	Xinjiang	69.99	119.67	182.98	310.14	356.15	416.87	479.37	547.88

五、全国能源平衡表

Chapter 5　Energy Balance Table of China

5-1 中国能源平衡表(实物量) -2009

项　目	Item	煤合计 (万吨) Coal Total (10^4 tn)	原煤 (万吨) Raw Coal (10^4 tn)
一.可供本地区消费的能源量	**Total Primary Energy Supply**	**301283.82**	**301628.64**
1.一次能源生产量	Indigenous Production	297300.00	297300.00
水电	Hydro Power		
核电	Nuclear Power		
2.回收能	Recovery of Energy		
3.进 口 量	Import	12584.01	10536.05
4.境内轮船和飞机在境外的加油量	Domestic Airplanes&Ships Refueling in Abroad		
5.出 口 量(-)	Export (-)	-2239.57	-2170.69
6.境外轮船和飞机在境内的加油量(-)	Oversea Airplanes&Ships Refueling in China		
7.库存增(-)、减(+)量	Stock Change	-6360.62	-4036.72
二.加工转换投入(-)产出(+)量	**Input(-) & Output(+) of Transformation**	**-212132.62**	**-224004.67**
1.火力发电	Thermal Power	-143967.29	-140613.20
2.供　热	Heating Supply	-15359.74	-14739.30
3.洗 选 煤	Coal Washing	-7765.55	-62567.85
4.炼　焦	Coking	-43691.73	-5299.84
5.炼　油	Petroleum Refineries		
6.制　气	Gas Works	-1150.65	-555.76
#焦炭再投入量(-)	Coke Input (-)		
7.煤制品加工	Briquettes	-197.66	-228.72
三.损 失 量	**Loss**		
四.终端消费量	**Total Final Consumption**	**83700.46**	**72588.37**
1.农、林、牧、渔、水利业	Farming, Forestry, Animal Husbandry, Fishery & Water Conservancy	1582.11	1547.55
2.工　业	Industry	67755.90	58440.87
#用作原料.材料	Non-Energy Use	4299.16	3880.47
3.建 筑 业	Construction	635.59	625.78
4.交通运输、仓储及邮电通迅业	Transport, Storage, Postal & Telecommunications Services	640.89	616.74
5.批发和零售贸易业.餐饮业	Wholesale, Retail Trade and Catering Service	1977.89	1919.00
6.生活消费	Residential Consumption	9121.95	7609.44
城 镇	Urban	2156.40	1650.79
乡 村	Rural	6965.55	5958.65
7.其他	Other	1986.14	1829.00
五.平衡差额	**Statistical Difference**	**5450.75**	**5035.60**
六.消费量合计	**Total Final Consumption**	**295833.08**	**296593.04**

ENERGY BANLANCE OF CHINA -2009(PHYSICAL QUANTITY)

洗精煤 (万吨) Cleaned Coal (10^4 tn)	其他洗煤 (万吨) Other Washed Coal (10^4 tn)	型煤 (万吨) Briquettes (10^4 tn)	焦炭 (万吨) Coke (10^4 tn)	焦炉煤气 (亿立方米) Coke Oven Gas (10^8 cu.m)	其他煤气 (亿立方米) Other Gas (10^8 cu.m)	其他焦化产品 (万吨) Other Coking Products (10^4 tn)	油品合计 (万吨) Petroleum Products Total (10^4 tn)	原油 (万吨) Crude Oil (10^4 tn)
411.01	**-749.73**	**-6.10**	**-2282.73**		**2258.88**	**142.56**	**38462.82**	**38130.50**
							18949.00	18949.00
					2258.88			
1641.73	406.23		15.92			187.73	25133.66	20365.29
							508.73	
-63.61	-0.54	-4.73	-54.53			-45.17	-3296.75	-507.25
							-619.89	
-1167.11	-1155.42	-1.37	-2244.12				-2211.93	-676.54
2726.50	**8012.73**	**1132.82**	**34083.76**	**516.38**	**-3.00**	**672.04**	**-2505.92**	**-37115.77**
-16.85	-3337.24			-88.42	-109.64		-501.24	-4.38
-3.22	-617.22			-16.68	-45.97		-383.31	-1.99
41645.84	13156.46							
-38304.38	-87.51		34010.10	602.67	7.00	644.76		
							-1621.05	-37109.40
-594.89			233.95	18.81	145.61	36.13	0.32	
			-160.30			-8.85		
	-1101.76	1132.82						
							188.66	**186.66**
2927.09	**7158.67**	**1026.33**	**31689.67**	**509.52**	**2255.18**	**807.82**	**35689.94**	**826.16**
	34.56		44.59				1308.10	
2916.87	5985.66	412.50	31583.02	467.24	2114.20	807.82	13153.74	826.16
149.93	251.40	17.37	1263.32	4.67		185.80	3966.84	109.88
1.12	8.69		5.68				1942.29	
9.10	15.05		0.14		0.31		13393.07	
	32.60	26.29	3.94	0.89	13.41		429.67	
	934.51	578.00	48.84	39.06	127.26		3166.80	
	319.66	185.95	29.64	39.06	125.75		2340.03	
	614.85	392.05	19.20		1.51		826.77	
	147.59	9.55	3.47	2.33			2296.26	
210.42	**104.34**	**100.39**	**111.36**	**6.86**	**0.70**	**6.78**	**78.30**	**1.90**
41846.43	**12302.40**	**1026.33**	**31849.97**	**614.62**	**2410.79**	**816.67**	**38384.52**	**38128.59**

续表

项　　目	Item	汽油(万吨) Gasoline (10^4 tn)	煤油(万吨) Kerosene (10^4 tn)
一.可供本地区消费的能源量	**Total Primary Energy Supply**	**-1138.84**	**-32.09**
1.一次能源生产量	Indigenous Production		
水电	Hydro Power		
核电	Nuclear Power		
2.回收能	Recovery of Energy		
3.进 口 量	Import	4.44	611.85
4.境内轮船和飞机在境外的加油量	Domestic Airplanes&Ships Refueling in Abroad		183.21
5.出 口 量(-)	Export (-)	-491.90	-594.16
6.境外轮船和飞机在境内的加油量(-)	Oversea Airplanes&Ships Refueling in China		-231.89
7.库存增(-)、减(+)量	Stock Change	-651.38	-1.10
二.加工转换投入(-)产出(+)量	**Input(-) & Output(+) of Transformation**	**7320.57**	**1480.30**
1.火力发电	Thermal Power	-0.09	
2.供　　热	Heating Supply		
3.洗 选 煤	Coal Washing		
4.炼　　焦	Coking		
5.炼　　油	Petroleum Refineries	7320.66	1480.30
6.制　　气	Gas Works		
#焦炭再投入量(-)	Coke Input (-)		
7.煤制品加工	Briquettes		
三.损 失 量	**Loss**		
四.终端消费量	**Total Final Consumption**	**6172.59**	**1439.41**
1.农、林、牧、渔、水利业	Farming, Forestry, Animal Husbandry, Fishery & Water Conservancy	168.06	0.76
2.工　　业	Industry	670.98	32.04
#用作原料、材料	Non-Energy Use	21.54	3.74
3.建 筑 业	Construction	235.43	10.39
4.交通运输、仓储及邮电通迅业	Transport, Storage, Postal & Telecommunications Services	2881.59	1314.25
5.批发和零售贸易业、餐饮业	Wholesale, Retail Trade and Catering Service	147.52	29.15
6.生活消费	Residential Consumption	999.08	19.15
城 镇	Urban	703.88	1.65
乡 村	Rural	295.20	17.50
7.其他	Other	1069.93	33.67
五.平衡差额	**Statistical Difference**	**9.14**	**8.80**
六.消费量合计	**Total Final Consumption**	**6172.68**	**1439.41**

Continued

柴油 (万吨) Diesel Oil (10^4 tn)	燃料油 (万吨) Fuel Oil (10^4 tn)	液化石油气 (万吨) LPG (10^4 tn)	炼厂干气 (万吨) Refinery Gas (10^4 tn)	其他石油制品 (万吨) Other Petroleum Products (10^4 tn)	天然气 (亿立方米) Natural Gas (10^8 cu.m)	热力 (万百万千焦) Heat (10^{10} kJ)	电力 (亿千瓦小时) Electricity (10^8kW•h)	其他能源 (万吨标煤) Other Energy (10^4tce)
-520.52	**1475.98**	**326.04**		**221.75**	**896.94**		**7204.90**	**1131.38**
					852.69		7318.70	
							6156.40	
							701.34	
								1131.38
183.64	2407.20	408.03		1153.21	76.34		60.06	
8.82	316.70							
-450.71	-862.41	-84.89		-305.43	-32.09		-173.86	
-28.00	-360.00							
-234.27	-25.51	2.90		-626.03				
14136.76	**1059.31**	**1830.60**	**958.52**	**7823.79**	**-163.01**	**266747.95**	**29827.80**	**-604.40**
-151.81	-193.02		-50.79	-101.15	-134.24		29827.80	-378.47
	-100.71	-1.09	-191.75	-87.77	-25.70	266747.95		-222.48
14288.57	1353.36	1831.69	1201.06	8012.71				-3.45
	-0.32				-3.07			
		2.00			**21.76**	**3168.90**	**2258.22**	
13604.83	**2533.75**	**2150.03**	**932.69**	**8030.48**	**710.43**	**263573.11**	**34773.93**	**520.31**
1134.15	1.05	4.08				82.73	939.90	
2196.99	1227.48	477.41	932.69	6789.99	402.71	183874.13	24596.27	520.31
41.52	73.65	52.09	8.02	3656.41	100.68			40.02
415.28	34.18	6.53		1240.49	0.97	641.74	421.90	
7891.96	1250.63	54.64			81.48	1489.03	617.01	
181.74	8.11	63.16			23.96	3401.91	1136.77	
652.91		1495.66			177.67	67000.22	4872.16	
491.20		1143.30			177.07	67000.22	2832.00	
161.71		352.36			0.60		2040.16	
1131.80	12.30	48.55			23.64	7083.35	2189.92	
11.42	**1.54**	**4.61**	**25.83**	**15.06**	**1.74**	**5.93**	**0.55**	**6.67**
13756.64	**2827.80**	**2153.12**	**1175.23**	**8219.40**	**895.20**	**266742.01**	**37032.15**	**1124.71**

5-2 中国能源平衡表(标准量) -2009

单位:万吨标准煤

项 目	Item	能源合计 Energy Total (发电煤耗计算法) (coal equivalent calculation)	能源合计 Energy Total (电热当量计算法) (calorific value calculation)
一.可供本地区消费的能源量	**Total Primary Energy Supply**	**311277.39**	**296657.01**
1.一次能源生产量	Indigenous Production	274618.70	259767.39
水电	Hydro Power	20058.95	7566.22
核电	Nuclear Power	2285.13	861.95
2.回收能	Recovery of Energy	7627.47	7627.47
3.进 口 量	Import	46578.21	46456.33
4.境内轮船和飞机在境外的加油量	Domestic Airplanes&Ships Refueling in Abroad	734.86	734.86
5.出 口 量(-)	Export (-)	-7544.13	-7191.33
6.境外轮船和飞机在境内的加油量(-)	Oversea Airplanes&Ships Refueling in China	-896.30	-896.30
7.库存增(-)、减(+)量	Stock Change	-9841.42	-9841.42
二.加工转换投入(-)产出(+)量	**Input(-) & Output(+) of Transformation**	**-6283.35**	**-70165.27**
1.火力发电	Thermal Power	0.00	-60527.39
2.供 热	Heating Supply	0.00	-3354.54
3.洗 选 煤	Coal Washing	-3097.97	-3097.97
4.炼 焦	Coking	-1009.53	-1009.53
5.炼 油	Petroleum Refineries	-1784.45	-1784.45
6.制 气	Gas Works	-179.14	-179.14
#焦炭再投入量(-)	Coke Input (-)	-165.93	-165.93
7.煤制品加工	Briquettes	-46.33	-46.33
三.损 失 量	**Loss**	**8065.21**	**3442.92**
四.终端消费量	**Total Final Consumption**	**292298.59**	**218419.77**
1.农、林、牧、渔、水利业	Farming, Forestry, Animal Husbandry, Fishery & Water Conservancy	6251.18	4342.87
2.工 业	Industry	205322.48	153098.71
#用作原料.材料	Non-Energy Use	11374.94	11374.94
3.建 筑 业	Construction	4562.02	3697.82
4.交通运输、仓储及邮电通迅业	Transport, Storage, Postal & Telecommunications Services	23217.96	21947.18
5.批发和零售贸易业.餐饮业	Wholesale, Retail Trade and Catering Service	6412.26	4062.72
6.生活消费	Residential Consumption	33842.88	23113.59
城 镇	Urban	20629.50	14040.16
乡 村	Rural	13213.38	9073.44
7.其他	Other	12689.81	8156.88
五.平衡差额	**Statistical Difference**	**4630.25**	**4629.05**
六.消费量合计	**Total Final Consumption**	**306647.15**	**292027.96**

ENERGY BALANCE OF CHINA -2009 (STANDARD QUANTITY)

(10 000 tce)

煤合计 Coal Total	原煤 Raw Coal	洗精煤 Cleaned Coal	其他洗煤 Other Washed Coal	型煤 Briquettes	焦炭 Coke	焦炉煤气 Coke Oven Gas	其他煤气 Other Gas	其他焦化产品 Other Coking Products	油品合计 Petroleum Products Total
215348.29	**215375.84**	**369.90**	**-393.76**	**-3.70**	**-2217.44**		**6496.09**	**164.51**	**54950.06**
212361.39	212361.39								27070.54
							6496.09		
9216.81	7525.90	1477.56	213.35		15.46			216.64	35918.28
									734.86
-1688.42	-1628.02	-57.25	-0.28	-2.87	-52.97			-52.13	-4757.34
									-896.30
-4541.49	-2883.42	-1050.40	-606.82	-0.82	-2179.94				-3120.00
-147133.17	**-154483.16**	**2453.85**	**4208.29**	**687.85**	**33108.96**	**3172.13**	**-8.62**	**775.53**	**-3062.15**
-93447.69	-91679.81	-15.17	-1752.72			-543.16	-315.31		-715.73
-11086.75	-10759.69	-2.90	-324.16			-102.46	-132.19		-564.95
-3097.97	-47489.00	37481.26	6909.77						
-38513.33	-3993.43	-34473.94	-45.96		33037.41	3702.20	20.13	744.05	
									-1781.00
-941.11	-405.70	-535.40			227.26	115.55	418.75	41.69	-0.46
					-155.71			-10.21	
-46.33	-155.53		-578.64	687.85					
									270.10
63959.78	**56942.48**	**2634.38**	**3759.73**	**623.19**	**30783.35**	**3129.97**	**6485.45**	**932.22**	**51434.98**
1232.14	1213.98		18.15		43.31				1909.46
51863.69	45844.37	2625.18	3143.67	250.47	30679.74	2870.26	6080.02	932.22	18297.51
3321.58	3044.07	134.93	132.03	10.54	1227.19	28.70		214.41	5204.03
496.47	490.90	1.01	4.56		5.52				2642.55
499.90	483.81	8.19	7.90		0.14		0.90		19553.46
1538.46	1505.37		17.12	15.96	3.83	5.45	38.56		644.62
6811.05	5969.28		490.80	350.96	47.44	239.95	365.97		5013.59
1575.77	1294.98		167.88	112.91	28.80	239.95	361.63		3713.80
5235.28	4674.30		322.92	238.05	18.65		4.34		1299.79
1518.08	1434.77		77.51	5.80	3.37	14.32			3373.80
4255.34	**3950.21**	**189.38**	**54.80**	**60.96**	**108.17**	**42.15**	**2.01**	**7.82**	**182.83**

续表

单位:万吨标准煤

项　目	Item	原油 Crude Oil	汽油 Gasoline
一.可供本地区消费的能源量	**Total Primary Energy Supply**	**54473.23**	**-1675.69**
1.一次能源生产量	Indigenous Production	27070.54	
水电	Hydro Power		
核电	Nuclear Power		
2.回收能	Recovery of Energy		
3.进 口 量	Import	29093.85	6.53
4.境内轮船和飞机在境外的加油量	Domestic Airplanes&Ships Refueling in Abroad		
5.出 口 量(-)	Export (-)	-724.66	-723.78
6.境外轮船和飞机在境内的加油量	Oversea Airplanes&Ships Refueling in China		
7.库存增(-)、减(+)量	Stock Change	-966.51	-958.44
二.加工转换投入(-)产出(+)量	**Input(-) & Output(+) of Transformation**	**-53023.59**	**10771.49**
1.火力发电	Thermal Power	-6.26	-0.13
2.供　热	Heating Supply	-2.84	
3.洗 选 煤	Coal Washing		
4.炼　焦	Coking		
5.炼　油	Petroleum Refineries	-53014.49	10771.62
6.制　气	Gas Works		
#焦炭再投入量(-)	Coke Input (-)		
7.煤制品加工	Briquettes		
三.损 失 量	**Loss**	**266.67**	
四.终端消费量	**Total Final Consumption**	**1180.25**	**9082.35**
1.农、林、牧、渔、水利业	Farming, Forestry, Animal Husbandry, Fishery & Water Conservancy		247.28
2.工　业	Industry	1180.25	987.28
#用作原料.材料	Non-Energy Use	156.97	31.69
3.建 筑 业	Construction		346.41
4.交通运输、仓储及邮电通迅业	Transport, Storage, Postal & Telecommunications Services		4239.98
5.批发和零售贸易业.餐饮业	Wholesale, Retail Trade and Catering Service		217.07
6.生活消费	Residential Consumption		1470.04
城 镇	Urban		1035.69
乡 村	Rural		434.36
7.其他	Other		1574.30
五.平衡差额	**Statistical Difference**	**2.71**	**13.44**
六.消费量合计	**Total Final Consumption**		

Continued

(10 000 tce)

煤油 Kerosene	柴油 Diesel Oil	燃料油 Fuel Oil	液化石油气 LPG	炼厂干气 Refinery Gas	其他石油制品 Other Petroleum Products	天然气 Natural Gas	热力 Heat	电力 Electricity	其他能源 Other Energy
-47.21	**-758.44**	**2108.58**	**558.93**		**290.67**	**11929.30**		**8854.82**	**1131.38**
						11340.78		8994.68	
								7566.22	
								861.95	
									1131.38
900.28	267.58	3438.93	699.49		1511.63	1015.32		73.81	
269.58	12.85	452.44							
-874.25	-656.73	-1232.04	-145.53		-400.36	-426.80		-213.67	
-341.20	-40.80	-514.30							
-1.62	-341.35	-36.44	4.97		-820.61				
2178.11	**20598.68**	**1513.32**	**3138.20**	**1506.22**	**10255.43**	**-2168.03**	**9096.10**	**36658.37**	**-604.40**
	-221.20	-275.75		-79.81	-132.59	-1785.39		36658.37	-378.47
		-143.87	-1.87	-301.32	-115.05	-341.81	9096.10		-222.48
2178.11	20819.88	1933.40	3140.07	1887.35	10503.06				-3.45
		-0.46				-40.83			
			3.43			**289.41**	**108.06**	**2775.35**	
2117.95	**19823.60**	**3619.71**	**3685.79**	**1465.63**	**10459.70**	**9448.70**	**8987.84**	**42737.16**	**520.31**
1.12	1652.57	1.50	6.99				2.82	1155.14	
47.14	3201.23	1753.58	818.42	1465.63	8843.97	5356.04	6270.11	30228.82	520.31
5.50	60.50	84.99	89.29	12.60	4762.48	1339.01			40.02
15.28	605.11	48.82	11.19		1615.73	12.88	21.88	518.52	
1933.79	11499.37	1786.66	93.67			1083.70	50.78	758.31	
42.89	264.81	11.58	108.28			318.70	116.00	1397.09	
28.18	951.35		2564.01			2363.01	2284.71	5987.88	
2.43	715.72		1959.96			2354.98	2284.71	3480.53	
25.75	235.63		604.05			8.03		2507.36	
49.55	1649.15	17.57	83.23			314.37	241.54	2691.41	
12.95	**16.64**	**2.20**	**7.91**	**40.59**	**86.39**	**23.16**	**0.20**	**0.68**	**6.67**

5-3 综合能源平衡表

单位: 万吨标准煤

项　　目	Item	1980	1985
可供消费的能源总量	**Total Energy Available for Consumption**	**61557**	**77603**
一次能源生产量	Primary Energy Output	63735	85546
回收能	Recovery of Energy		
进口量	Imports	261	340
出口量(−)	Exports (-)	3058	5774
年初年末库存差额	Stock Changes in the Year	619	-2509
能源消费总量	**Total Energy Consumption**	**60275**	**76682**
在总量中:	Consumption by Sector		
1.农、林、牧、渔业	Farming,Forestry,Animal Husbandry, Fishery Conservancy	4692	4045
2.工　业	Industry	38986	51068
3.建筑业	Construction	957	1302
4.交通运输、仓储和邮政业	Transport, Storage and Post	2902	3713
5.批发、零售业和住宿 、餐饮业	Wholesale, Retail Trade and Hotel ,Restaurants	518	766
6.其　他	Others	1205	2470
7.生活消费	Residential Consumption	11015	13318
在总量中:	Consumption by Usage		
(一) 终端消费	(I)Final Consumption	57508	73586
#工　业	Industry	38293	48021
(二) 加工转换损失量	(II)Losses in Processing and	1358	1491
#炼　焦	Coking	644	572
炼　油	Petroleum Refining	113	110
(三) 损失量	(III)Other Losses	1409	1605
平衡差额	**Balance**	**1282**	**921**

注: 1.村办工业包括在工业中(下同)。
2.电力、热力按等价热值折算,因此加工转换损失量中不包括发电、供热损失量。
3.进口量包括境内轮船和飞机在境外的加油量;出口量包括境外轮船和飞机在境内的加油量。

OVERALL ENERGY BALANCE SHEET

(10 000 tce)

1990	1995	2000	2005	2006	2007	2008	2009
96138	**129535**	**142605**	**232225**	**256034**	**274800**	**287011**	**311277**
103922	129034	135048	216219	232167	247279	260552	274619
	2312	1760	2939	3725	6166	6511	7627
1310	5456	14334	26952	31171	35062	36764	47313
5875	6776	9633	11448	10925	9995	9955	8440
-3219	-491	1097	-2436	-104	-3711	-6860	-9841
98703	**131176**	**145531**	**235997**	**258676**	**280508**	**291448**	**306647**
4852	5505	3914	6071	6331	6228	6013	6251
67578	96191	103774	168724	184945	200531	209302	219197
1213	1335	2179	3403	3761	4128	3813	4562
4541	5863	11242	18391	20284	21959	22917	23692
1247	2018	3048	4848	5314	5689	5734	6412
3473	4519	5762	9255	10276	11158	11771	12690
15799	15745	15614	25305	27765	30814	31898	33843
94289	124252	139008	225690	247520	268610	278546	292299
63239	89473	97597	158767	174225	189032	196832	205322
2264	3634	2461	3823	4056	4241	5166	6283
905		525	702	734	854	819	1010
326		781	1305	1391	1325	1380	1784
2150	3289	4062	6483	7100	7657	7736	8065
-2565	**-1641**	**-2926**	**-3772**	**-2642**	**-5708**	**-4437**	**4630**

a) Data on industry include the data of village-run industry.(The sane as in the following tables).

b) Electric power and heat are converted on the basic of equal caloric value. Therefore, losses in processing and transformation exclude losses in power generation and heating.

c) Data on imports include the petroleum consumed by the domestic airplanes and ships in refueling abroad.Data on exports include the petroleum consumed by the oversea airplanes and ships in refueling in China.

5-4 煤炭平衡表

单位: 万吨

项目	Item	1980	1985
可供量	**Total Energy Available for Consumption**	**62601.0**	**82776.6**
生产量	Output	62015.0	87228.4
进口量	Imports	199.0	230.7
出口量(−)	Exports (-)	632.0	777.0
年初年末库存差额	Stock Changes in the Year	1019.0	-3905.5
消费量	**Total Energy Consumption**	**61009.5**	**81603.0**
在消费量中:	Consumption by Sector		
1.农、林、牧、渔 业	Farming,Forestry,Animal Husbandry, Fishery Conservancy	1550.3	2208.6
2.工 业	Industry	43848.4	58613.3
3.建筑业	Construction	556.0	531.9
4.交通运输、仓储和邮政业	Transport, Storage and Post	1934.4	2307.1
5.批发、零售业和住宿 、餐饮业	Wholesale, Retail Trade and Hotel ,Restaurants	455.2	738.2
6.其 他	Other	1091.2	1579.5
7.生活消费	Residential Consumption	11574.0	15624.4
在消费量中:	Consumption by Usage		
(一) 终端消费	(I)Final Consumption	38804.2	52704.4
#工 业	Industry	21643.1	29715.0
(二) 中间消费	(2)Intermediate Consumption		
(用于加工转换)	(Consumed in Transformation)	19461.6	25397.4
发 电	Power Generation	12648.4	16440.7
供 热	Heating		1462.3
炼 焦	Coking	6682.2	7303.8
制 气	Gas Production	131.0	190.6
(三) 洗选损耗	(3) Losses in Coal Washing and Dressing	2743.7	3501.2
平衡差额	**Balance**	**1591.5**	**1173.6**

注:生产量为原煤产量。

COAL BALANCE SHEET

(10 000 ton)

1990	1995	2000	2005	2006	2007	2008	2009
102221.0	**133461.7**	**136794.5**	**226941.0**	**251336.3**	**265543.5**	**275061.1**	**301283.8**
107988.3	136073.1	138418.5	234951.8	252855.1	269164.3	280200.0	297300.0
200.3	163.5	217.9	2617.1	3810.5	5101.6	4034.1	12584.0
1729.0	2861.7	5506.5	7172.4	6327.3	5318.7	4543.4	2239.6
-4238.5	86.8	3664.7	-3455.4	997.9	-3403.6	-4629.6	-6360.6
105523.0	**137676.5**	**141091.7**	**231851.1**	**255065.5**	**272745.9**	**281095.9**	**295833.1**
2095.2	1856.7	933.4	1513.8	1502.6	1519.6	1522.6	1582.1
81090.9	117570.7	127806.7	215493.3	238510.2	256202.8	265574.2	279888.5
437.6	439.8	536.8	603.6	652.0	615.3	603.2	635.6
2160.9	1315.1	882.2	811.2	769.9	735.9	665.4	640.9
1058.3	977.4	1314.6	1674.4	1791.5	1868.3	1791.4	1977.9
1980.4	1986.7	1161.0	1715.0	1802.9	2043.4	1791.6	1986.1
16699.7	13530.1	8457.0	10039.0	10036.3	9760.6	9147.6	9121.9
60205.9	66156.1	55913.1	75382.7	77532.6	79676.6	81089.2	83700.5
35773.8	46050.3	42628.0	59024.9	60977.4	63133.5	65567.5	67755.9
41257.8	69487.6	85178.6	156468.4	177532.8	193069.3	200006.7	212132.6
27204.3	44440.2	55811.2	103263.5	118763.9	130548.8	135351.7	143967.3
2995.5	5887.3	8794.1	13542.0	14561.4	15394.2	15029.2	15359.7
10697.6	18396.4	16496.4	33167.1	37450.1	39659.0	41461.7	43691.7
360.4	763.7	960.0	1277.0	1257.1	1491.8	1227.2	1150.7
4059.3	2032.8	3191.2	4982.1	5279.3	5754.6	6757.8	7765.5
-3302.0	**-4214.8**	**-4297.2**	**-4910.0**	**-3729.2**	**-7202.4**	**-6034.9**	**5450.7**

a) Data on output refer to the output of raw coal.

5-5 焦炭平衡表

单位: 万吨

项　目	Item	1980	1985
可供量	**Total Energy Available for Consumption**	**4315.3**	**4689.7**
生产量	Output	4343.0	4802.1
进口量	Imports		2.1
出口量(−)	Exports (-)	27.1	36.9
年初年末库存差额	Stock Changes in the Year	-0.6	-77.6
消费量	**Total Energy Consumption**	**4303.0**	**4689.7**
在消费量中:	Consumption by Sector		
1. 农、林、牧、渔 业	Farming,Forestry,Animal Husbandry, Fishery Conservancy	10.6	20.8
2. 工　业	Industry	4266.7	4627.7
3. 建筑业	Construction	11.9	7.8
4. 交通运输、仓储和邮政业	Transport, Storage and Post	8.2	5.7
5. 批发、零售业和住宿 、餐饮业	Wholesale, Retail Trade and Hotel ,Restaurants	0.9	2.7
6. 其　他	Other	4.7	2.0
7. 生活消费	Residential Consumption		23.0
在消费量中:	Consumption by Usage		
(一) 终端消费	(1)Final Consumption	4294.7	4677.9
#工　业	Industry	4258.4	4615.9
(二) 中间消费	(2)Intermediate Consumption		
(用于加工转换)	(Consumed in Transformation)	8.3	11.8
制　气	Gas Production	8.3	11.8
(三) 损失量	(3) Losses in Coal Washing and Dressing		
平衡差额	**Balance**	**12.3**	

COKE BALANCE SHEET

(10 000 ton)

	1990	1995	2000	2005	2006	2007	2008	2009
	7085.8	**12207.1**	**10892.3**	**25184.4**	**27990.5**	**29090.1**	**29994.0**	**31961.3**
	7328.3	13424.5	12184.0	26611.7	29768.3	31305.3	32313.9	34244.1
		0.1		0.5	0.0			15.9
	129.0	886.1	1519.7	1276.4	1446.8	1529.9	1221.3	54.5
	-113.5	-331.4	228.0	-151.4	-331.1	-685.3	-1098.6	-2244.1
	6914.7	**10725.3**	**10840.8**	**25105.8**	**27892.8**	**29168.1**	**29900.2**	**31850.0**
	60.1	128.6	70.9	63.5	55.7	57.2	53.1	44.6
	6808.8	10412.0	10554.6	24860.9	27653.6	28932.2	29756.7	31743.3
	5.2	10.8	19.0	18.4	18.5	17.5	10.7	5.7
	4.1	10.1	11.2	1.1	0.9	0.6	0.3	0.1
	7.7	25.7	35.7	64.1	65.4	71.0	7.5	3.9
	1.9	6.4	12.2	7.6	8.3	8.2	6.9	3.5
	26.9	131.6	137.2	90.3	90.4	81.4	64.9	48.8
	6846.3	10648.0	10697.9	24877.9	27664.9	28900.1	29712.6	31689.7
	6740.4	10334.7	10411.7	24633.0	27425.6	28664.2	29569.1	31583.0
	68.4	77.3	142.9	227.9	227.9	268.0	187.6	160.3
	68.4	77.3	142.9	227.9	227.9	268.0	187.6	160.3
	171.1	**1481.8**	**51.6**	**78.6**	**97.7**	**-78.1**	**93.8**	**111.4**

5-6 石油平衡表

单位: 万吨

项　　目	Item	1980	1985
可供量	**Total Energy Available for Consumption**	**8794.5**	**9193.7**
生产量	Output	10594.6	12489.5
进口量	Imports	82.7	90.0
出口量(-)	Exports (-)	1806.2	3630.4
年初年末库存差额	Stock Changes in the Year	-76.6	244.6
消费量	**Total Energy Consumption**	**8757.4**	**9168.8**
在消费量中:	Consumption by Sector		
1. 农、林、牧、渔 业	Farming,Forestry,Animal Husbandry, Fishery Conservancy	814..9	758.7
2. 工　业	Industry	6203.2	6171.4
3. 建筑业	Construction	175.2	292.2
4. 交通运输、仓储和邮政业	Transport, Storage and Post	911.5	1176.4
5. 批发、零售业和住宿 、餐饮业	Wholesale, Retail Trade and Hotel ,Restaurants	29.0	38.1
6. 其　他	Other	481.7	506.1
7. 生活消费	Residential Consumption	141.9	225.9
在消费量中:	Consumption by Usage	8838.9	
(一) 终端消费	(I)Final Consumption	6311.0	7063.3
#工　业	Industry	3780.3	4462.0
(二) 中间消费	(II)Intermediate Consumption		
(用于加工转换)	(Consumed in Transformation)	2183.6	1858.5
发　电	Power Generation	2065.4	1425.5
供　热	Heating		285.6
制　气	Gas Production	36.7	34.5
炼油损失量	Losses in Petroleum Refining	81.5	112.9
(三)损失量	(III) Other Losses	262.8	247.0
平衡差额	**Balance**	**37.1**	**24.9**

注: 1.生产量为原油产量。
2.进口量包括境内轮船和飞机在境外的加油量;出口量包括境外轮船和飞机在境内的加油量。

PETROLEUM BALANCE SHEET

(10 000 ton)

1990	1995	2000	2005	2006	2007	2008	2009
11435.0	**16072.7**	**22631.8**	**32539.1**	**34930.0**	**36648.9**	**37318.8**	**38462.8**
13830.6	15005.0	16300.0	18135.3	18476.6	18631.8	19044.0	18949.0
755.6	3673.2	9748.5	17163.2	19453.0	21139.4	23015.5	25642.4
3110.4	2454.5	2172.1	2888.1	2626.2	2664.3	2945.7	3916.6
-40.8	-151.0	-1244.6	128.8	-373.3	-458.0	-1795.0	-2211.9
11485.6	**16064.9**	**22495.9**	**32537.7**	**34876.2**	**36658.7**	**37302.9**	**38384.5**
1033.6	1203.2	788.5	1451.7	1540.2	1399.9	1265.8	1308.1
7321.6	9349.3	11248.5	14245.1	14804.3	14905.1	15603.1	15692.9
327.3	242.8	840.6	1502.2	1648.5	1823.1	1517.5	1942.3
1683.2	2863.6	6399.0	10709.5	11849.2	12906.7	13279.4	13548.5
77.6	333.9	247.0	375.6	392.2	426.9	366.4	429.7
757.8	1390.3	1635.9	1969.2	2077.6	2215.9	2353.8	2296.3
284.5	682.0	1336.5	2284.4	2564.2	2981.1	2916.9	3166.8
9304.7	13676.3	19950.1	29191.6	31614.1	33857.6	34702.9	35689.9
5180.4	7095.5	8860.0	11027.5	11707.5	12269.2	13170.8	13153.7
1630.4	2230.0	2352.9	3190.7	3062.1	2601.2	2397.6	2505.9
1234.4	1358.5	1178.2	1602.0	1343.7	884.0	618.1	501.2
356.3	399.9	427.0	407.6	427.8	430.1	413.8	383.3
39.7	51.6	25.9	14.4	13.4	5.0	2.0	0.3
295.8	420.1	721.9	1166.7	1277.3	1282.1	1363.7	1621.1
254.7	158.6	192.9	155.4	200.0	200.0	202.4	188.7
-50.6	**7.8**	**135.8**	**1.4**	**53.8**	**-9.9**	**15.9**	**78.3**

a) Data on output refer to the output of crude oil.

b) Data on imports include the petroleum consumed by the domestic airplanes and ships in refueling abroad. Data on exports include the petroleum consumed by the oversea airplanes and ships in refueling in China.

5-7 原油平衡表

单位: 万吨

项　　目	Item	1980	1985
可供量	**Total Energy Available for Consumption**	**9222.9**	**9516.5**
生产量	Output	10594.6	12489.5
进口量	Imports	36.6	
出口量(−)	Exports (-)	1330.9	3003.0
年初年末库存差额	Stock Changes in the Year	-77.4	30.0
消费量	**Total Energy Consumption**	**9205.0**	**9509.5**
在消费量中:	Consumption by Sector		
1. 农、林、牧、渔 业	Farming,Forestry,Animal Husbandry, Fishery Conservancy	8.0	0.8
2. 工　业	Industry	9112.0	9389.9
3. 建筑业	Construction	28.8	74.0
4. 交通运输、仓储和邮政业	Transport, Storage and Post	50.1	44.3
5. 批发、零售业和住宿 、餐饮业	Wholesale, Retail Trade and Hotel ,Restaurants		0.1
6. 其　他	Other	6.1	0.4
7. 生活消费	Residential Consumption		
在消费量中:	Consumption by Usage		
(一) 终端消费	(I)Final Consumption	499.6	350.4
#工　业	Industry	429.7	254.9
(二) 中间消费	(II)Intermediate Consumption		
(用于加工转换)	(Consumed in Transformation)	8443.0	8929.7
发　电	Power Generation	574.0	279.5
供　热	Heating		61.3
炼　油	Petroleum Refineries	7869.0	8588.9
(三) 油田原油损失量	(III)Losses in Oil Field for Crude Oil	262.4	229.4
平衡差额	**Balance**	**17.9**	**7.0**

CRUDE OIL BALANC SHEET

(10 000 ton)

1990	1995	2000	2005	2006	2007	2008	2009
11770.6	**14794.9**	**21383.0**	**30089.2**	**32249.2**	**34035.1**	**35498.6**	**38130.5**
13830.6	15004.4	16300.0	18135.3	18476.6	18631.8	19044.0	18949.0
292.3	1709.0	7026.5	12681.7	14517.5	16316.0	17888.5	20365.3
2399.0	1822.7	1030.6	806.7	633.7	388.4	423.8	507.3
46.7	-95.8	-912.9	78.8	-111.1	-524.4	-1010.1	-676.5
11762.2	**14886.4**	**21232.0**	**30086.2**	**32245.2**	**34031.6**	**35498.2**	**38128.6**
0.2	10.1						
11653.8	14716.3	21052.1	29959.4	32081.5	33867.9	35332.6	37975.2
55.2	2.7	3.3					
52.1	156.8	175.1	126.9	163.7	163.7	165.7	153.4
0.3	0.5	0.2					
0.6	1390.3	1.4					
402.1	309.9	636.8	870.4	977.1	984.1	1192.8	826.2
333.4	274.7	612.3	870.4	977.1	984.1	1192.8	826.2
11106.9	14419.4	20404.3	29062.1	31069.8	32849.1	34105.1	37115.8
124.6	61.6	85.0	21.3	22.9	15.9	8.9	4.4
21.1	4.4	14.0	0.3	0.8	0.6	1.0	2.0
10961.2	14353.4	20305.3	29040.5	31046.0	32832.6	34095.3	37109.4
253.2	157.1	190.9	153.8	198.4	198.4	200.4	186.7
8.4	**-91.5**	**151.0**	**2.9**	**4.0**	**3.5**	**0.4**	**1.9**

5-8 燃料油平衡表

单位: 万吨

项　目	Item	1980	1985
可供量	**Total Energy Available for Consumption**	**3096.1**	**2848.0**
生产量	Output	3142.0	2835.8
进口量	Imports	39.0	70.0
出口量(−)	Exports (-)	45.4	64.9
年初年末库存差额	Stock Changes in the Year	-39.5	7.1
消费量	**Total Energy Consumption**	**3073.7**	**2837.4**
在消费量中:	Consumption by Sector		
1. 农、林、牧、渔 业	Farming,Forestry,Animal Husbandry, Fishery Conservancy	2.3	3.1
2. 工　业	Industry	2937.4	2662.2
3. 建筑业	Construction	15.0	18.9
4. 交通运输、仓储和邮政业	Transport, Storage and Post	109.0	144.1
5. 批发、零售业和住宿 、餐饮业	Wholesale, Retail Trade and Hotel ,Restaurants	2.9	3.1
6. 其　他	Other	7.1	6.0
7. 生活消费	Residential Consumption		
在消费量中:	Consumption by Usage		
(一) 终端消费	(I)Final Consumption	1617.9	1538.8
#工　业	Industry	1481.6	1363.5
(二) 中间消费	(II)Intermediate Consumption		
(用于加工转换)	(Consumed in Transformation)	1455.8	1296.1
发　电	Power Generation	1419.1	1042.3
供　热	Heating		219.3
制　气	Gas Production	36.7	34.5
(三)损失量	(III)Other Losses		2.5
平衡差额	**Balance**	**22.4**	**10.6**

FUEL OIL BALANCE SHEET

(10 000 ton)

1990	1995	2000	2005	2006	2007	2008	2009
3320.7	**3717.3**	**3836.7**	**4237.3**	**4371.8**	**4158.4**	**3242.4**	**2829.3**
3267.9	2960.8	2053.7	1767.4	1784.7	1967.2	1737.4	1353.4
167.3	859.1	1704.3	2883.9	3138.1	2807.6	2533.2	2723.9
97.2	68.6	57.9	427.6	466.9	631.4	1036.4	1222.4
-17.3	-34.0	136.6	13.5	-84.1	14.9	8.3	-25.5
3367.8	**3693.7**	**3872.8**	**4242.1**	**4368.3**	**4157.5**	**3237.1**	**2827.8**
2.9	8.4	0.4	0.7	0.7	1.0	1.5	1.1
3091.7	3406.2	2975.1	2924.8	2836.1	2329.2	2039.5	1521.5
47.3	14.2	16.7	14.2	16.3	30.7	37.7	34.2
208.2	227.5	850.0	1261.0	1480.6	1760.0	1142.8	1250.6
1.6	6.6	11.6	27.5	21.4	24.8	6.3	8.1
16.1	30.8	19.0	13.9	13.1	11.8	9.5	12.3
2042.6	2262.8	2741.4	2949.9	3267.7	3455.5	2757.8	2533.7
1766.5	1975.3	1843.7	1632.6	1735.5	1627.2	1560.1	1227.5
1325.2	1430.9	1131.3	1292.2	1100.6	702.0	479.3	294.1
977.3	1071.5	814.2	1106.1	928.0	565.6	347.5	193.0
308.3	307.8	291.2	171.7	159.2	131.5	129.8	100.7
39.6	51.6	25.9	14.4	13.4	5.0	2.0	0.3
-47.1	**23.6**	**-36.1**	**-4.8**	**3.5**	**0.9**	**5.3**	**1.5**

5-9 汽 油 平 衡 表

单位: 万吨

项　　目	Item	1980	1985
可供量	**Total Energy Available for Consumption**	**999.4**	**1399.6**
生产量	Output	1079.0	1471.9
进口量	Imports		0.3
出口量(−)	Exports (-)	117.8	129.9
年初年末库存差额	Stock Changes in the Year	38.2	57.3
消费量	**Total Energy Consumption**	**998.6**	**1396.3**
在消费量中:	Consumption by Sector		
1. 农、林、牧、渔 业	Farming,Forestry,Animal Husbandry, Fishery Conservancy	53.3	122.3
2. 工　业	Industry	273.2	451.3
3. 建筑业	Construction	54.1	73.0
4. 交通运输、仓储和邮政业	Transport, Storage and Post	404.9	477.4
5. 批发、零售业和住宿 、餐饮业	Wholesale, Retail Trade and Hotel ,Restaurants	19.4	23.4
6. 其　他	Other	193.7	238.3
7. 生活消费	Residential Consumption		10.6
平衡差额	**Balance**	**0.8**	**3.3**

5-10 煤 油 平 衡 表

单位: 万吨

项　　目	Item	1980	1985
可供量	**Total Energy Available for Consumption**	**359.0**	**383.2**
生产量	Output	398.5	405.3
进口量	Imports		15.2
出口量(−)	Exports (-)	46.8	46.0
年初年末库存差额	Stock Changes in the Year	2.3	8.7
消费量	**Total Energy Consumption**	**365.9**	**385.5**
在消费量中:	Consumption by Sector		
1. 农、林、牧、渔 业	Farming,Forestry,Animal Husbandry, Fishery Conservancy	2.3	3.3
2. 工　业	Industry	15.7	20.1
3. 建筑业	Construction	0.8	1.3
4. 交通运输、仓储和邮政业	Transport, Storage and Post	31.4	56.2
5. 批发、零售业和住宿 、餐饮业	Wholesale, Retail Trade and Hotel ,Restaurants	0.2	0.1
6. 其　他	Other	216.7	182.9
7. 生活消费	Residential Consumption	98.8	121.6
平衡差额	**Balance**	**-6.9**	**-2.3**

GASOLINE BALANCE SHEET

(10 000 ton)

1990	1995	2000	2005	2006	2007	2008	2009
1884.1	**2902.0**	**3504.5**	**4854.7**	**5243.0**	**5519.3**	**6147.6**	**6181.8**
2173.4	3051.6	4134.7	5433.0	5595.0	5917.9	6347.2	7320.7
16.9	15.9	0.0	0.0	6.1	22.7	198.7	4.4
233.8	193.1	467.7	559.7	350.5	464.3	203.4	491.9
-72.4	27.6	-162.5	-18.6	-7.5	42.9	-194.9	-651.4
1899.5	**2909.6**	**3504.6**	**4854.9**	**5242.5**	**5519.1**	**6145.5**	**6172.7**
145.9	179.7	89.2	159.6	167.7	172.8	160.4	168.1
589.3	812.4	682.0	441.7	498.5	524.5	586.1	671.1
89.5	103.6	115.6	172.1	180.7	178.8	196.2	235.4
620.1	982.3	1527.8	2430.1	2592.4	2613.2	3090.4	2881.6
46.0	197.2	69.8	129.4	123.3	131.7	135.3	147.5
390.7	570.7	792.7	998.2	1064.1	1119.7	1121.9	1069.9
18.0	63.7	227.6	523.8	615.7	778.4	855.1	999.1
-15.4	**-7.6**	**-0.1**	**-0.2**	**0.5**	**0.2**	**2.1**	**9.1**

KEROSENE BALANCE SHEET

(10 000 ton)

1990	1995	2000	2005	2006	2007	2008	2009
350.9	**486.4**	**880.9**	**1070.0**	**1117.9**	**1239.2**	**1290.4**	**1448.2**
392.5	445.8	872.3	1006.5	975.5	1153.3	1158.9	1480.3
26.1	115.7	322.5	476.1	731.7	725.0	836.8	795.1
55.5	62.4	256.3	447.6	584.4	637.1	706.5	826.1
-12.2	-12.7	-57.6	35.0	-4.9	-2.0	1.3	-1.1
350.9	**512.1**	**871.6**	**1076.8**	**1124.7**	**1243.7**	**1294.0**	**1439.4**
3.1	3.6	1.5	1.6	1.5	0.9	1.3	0.8
20.6	44.9	84.0	57.5	48.2	45.2	49.1	32.0
1.3	3.5	4.0				9.7	10.4
93.4	250.0	535.9	952.4	1010.5	1130.0	1174.6	1314.3
0.6	8.5	14.0	3.7	3.8	4.9	20.8	29.1
127.3	137.3	160.1	36.2	38.0	43.2	25.9	33.7
104.6	64.3	72.2	25.5	22.7	19.5	12.7	19.2
	-25.7	**9.3**	**-6.8**	**-6.9**	**-4.5**	**-3.6**	**8.8**

5-11 柴油平衡表

单位：万吨

项　目	Item	1980	1985
可供量	**Total Energy Available for Consumption**	**1663.2**	**1944.1**
生产量	Output	1827.8	2023.2
进口量	Imports	2.1	4.5
出口量(-)	Exports (-)	166.5	225.6
年初年末库存差额	Stock Changes in the Year	-0.2	142.0
消费量	**Total Energy Consumption**	**1663.2**	**1939.4**
在消费量中:	Consumption by Sector		
1. 农、林、牧、渔 业	Farming,Forestry,Animal Husbandry, Fishery Conservancy	749.0	629.2
2. 工　业	Industry	457.4	644.1
3. 建筑业	Construction	76.5	125.0
4. 交通运输、仓储和邮政业	Transport, Storage and Post	316.1	454.4
5. 批发、零售业和住宿 、餐饮业	Wholesale, Retail Trade and Hotel ,Restaurants	6.5	10.9
6. 其　他	Other	57.7	74.0
7. 生活消费	Residential Consumption		
在消费量中:	Consumption by Usage		
(一) 终端消费	(I)Final Consumption	1590.9	1827.4
#工　业	Industry	385.1	532.1
(二) 中间消费	(II)Intermediate Consumption		
(用于加工转换)	(Consumed in Transformation)	72.3	108.6
发　电	Power Generation	72.3	103.6
供　热	Heating		5.0
(三) 损失量	(III)Other Losses		3.4
平衡差额	**Balance**		**4.7**

5-12 液化石油气平衡表

单位：万吨

项　目	Item	1980	1985
可供量	**Total Energy Available for Consumption**	**122.5**	**157.3**
生产量	Output	122.5	159.7
进口量	Imports		
出口量(-)	Exports (-)		1.9
年初年末库存差额	Stock Changes in the Year		-0.5
消费量	**Total Energy Consumption**	**119.6**	**155.7**
在消费量中:	Consumption by Sector		
1. 农、林、牧、渔 业	Farming,Forestry,Animal Husbandry, Fishery Conservancy		
2. 工　业	Industry	76.1	59.9
3. 建筑业	Construction		
4. 交通运输、仓储和邮政业	Transport, Storage and Post		
5. 批发、零售业和住宿 、餐饮业	Wholesale, Retail Trade and Hotel ,Restaurants		0.5
6. 其　他	Other	0.4	4.5
7. 生活消费	Residential Consumption	43.1	90.8
平衡差额	**Balance**	**2.9**	**1.6**

DIESEL OIL BALANCE SHEET

(10 000 ton)

1990	1995	2000	2005	2006	2007	2008	2009
2689.4	**4404.2**	**6806.5**	**10972.6**	**11836.1**	**12494.2**	**13543.1**	**13768.1**
2609.0	3972.6	7079.6	11090.2	11762.4	12359.1	13409.2	14288.6
233.8	645.3	51.9	61.0	80.7	173.7	633.1	192.5
169.8	169.5	77.5	170.9	102.6	93.3	89.1	478.7
16.4	-44.2	-247.6	-7.7	95.6	54.7	-410.0	-234.3
2691.7	**4321.4**	**6806.2**	**10972.2**	**11835.4**	**12496.7**	**13532.6**	**13756.6**
881.5	1001.4	697.1	1286.3	1365.5	1219.0	1098.9	1134.1
728.1	1189.9	1696.5	1991.3	1961.6	1972.8	2517.0	2348.8
133.0	118.2	205.9	386.6	428.7	433.8	370.8	415.3
709.4	1246.6	3293.8	5890.4	6547.3	7184.4	7649.3	7892.0
22.5	103.6	95.9	116.0	129.8	133.9	152.7	181.7
217.0	645.7	638.7	895.1	933.0	1007.5	1151.8	1131.8
	16.1	178.4	406.4	469.6	545.3	592.1	652.9
2564.8	4070.0	6578.6	10605.4	11522.7	12265.3	13347.5	13604.8
601.2	938.5	1468.8	1624.5	1648.9	1741.4	2331.9	2197.0
126.9	251.4	227.7	366.7	312.7	231.4	185.1	151.8
124.5	204.9	227.7	366.7	312.7	231.4	185.1	151.8
2.4	46.6						
-2.3	**82.7**	**0.3**	**0.4**	**0.7**	**-2.4**	**10.6**	**11.4**

LPG BALANCE SHEET

(10 000 ton)

1990	1995	2000	2005	2006	2007	2008	2009
258.5	**774.3**	**1396.2**	**2052.2**	**2252.5**	**2320.2**	**2114.3**	**2157.7**
261.6	540.8	916.6	1432.7	1745.3	1944.7	1914.8	1831.7
	232.6	481.7	617.0	535.6	405.4	259.2	408.0
1.1	7.1	1.6	2.7	15.1	33.8	67.9	84.9
-2.0	8.0	-0.6	5.2	-13.3	3.8	8.1	2.9
254.2	**750.6**	**1389.7**	**2046.5**	**2207.6**	**2327.9**	**2118.9**	**2153.1**
	0.1	0.4	3.5	4.7	6.2	3.7	4.1
82.0	192.5	426.1	534.4	541.2	455.6	499.4	478.5
1.0	0.5	8.9	6.3	7.5	7.2	6.2	6.5
	0.5	16.5	48.7	54.7	55.5	56.7	56.6
6.6	17.4	55.5	99.0	113.9	131.6	51.4	63.2
6.1	5.7	24.0	25.8	29.4	33.8	44.7	48.6
158.5	534.0	858.3	1328.7	1456.2	1637.9	1457.0	1495.7
4.3	**23.7**	**6.5**	**5.7**	**44.9**	**-7.6**	**-4.7**	**4.6**

5-13 天然气平衡表

单位: 亿立方米

项　　目	Item	1980	1985
可供量	**Total Energy Available for Consumption**	**142.7**	**129.3**
生产量	Output	142.7	129.3
进口量	Imports		
出口量(-)	Exports (-)		
年初年末库存差额	Stock Changes in the Year		
消费量	**Total Energy Consumption**	**140.6**	**129.3**
在消费量中:	Consumption by Sector		
1. 农、林、牧、渔 业	Farming,Forestry,Animal Husbandry, Fishery Conservancy		
2. 工　业	Industry	131.4	109.6
3. 建筑业	Construction	6.0	14.1
4. 交通运输、仓储和邮政业	Transport, Storage and Post	0.7	0.8
5. 批发、零售业和住宿 、餐饮业	Wholesale, Retail Trade and Hotel ,Restaurants		
6. 其　他	Other	0.5	0.5
7. 生活消费	Residential Consumption	2.0	4.3
平衡差额	**Balance**	**2.1**	

5-14 电力平衡表

单位: 亿千瓦小时

项　　目	Item	1980	1985
可供量	**Total Energy Available for Consumption**	**3006.3**	**4117.6**
生产量	Output	3006.3	4106.9
水　电	Hydropower	582.1	923.7
火　电	Thermal Power	2424.2	3183.2
核　电	Nuclear Power		
进口量	Imports		11.1
出口量(-)	Exports (-)		0.4
消费量	**Total Energy Consumption**	**3006.3**	**4117.6**
在消费量中:	Consumption by Sector		
1. 农、林、牧、渔 业	Farming,Forestry,Animal Husbandry, Fishery Conservancy	270	317.4
2. 工　业	Industry	2471.9	3283.4
3. 建筑业	Construction	47.1	71.2
4. 交通运输、仓储和邮政业	Transport, Storage and Post	26.5	63.4
5. 批发、零售业和住宿 、餐饮业	Wholesale, Retail Trade and Hotel ,Restaurants	16.8	38.0
6. 其　他	Others	68.8	121.7
7. 生活消费	Residential Consumption	105.2	222.5
在消费量中:	Consumption by Usage		
(一) 终端消费	(I)Final Consumption	2763.4	3813.3
#工　业	Industry	2229.0	2979.1
(二) 输配电损失量	(II)Losses in Transmission	242.9	304.3

NATURAL GAS BALANCE SHEET

(100 million cu.m)

1990	1995	2000	2005	2006	2007	2008	2009
153.0	**179.5**	**240.6**	**463.5**	**566.1**	**706.6**	**816.6**	**896.9**
153.0	179.5	272.0	493.2	585.5	692.4	803.0	852.7
				9.5	40.2	46.0	76.3
		31.4	29.7	29.0	26.0	32.5	32.1
152.5	**177.4**	**245.0**	**467.6**	**561.4**	**705.2**	**812.9**	**895.2**
120.2	154.4	199.0	328.8	384.0	479.7	531.6	577.9
10.6	0.3	0.8	1.5	1.7	2.1	1.0	1.0
1.9	1.6	8.8	38.0	47.2	46.9	71.6	91.1
	0.6	3.4	10.8	13.2	17.1	17.8	24.0
1.2	1.2	0.6	9.1	12.8	16.1	20.9	23.6
18.6	19.4	32.3	79.4	102.6	143.4	170.1	177.7
0.5	**2.1**	**-4.4**	**-4.1**	**4.6**	**1.4**	**3.7**	**1.7**

ELECTRICITY BALANCE SHEET

(100 million kW•h)

1990	1995	2000	2005	2006	2007	2008	2009
6230.4	**10023.4**	**13472.7**	**24940.8**	**28588.4**	**32712.4**	**34540.8**	**37032.7**
6212.0	10077.3	13556.0	25002.6	28657.3	32815.5	34668.8	37146.5
1267.2	1905.8	2224.1	3970.2	4357.9	4852.6	5851.9	6156.4
4944.8	8043.2	11141.9	20473.4	23696.0	27229.3	27900.8	29827.8
	128.3	167.4	530.9	548.4	621.3	683.9	701.3
19.3	6.4	15.5	50.1	53.9	42.5	38.4	60.1
0.9	60.3	98.8	111.9	122.7	145.7	166.4	173.9
6230.4	**10023.4**	**13472.4**	**24940.3**	**28588.0**	**32711.8**	**34541.4**	**37032.2**
426.8	582.4	533.0	776.3	827.0	879.0	887.1	939.9
4873.3	7659.8	10004.6	18521.7	21267.7	24290.8	25388.6	26854.5
65.0	159.6	159.8	233.9	271.0	309.0	367.3	421.9
105.9	182.3	281.2	430.3	467.4	531.9	571.8	617.0
76.2	199.5	418.7	752.3	847.3	929.8	1017.4	1136.8
202.4	234.2	623.2	1340.9	1555.9	1708.6	1913.0	2189.9
480.8	1005.6	1452.0	2884.8	3351.6	4062.7	4396.1	4872.2
5795.8	9278.9	12535.7	23233.8	26729.1	30650.1	32403.5	34773.9
4438.7	6915.3	9067.9	16815.2	19408.9	22229.1	23250.8	24596.3
434.6	744.5	936.7	1706.5	1858.8	2061.7	2137.9	2258.2

六、地区能源平衡表

Chapter 6　Energy Balance Table by Region

6-1 北京能源平衡表(实物量)-2009

项　　目	Item	煤合计(万吨) Coal Total (10^4 tn)	原煤(万吨) Raw Coal (10^4 tn)
一.可供本地区消费的能源量	**Total Primary Energy Supply**	**2547.74**	**2336.70**
1.一次能源生产量	Indigenous Production	641.25	641.25
2.回收能	Recovery of Energy		
3.外省(区、市)调入量	Moving In from Other Provinces	2561.58	2350.00
4.进口量	Import		
5.境内轮船和飞机在境外的加油量	Chinese Airplanes & Ships in Refueling Abroad		
6.本省(区、市)调出量(−)	Sending Out to Other Provinces(-)	-532.32	-532.32
7.出口量(−)	Export(-)	-132.24	-132.24
8.境外轮船和飞机在境内的加油量(−)	Foreign Airplanes & Ships in Refueling in China		
9.库存增(−)、减(+)量	Stock Change	9.47	10.01
二.加工转换投入(−)产出(+)量	**Input(-) & Output(+) of Transformation**	**-1460.59**	**-1254.11**
1.火力发电	Thermal Power	-675.04	-665.16
2.供热	Heating Supply	-573.26	-559.12
3.洗选煤	Coal Washing	-1.00	-13.49
4.炼焦	Coking	-214.27	-0.58
5.炼油	Petroleum Refineries		
6.制气	Gas Works		
#焦炭再投入量(−)	Coke Input(-)		
7.煤制品加工	Briquettes	2.98	-15.76
三.损失量	**Loss**		
四.终端消费量	**Total Final Consumption**	**1204.11**	**1198.50**
1.农、林、牧、渔、水利业	Farming, Forestry, Animal Husbandry, Fishery & Water Conservancy	47.84	47.84
2.工业	Industry	547.01	541.39
#用作原料、材料	Non-Energy Use		0.49
3.建筑业	Construction	20.02	20.02
4.交通运输、仓储和邮政业	Transport, Storage and Post	25.15	25.15
5.批发、零售业和住宿、餐饮业	Wholesale,Retail Trade and Hotel,Restaurants	43.45	43.45
6.生活消费	Residential Consumption	273.55	273.55
城镇	Urban	68.85	68.85
乡村	Rural	204.70	204.70
7.其他	Other	247.09	247.09
五.平衡差额	**Statistical Difference**	**-116.96**	**-115.91**
六.消费量合计	**Sum of Consumption**	**2664.70**	**2452.61**

ENERGY BALANCE OF BEIJING-2009 (PHYSICAL QUANTITY)

洗精煤 (万吨) Cleaned Coal (10^4 tn)	其他洗煤 (万吨) Other Washed Coal (10^4 tn)	型煤 (万吨) Briquettes (10^4 tn)	焦炭 (万吨) Coke (10^4 tn)	焦炉煤气 (亿立方米) Coke Oven Gas (10^8 cu.m)	其他煤气 (亿立方米) Other Gas (10^8 cu.m)	油品合计 (万吨) Petroleum Products Total (10^4 tn)	原油 (万吨) Crude Oil (10^4 tn)	汽油 (万吨) Gasoline (10^4 tn)
200.61	**7.25**	**3.18**	**31.03**	**1.12**		**1413.00**	**1164.50**	**90.27**
200.69	7.45	3.44	42.59	1.12		1321.37	575.75	177.56
						733.83	567.81	
						63.71		
			-15.16			-657.94		-79.59
						-1.12		
						-70.01		
-0.08	-0.20	-0.26	3.60			23.16	20.94	-7.70
-202.24	**-7.42**	**3.18**	**95.41**	**6.94**	**42.26**	**-37.70**	**-1161.28**	**272.55**
	-6.15	-3.73		-0.13	-10.23	-3.27		
	-1.27	-12.87		-0.23	-7.81	-17.63		
12.49								
-213.69			166.15	7.30				
						-16.80	-1161.28	272.55
					60.30			
			-70.74					
-1.04		19.78						
						1.65	**1.65**	
0.12	**1.90**	**3.60**	**141.23**	**7.59**	**43.71**	**1348.07**		**363.61**
						11.67		5.14
0.12	1.90	3.60	141.23	7.59	43.71	416.10		21.75
			0.06			248.80		0.49
						45.41		8.51
						514.57		43.68
						50.79		21.88
						238.02		214.80
						227.33		210.00
						10.69		4.80
						71.51		47.85
-1.75	**-2.07**	**2.76**	**-14.79**	**0.47**	**-1.45**	**25.58**	**1.57**	**-0.79**
214.85	**9.32**	**20.20**	**211.97**	**7.95**	**61.75**	**1387.42**	**1162.93**	**363.61**

续表

项　　　目	Item	煤油 (万吨) Kerosene (10^4 tn)	柴油 (万吨) Diesel Oil (10^4 tn)
一.可供本地区消费的能源量	**Total Primary Energy Supply**	**231.30**	**-119.16**
1.一次能源生产量	Indigenous Production		
2.回收能	Recovery of Energy		
3.外省(区、市)调入量	Moving In from Other Provinces	284.88	146.05
4.进口量	Import	166.02	
5.境内轮船和飞机在境外的加油量	Domestic Airplanes&Ships Refueling in Abroad	63.71	
6.本省(区、市)调出量(-)	Sending Out to Other Provinces(-)	-209.26	-278.30
7.出口量(-)	Export(-)		
8.境外轮船和飞机在境内的加油量(-)	Oversea Airplanes&Ships Refueling in China	-70.01	
9.库存增(-)、减(+)量	Stock Change	-4.04	13.09
二.加工转换投入(-)产出(+)量	**Input(-) & Output(+) of Transformation**	**111.61**	**364.07**
1.火力发电	Thermal Power		-0.10
2.供热	Heating Supply		-0.07
3.洗选煤	Coal Washing		
4.炼焦	Coking		
5.炼油	Petroleum Refineries	111.61	364.24
6.制气	Gas Works		
#焦炭再投入量(-)	Coke Input(-)		
7.煤制品加工	Briquettes		
三.损失量	**Loss**		
四.终端消费量	**Total Final Consumption**	**341.93**	**240.01**
1.农、林、牧、渔、水利业	Farming, Forestry, Animal Husbandry, Fishery & Water Conservancy		6.49
2.工业	Industry	0.15	38.76
#用作原料、材料	Non-Energy Use	0.05	0.64
3.建筑业	Construction	0.04	35.99
4.交通运输、仓储和邮政业	Transport, Storage and Post	341.45	128.76
5.批发、零售业和住宿、餐饮业	Wholesale,Retail Trade and Hotel,Restaurants	0.00	9.79
6.生活消费	Residential Consumption		0.50
城镇	Urban		0.10
乡村	Rural		0.40
7.其他	Other	0.30	19.72
五.平衡差额	**Statistical Difference**	**0.98**	**4.90**
六.消费量合计	**Sum of Consumption**	**341.93**	**240.18**

Continued

燃料油 (万吨) Fuel Oil (10^4 tn)	液化石油气 (万吨) LPG (10^4 tn)	炼厂干气 (万吨) Refinery Gas (10^4 tn)	天然气 (亿立方米) Natural Gas (10^8 cu.m)	其他石油制品 (万吨) Other Petroleum Products (10^8 cu.m)	其他焦化产品 (万吨) Other Coking Products (10^4 tn)	热力 (百亿千焦) Heat (10^{10} kJ)	电力 (亿千瓦时) Electricity (10^8 kW·h)	其他能源 (万吨标煤) Other Energy (10^4 tce)
41.64	**4.73**		**68.28**	**-0.28**	**20.54**	**474.03**	**512.97**	**0.78**
							0.38	
						474.03		
67.74	15.69		68.28	53.70	25.00		512.59	0.74
-27.50	-11.46			-51.83	-4.69			
				-1.12				
1.40	0.50			-1.03	0.23			0.04
-31.54	**40.25**	**76.93**	**-23.87**	**289.71**	**-20.99**	**14002.03**	**242.02**	
-0.82		-0.83	-13.55	-1.52	-6.62	-474.03	242.02	
-3.45		-2.56	-9.13	-11.55	-21.77	14476.06		
					8.53			
-27.27	40.25	80.32	-1.19	302.78				
					-1.13			
			3.73				**54.86**	
10.86	**48.86**	**75.04**	**41.80**	**267.77**		**15325.08**	**703.99**	**0.72**
	0.04		0.00				15.73	
10.44	2.19	75.04	6.73	267.77		4895.76	227.99	0.72
4.08	0.30			243.24				0.62
0.18	0.69		0.47			126.72	20.10	
0.13	0.55		2.74			582.45	49.24	
0.03	19.10		4.52			1308.37	69.90	
	22.72		9.85			2640.00	128.80	
	17.23		9.45			2640.00	98.32	
	5.49		0.40				30.47	
0.07	3.57		17.49			5771.79	192.23	
-0.76	**-3.88**	**1.89**	**-1.12**	**21.66**	**-0.45**	**-849.02**	**-3.86**	**0.06**
42.40	**48.86**	**78.43**	**69.40**	**280.84**	**29.52**	**15799.11**	**758.85**	**0.72**

6-2 天津能源平衡表(实物量)-2009

项　　目	Item	煤合计(万吨) Coal Total (10^4 tn)	原煤(万吨) Raw Coal (10^4 tn)
一.可供本地区消费的能源量	**Total Primary Energy Supply**	**4121.40**	**3634.55**
1.一次能源生产量	Indigenous Production		
2.回收能	Recovery of Energy		
3.外省(区、市)调入量	Moving In from Other Provinces	4026.00	3510.00
4.进口量	Import		
5.境内轮船和飞机在境外的加油量	Domestic Airplanes&Ships Refueling in Abroad		
6.本省(区、市)调出量(-)	Sending Out to Other Provinces(-)		
7.出口量(-)	Export(-)		
8.境外轮船和飞机在境内的加油量(-)	Oversea Airplanes&Ships Refueling in China		
9.库存增(-)、减(+)量	Stock Change	95.40	124.55
二.加工转换投入(-)产出(+)量	**Input(-) & Output(+) of Transformation**	**-3055.05**	**-2676.16**
1.火力发电	Thermal Power	-1870.36	-1870.36
2.供热	Heating Supply	-805.80	-805.80
3.洗选煤	Coal Washing		
4.炼焦	Coking	-378.89	
5.炼油	Petroleum Refineries		
6.制气	Gas Works		
#焦炭再投入量(-)	Coke Input(-)		
7.煤制品加工	Briquettes		
三.损失量	**Loss**	**10.17**	**10.17**
四.终端消费量	**Total Final Consumption**	**1054.43**	**946.77**
1.农、林、牧、渔、水利业	Farming, Forestry, Animal Husbandry, Fishery & Water Conservancy	15.06	15.06
2.工业	Industry	839.56	731.90
#用作原料、材料	Non-Energy Use		
3.建筑业	Construction	15.60	15.60
4.交通运输、仓储和邮政业	Transport, Storage and Post	19.56	19.56
5.批发、零售业和住宿、餐饮业	Wholesale,Retail Trade and Hotel,Restaurants	34.20	34.20
6.生活消费	Residential Consumption	66.97	66.97
城镇	Urban	13.77	13.77
乡村	Rural	53.20	53.20
7.其他	Other	63.48	63.48
五.平衡差额	**Statistical Difference**	**1.75**	**1.45**
六.消费量合计	**Sum of Consumption**	**4119.65**	**3633.10**

ENERGY BALANCE OF TIANJIN-2009 (PHYSICAL QUANTITY)

洗精煤 (万吨) Cleaned Coal (10^4 tn)	其他洗煤 (万吨) Other Washed Coal (10^4 tn)	型煤 (万吨) Briquettes (10^4 tn)	焦炭 (万吨) Coke (10^4 tn)	焦炉煤气 (亿立方米) Coke Oven Gas (10^8 cu.m)	其他煤气 (亿立方米) Other Gas (10^8 cu.m)	油品合计 (万吨) Petroleum Products Total (10^4 tn)	原油 (万吨) Crude Oil (10^4 tn)	汽油 (万吨) Gasoline (10^4 tn)
486.85			**582.47**	**0.72**	**114.71**	**930.66**	**845.30**	**44.56**
						2296.96	2296.96	
					114.95			
516.00			607.76	1.88	14.16	3861.45	410.20	1114.04
						139.73	26.43	
						56.22		
			-24.84	-1.16	-14.40	-5258.12	-1841.29	-1066.25
						-66.15	-66.15	
						-93.81		
-29.15			-0.45			-5.62	19.15	-3.23
-378.89			**286.07**	**4.13**	**-21.46**	**-46.65**	**-825.80**	**136.67**
				-1.27	-13.43			
						-0.93		
-378.89			286.07	5.40	-8.03			
						-45.72	-825.80	136.67
						1.87	**1.87**	
107.66			**868.65**	**4.84**	**92.47**	**879.54**	**16.97**	**181.03**
						24.36		5.53
107.66			868.65	4.84	92.47	344.63	16.97	12.43
			18.69					
						67.02		9.78
						253.20		60.39
						41.51		9.98
						97.21		71.18
						85.72		67.16
						11.49		4.02
						51.61		11.74
0.30			**-0.11**	**0.01**	**0.78**	**2.60**	**0.66**	**0.20**
486.55			**868.65**	**6.11**	**113.93**	**928.06**	**844.64**	**181.03**

续表

项　目	Item	煤油 (万吨) Kerosene (10^4 tn)	柴油 (万吨) Diesel Oil (10^4 tn)
一.可供本地区消费的能源量	**Total Primary Energy Supply**	**-12.30**	**-34.98**
1.一次能源生产量	Indigenous Production		
2.回收能	Recovery of Energy		
3.外省(区、市)调入量	Moving In from Other Provinces	239.00	1934.92
4.进口量	Import	14.61	4.35
5.境内轮船和飞机在境外的加油量	Domestic Airplanes&Ships Refueling in Abroad		
6.本省(区、市)调出量(-)	Sending Out to Other Provinces(-)	-250.38	-1969.18
7.出口量(-)	Export(-)		
8.境外轮船和飞机在境内的加油量(-)	Oversea Airplanes&Ships Refueling in China	-12.22	-4.11
9.库存增(-)、减(+)量	Stock Change	-3.31	-0.96
二.加工转换投入(-)产出(+)量	**Input(-) & Output(+) of Transformation**	**32.74**	**338.50**
1.火力发电	Thermal Power		
2.供热	Heating Supply		
3.洗选煤	Coal Washing		
4.炼焦	Coking		
5.炼油	Petroleum Refineries	32.74	338.50
6.制气	Gas Works		
#焦炭再投入量(-)	Coke Input(-)		
7.煤制品加工	Briquettes		
三.损失量	**Loss**		
四.终端消费量	**Total Final Consumption**	**20.73**	**303.57**
1.农、林、牧、渔、水利业	Farming, Forestry, Animal Husbandry, Fishery & Water Conservancy		18.67
2.工业	Industry	0.81	43.53
#用作原料、材料	Non-Energy Use		
3.建筑业	Construction	0.57	54.58
4.交通运输、仓储和邮政业	Transport, Storage and Post	16.80	106.47
5.批发、零售业和住宿、餐饮业	Wholesale,Retail Trade and Hotel,Restaurants	2.40	23.40
6.生活消费	Residential Consumption		18.69
城镇	Urban		17.19
乡村	Rural		1.50
7.其他	Other	0.15	38.23
五.平衡差额	**Statistical Difference**	**-0.29**	**-0.05**
六.消费量合计	**Sum of Consumption**	**20.73**	**303.57**

Continued

燃料油 (万吨) Fuel Oil (10^4 tn)	液化石油气 (万吨) LPG (10^4 tn)	炼厂干气 (万吨) Refinery Gas (10^4 tn)	天然气 (亿立方米) Natural Gas (10^8 cu.m)	其他石油制品 (万吨) Other Petroleum Products (10^4 tn)	其他焦化产品 (万吨) Other Coking Products (10^4 tn)	热力 (百亿千焦) Heat (10^{10} kJ)	电力 (亿千瓦时) Electricity (10^8kW•h)	其他能源 (万吨标煤) Other Energy (10^4tce)
97.58	**-14.58**		**18.13**	**5.08**	**0.45**		**156.68**	**36.72**
			14.30					
161.21	2.08		14.53		15.00		157.67	36.74
94.34								
56.22								
-113.87	-15.09		-10.70	-2.06	-14.99		-0.99	
-77.48								
-22.84	-1.57			7.14	0.44			-0.02
-3.36	**33.04**	**27.61**	**-0.66**	**213.95**	**17.78**	**13920.00**	**420.24**	**-2.11**
			-0.63				420.24	-2.11
-0.93			-0.03		-0.20	13920.00		
					17.98			
-2.43	33.04	27.61		213.95				
			0.60			**30.00**	**30.94**	
93.72	**18.52**	**27.61**	**16.86**	**217.39**	**18.47**	**13890.91**	**545.98**	**34.61**
				0.16			10.86	
21.56	4.70	27.61	9.16	217.02	18.47	5729.95	382.36	34.61
1.80	0.08			0.21		613.14	9.15	
69.52	0.02		0.14			78.77	12.58	
0.84	4.89		2.94			511.94	26.79	
	7.34		3.86			6124.95	64.61	
	1.37		3.86			6124.95	49.61	
	5.97						15.00	
	1.49		0.76			832.16	39.63	
0.50	**-0.06**		**0.01**	**1.64**	**-0.24**	**-0.91**		
94.65	**18.52**	**27.61**	**18.12**	**217.39**	**18.67**	**13920.91**	**576.92**	**36.72**

6-3 河北能源平衡表(实物量)-2009

项　　目	Item	煤合计 (万吨) Coal Total (10^4 tn)	原煤 (万吨) Raw Coal (10^4 tn)
一.可供本地区消费的能源量	**Total Primary Energy Supply**	**26515.80**	**24050.59**
1.一次能源生产量	Indigenous Production	8494.60	8494.60
2.回收能	Recovery of Energy		
3.外省(区、市)调入量	Moving In from Other Provinces	21500.10	18161.49
4.进口量	Import	191.90	20.50
5.境内轮船和飞机在境外的加油量	Domestic Airplanes&Ships Refueling in Abroad		
6.本省(区、市)调出量(-)	Sending Out to Other Provinces(-)	-3021.55	-2183.23
7.出口量(-)	Export(-)	-40.31	
8.境外轮船和飞机在境内的加油量(-)	Oversea Airplanes&Ships Refueling in China		
9.库存增(-)、减(+)量	Stock Change	-608.94	-442.77
二.加工转换投入(-)产出(+)量	**Input(-) & Output(+) of Transformation**	**-17194.41**	**-16044.97**
1.火力发电	Thermal Power	-7871.45	-7623.94
2.供热	Heating Supply	-1122.04	-1032.23
3.洗选煤	Coal Washing	-1673.63	-7051.44
4.炼焦	Coking	-6478.31	-79.49
5.炼油	Petroleum Refineries		
6.制气	Gas Works	-82.40	-2.32
#焦炭再投入量(-)	Coke Input(-)		
7.煤制品加工	Briquettes	33.42	-255.55
三.损失量	**Loss**		
四.终端消费量	**Total Final Consumption**	**9321.40**	**8005.62**
1.农、林、牧、渔、水利业	Farming, Forestry, Animal Husbandry, Fishery & Water Conservancy	20.42	20.02
2.工业	Industry	7479.79	6650.37
#用作原料、材料	Non-Energy Use	418.33	357.57
3.建筑业	Construction	33.10	32.30
4.交通运输、仓储和邮政业	Transport, Storage and Post	37.33	36.93
5.批发、零售业和住宿、餐饮业	Wholesale,Retail Trade and Hotel,Restaurants	158.94	155.99
6.生活消费	Residential Consumption	1200.25	720.73
城镇	Urban	489.49	290.51
乡村	Rural	710.76	430.22
7.其他	Other	391.57	389.28
五.平衡差额	**Statistical Difference**		
六.消费量合计	**Sum of Consumption**	**26515.81**	**24050.59**

ENERGY BALANCE OF HEBEI-2009 (PHYSICAL QUANTITY)

洗精煤（万吨） Cleaned Coal (10^4 tn)	其他洗煤（万吨） Other Washed Coal (10^4 tn)	型煤（万吨） Briquettes (10^4 tn)	焦炭（万吨） Coke (10^4 tn)	焦炉煤气（亿立方米） Coke Oven Gas (10^8 cu.m)	其他煤气（亿立方米） Other Gas (10^8 cu.m)	油品合计（万吨） Petroleum Products Total (10^4 tn)	原油（万吨） Crude Oil (10^4 tn)	汽油（万吨） Gasoline (10^4 tn)
3002.19	**-527.48**	**-9.50**	**1381.29**	**0.51**	**403.51**	**1096.90**	**1379.12**	**-75.27**
						599.10	599.10	
					403.51			
3149.21	189.40		2620.08	0.51		675.89	514.64	75.85
171.40			0.02			400.86	393.25	
-96.37	-736.94	-5.01	-1014.57			-532.41	-116.28	-130.54
-40.20		-0.11	-1.60			-7.00		
-181.85	20.06	-4.38	-222.64			-39.54	-11.59	-20.58
-2524.73	**1086.14**	**289.15**	**4827.54**	**76.53**	**-313.54**	**-54.53**	**-1349.69**	**287.33**
	-247.51			-8.72	-228.32	-6.52		
	-89.81			-6.97	-89.74	-1.27		
3931.14	1446.67							
-6375.79	-23.03		4827.54	88.22				
						-46.74	-1349.69	287.33
-80.08				4.00	4.52			
	-0.18	289.15						
						13.69	**13.60**	
477.46	**558.66**	**279.66**	**6208.83**	**77.04**	**89.97**	**1028.69**	**15.83**	**212.06**
		0.40	0.04			60.41		8.40
477.46	133.72	218.24	6207.67	60.57	89.97	225.18	15.83	34.14
53.41	6.34	1.01	340.45			8.43		0.08
		0.80	0.04	0.04		139.76		5.32
		0.40		0.01		420.39		92.88
		2.95	0.26	0.55		23.57		7.96
	424.94	54.58		14.22		84.28		24.07
	175.32	23.66		14.22		64.60		18.02
	249.62	30.92				19.68		6.05
		2.29	0.82	1.65		75.10		39.29
						-0.01		
6933.33	**919.19**	**279.66**	**6208.83**	**92.73**	**408.03**	**1096.91**	**1379.12**	**212.06**

续表

项　　目	Item	煤油(万吨) Kerosene (10^4 tn)	柴油(万吨) Diesel Oil (10^4 tn)
一.可供本地区消费的能源量	**Total Primary Energy Supply**	**-0.80**	**19.00**
1.一次能源生产量	Indigenous Production		
2.回收能	Recovery of Energy		
3.外省(区、市)调入量	Moving In from Other Provinces	4.10	67.04
4.进口量	Import		0.40
5.境内轮船和飞机在境外的加油量	Domestic Airplanes&Ships Refueling in Abroad		
6.本省(区、市)调出量(-)	Sending Out to Other Provinces(-)	-4.64	-41.10
7.出口量(-)	Export(-)		-0.60
8.境外轮船和飞机在境内的加油量(-)	Oversea Airplanes&Ships Refueling in China		
9.库存增(-)、减(+)量	Stock Change	-0.26	-6.74
二.加工转换投入(-)产出(+)量	**Input(-) & Output(+) of Transformation**	**7.05**	**500.00**
1.火力发电	Thermal Power		-2.38
2.供热	Heating Supply		-0.29
3.洗选煤	Coal Washing		
4.炼焦	Coking		
5.炼油	Petroleum Refineries	7.05	502.67
6.制气	Gas Works		
#焦炭再投入量(-)	Coke Input(-)		
7.煤制品加工	Briquettes		
三.损失量	**Loss**		
四.终端消费量	**Total Final Consumption**	**6.25**	**519.00**
1.农、林、牧、渔、水利业	Farming, Forestry, Animal Husbandry, Fishery & Water Conservancy	0.10	51.46
2.工业	Industry	0.85	63.66
#用作原料、材料	Non-Energy Use	0.04	0.68
3.建筑业	Construction	0.75	16.50
4.交通运输、仓储和邮政业	Transport, Storage and Post	2.75	320.04
5.批发、零售业和住宿、餐饮业	Wholesale,Retail Trade and Hotel,Restaurants	0.29	13.97
6.生活消费	Residential Consumption	1.01	18.94
城镇	Urban	0.01	7.96
乡村	Rural	1.00	10.98
7.其他	Other	0.50	34.43
五.平衡差额	**Statistical Difference**		
六.消费量合计	**Sum of Consumption**	**6.25**	**521.67**

Continued

燃料油 (万吨) Fuel Oil (10^4 tn)	液化石油气 (万吨) LPG (10^4 tn)	炼厂干气 (万吨) Refinery Gas (10^4 tn)	天然气 (亿立方米) Natural Gas (10^8 cu.m)	其他石油制品 (万吨) Other Petroleum Products (10^4 tn)	其他焦化产品 (万吨) Other Coking Products (10^4 tn)	热力 (百亿千焦) Heat (10^{10} kJ)	电力 (亿千瓦时) Electricity (10^8kW•h)	其他能源 (万吨标煤) Other Energy (10^4tce)
-16.90	**-42.33**	**-0.64**	**23.11**	**-165.28**	**-79.98**	**-2870.61**	**637.00**	**96.64**
			10.90				5.15	
						193.65		96.36
13.05			12.67	1.21	2.19		631.85	
5.90	0.01			1.30				
-30.05	-42.36	-0.64	-0.46	-166.80	-82.17	-3062.85		
-6.00				-0.40				
0.20	0.02			-0.59		-1.41		0.28
76.28	**87.33**	**26.52**	**-0.60**	**310.65**	**260.74**	**18498.89**	**1707.18**	**-87.81**
-0.19		-3.95			-7.79		1707.18	-62.14
-0.19		-0.79	-0.60			18498.89		-25.67
					268.53			
76.66	87.33	31.26		310.65				
	0.09						**147.46**	
59.38	**44.91**	**25.88**	**22.51**	**145.37**	**180.76**	**15628.28**	**2196.72**	**8.83**
0.35	0.10						157.45	
52.19	2.63	25.88	16.64	30.00	180.76	10309.25	1610.60	8.83
0.26	0.26		2.13	7.11	24.85			0.80
1.67	0.14		0.01	115.37		47.19	16.07	
4.56	0.16		1.62			74.16	47.95	
0.29	1.06		0.50			212.18	35.15	
	40.26		2.84			4256.11	255.49	
	38.61		2.84			4256.11	105.72	
	1.65						149.77	
0.32	0.56		0.90			729.39	74.01	
59.76	**45.00**	**30.62**	**23.11**	**145.37**	**188.55**	**15628.28**	**2344.18**	**96.64**

6-4 山西能源平衡表(实物量)-2009

项　目	Item	煤合计(万吨) Coal Total (10^4 tn)	原煤(万吨) Raw Coal (10^4 tn)
一.可供本地区消费的能源量	**Total Primary Energy Supply**	**27761.93**	**32207.71**
1.一次能源生产量	Indigenous Production	61535.00	61535.00
2.回收能	Recovery of Energy		
3.外省(区、市)调入量	Moving In from Other Provinces	5829.89	4612.77
4.进口量	Import	4500.00	4500.00
5.境内轮船和飞机在境外的加油量	Domestic Airplanes&Ships Refueling in Abroad		
6.本省(区、市)调出量(-)	Sending Out to Other Provinces(-)	-43822.00	-37845.83
7.出口量(-)	Export(-)	-770.00	-770.00
8.境外轮船和飞机在境内的加油量(-)	Oversea Airplanes&Ships Refueling in China		
9.库存增(-)、减(+)量	Stock Change	489.04	175.77
二.加工转换投入(-)产出(+)量	**Input(-) & Output(+) of Transformation**	**-21894.14**	**-27112.85**
1.火力发电	Thermal Power	-8610.06	-8024.02
2.供热	Heating Supply	-547.10	-516.95
3.洗选煤	Coal Washing	-1758.36	-18034.44
4.炼焦	Coking	-10756.58	-435.41
5.炼油	Petroleum Refineries		
6.制气	Gas Works	-34.49	-33.53
#焦炭再投入量(-)	Coke Input(-)		
7.煤制品加工	Briquettes	-187.55	-68.50
三.损失量	**Loss**		
四.终端消费量	**Total Final Consumption**	**5867.79**	**5094.86**
1.农、林、牧、渔、水利业	Farming, Forestry, Animal Husbandry, Fishery & Water Conservancy	182.73	182.73
2.工业	Industry	3922.91	3761.40
#用作原料、材料	Non-Energy Use		651.47
3.建筑业	Construction	76.33	75.00
4.交通运输、仓储和邮政业	Transport, Storage and Post	53.42	53.42
5.批发、零售业和住宿、餐饮业	Wholesale,Retail Trade and Hotel,Restaurants	238.49	234.60
6.生活消费	Residential Consumption	1118.75	512.55
城镇	Urban	439.30	189.40
乡村	Rural	679.45	323.15
7.其他	Other	275.16	275.16
五.平衡差额	**Statistical Difference**		
六.消费量合计	**Sum of Consumption**	**27761.93**	**32207.71**

ENERGY BALANCE OF SHANXI-2009 (PHYSICAL QUANTITY)

洗精煤 (万吨) Cleaned Coal (10^4 tn)	其他洗煤 (万吨) Other Washed Coal (10^4 tn)	型煤 (万吨) Briquettes (10^4 tn)	焦炭 (万吨) Coke (10^4 tn)	焦炉煤气 (亿立方米) Coke Oven Gas (10^8 cu.m)	其他煤气 (亿立方米) Other Gas (10^8 cu.m)	油品合计 (万吨) Petroleum Products Total (10^4 tn)	原油 (万吨) Crude Oil (10^4 tn)	汽油 (万吨) Gasoline (10^4 tn)
-2740.59	**-1704.29**	**-0.90**	**-5267.44**		**120.00**	**826.87**		**262.41**
					120.00			
1217.12			383.58			834.63		263.17
-4325.37	-1650.80		-5377.87					
			-35.23					
367.66	-53.49	-0.90	-237.92			-7.76		-0.76
2777.06	**2296.68**	**144.97**	**7705.83**	**123.36**	**-44.91**			
	-586.04			-19.48	-35.89			
	-26.60	-3.55		-5.68	-17.14			
13095.28	3180.80							
-10318.22	-2.95		7705.83	148.52				
		-0.96			8.12			
	-268.53	149.48						
						1.00		**0.60**
36.47	**592.39**	**144.07**	**2438.39**	**123.36**	**75.09**	**825.87**		**261.81**
						65.58		27.75
36.47	32.14	92.90	2435.36	113.16	65.85	108.92		16.89
			63.48					
		1.33	0.17		0.14	26.85		8.84
						472.75		128.78
		3.89	1.07		5.60	34.70		14.60
	560.25	45.95	1.79	10.20	3.50	73.42		42.05
	231.40	18.50	1.09	9.10	2.45	39.80		21.12
	328.85	27.45	0.70	1.10	1.05	33.62		20.93
						43.65		22.90
10354.69	**1476.51**	**148.58**	**2438.39**	**148.52**	**128.12**	**826.87**		**262.41**

续表

项目	Item	煤油(万吨) Kerosene (10^4 tn)	柴油(万吨) Diesel Oil (10^4 tn)
一.可供本地区消费的能源量	**Total Primary Energy Supply**	**16.28**	**506.67**
1.一次能源生产量	Indigenous Production		
2.回收能	Recovery of Energy		
3.外省(区、市)调入量	Moving In from Other Provinces	16.65	513.46
4.进口量	Import		
5.境内轮船和飞机在境外的加油量	Domestic Airplanes&Ships Refueling in Abroad		
6.本省(区、市)调出量(−)	Sending Out to Other Provinces(-)		
7.出口量(−)	Export(-)		
8.境外轮船和飞机在境内的加油量(−)	Oversea Airplanes&Ships Refueling in China		
9.库存增(−)、减(+)量	Stock Change	-0.37	-6.79
二.加工转换投入(−)产出(+)量	**Input(-) & Output(+) of Transformation**		
1.火力发电	Thermal Power		
2.供热	Heating Supply		
3.洗选煤	Coal Washing		
4.炼焦	Coking		
5.炼油	Petroleum Refineries		
6.制气	Gas Works		
#焦炭再投入量(−)	Coke Input(-)		
7.煤制品加工	Briquettes		
三.损失量	**Loss**		**0.40**
四.终端消费量	**Total Final Consumption**	**16.28**	**506.27**
1.农、林、牧、渔、水利业	Farming, Forestry, Animal Husbandry, Fishery & Water Conservancy		37.83
2.工业	Industry	4.39	70.37
#用作原料、材料	Non-Energy Use		
3.建筑业	Construction	0.33	16.80
4.交通运输、仓储和邮政业	Transport, Storage and Post	11.31	332.66
5.批发、零售业和住宿、餐饮业	Wholesale,Retail Trade and Hotel,Restaurants	0.10	18.50
6.生活消费	Residential Consumption		9.61
城镇	Urban		2.13
乡村	Rural		7.48
7.其他	Other	0.15	20.50
五.平衡差额	**Statistical Difference**		
六.消费量合计	**Sum of Consumption**	**16.28**	**506.67**

Continued

燃料油 (万吨) Fuel Oil (10^4 tn)	液化石油气 (万吨) LPG (10^4 tn)	炼厂干气 (万吨) Refinery Gas (10^4 tn)	天然气 (亿立方米) Natural Gas (10^8 cu.m)	其他石油制品 (万吨) Other Petroleum Products (10^4 tn)	其他焦化产品 (万吨) Other Coking Products (10^4 tn)	热力 (百亿千焦) Heat (10^{10} kJ)	电力 (亿千瓦时) Electricity (10^8 kW•h)	其他能源 (万吨标煤) Other Energy (10^4 tce)
12.06	**25.79**		**13.76**	**3.66**	**-125.62**		**-581.22**	**612.94**
			22.76				21.66	
							3.38	612.94
11.85	25.79			3.71			34.91	
			-9.00		-122.36		-641.17	
0.21				-0.05	-3.26			
			-4.39		**226.43**	**9804.65**	**1848.76**	**-581.29**
			-4.39				1848.76	-570.30
						9804.65		-10.99
					226.43			
							71.30	
12.06	**25.79**		**9.37**	**3.66**	**100.81**	**9804.65**	**1196.24**	**31.65**
							32.04	
11.86	1.75		6.81	3.66	100.81	4916.80	956.44	30.63
	0.88		0.02				11.20	
							41.18	
0.10	1.40		1.58				17.04	1.02
	21.76		0.80			4887.85	94.20	
	16.55		0.80			4887.85	52.26	
	5.21						41.94	
0.10			0.16				44.14	
12.06	**25.79**		**13.76**	**3.66**	**100.81**	**9804.65**	**1267.54**	**612.94**

6-5 内蒙古能源平衡表(实物量)-2009

项目	Item	煤合计(万吨) Coal Total (10^4 tn)	原煤(万吨) Raw Coal (10^4 tn)
一.可供本地区消费的能源量	**Total Primary Energy Supply**	**24393.51**	**24767.24**
1.一次能源生产量	Indigenous Production	60058.45	60058.45
2.回收能	Recovery of Energy		
3.外省(区、市)调入量	Moving In from Other Provinces	1640.79	1400.49
4.进口量	Import	604.39	604.39
5.境内轮船和飞机在境外的加油量	Domestic Airplanes&Ships Refueling in Abroad		
6.本省(区、市)调出量(-)	Sending Out to Other Provinces(-)	-38400.49	-37900.49
7.出口量(-)	Export(-)		
8.境外轮船和飞机在境内的加油量(-)	Oversea Airplanes&Ships Refueling in China		
9.库存增(-)、减(+)量	Stock Change	490.37	604.40
二.加工转换投入(-)产出(+)量	**Input(-) & Output(+) of Transformation**	**-18095.05**	**-20072.09**
1.火力发电	Thermal Power	-12643.26	-12538.57
2.供热	Heating Supply	-1443.42	-1429.51
3.洗选煤	Coal Washing	-1503.82	-5692.94
4.炼焦	Coking	-2496.07	-384.27
5.炼油	Petroleum Refineries		
6.制气	Gas Works	-6.30	-6.30
#焦炭再投入量(-)	Coke Input(-)		
7.煤制品加工	Briquettes	-2.18	-20.50
三.损失量	**Loss**		
四.终端消费量	**Total Final Consumption**	**5952.25**	**4456.73**
1.农、林、牧、渔、水利业	Farming, Forestry, Animal Husbandry, Fishery & Water Conservancy	205.09	144.67
2.工业	Industry	3242.67	2991.57
#用作原料、材料	Non-Energy Use	179.51	147.44
3.建筑业	Construction	140.45	108.91
4.交通运输、仓储和邮政业	Transport, Storage and Post	220.22	186.00
5.批发、零售业和住宿、餐饮业	Wholesale,Retail Trade and Hotel,Restaurants	868.88	321.66
6.生活消费	Residential Consumption	971.84	547.05
城镇	Urban	507.88	256.32
乡村	Rural	463.96	290.73
7.其他	Other	303.10	156.87
五.平衡差额	**Statistical Difference**	**346.21**	**238.42**
六.消费量合计	**Sum of Consumption**	**24047.30**	**24528.82**

ENERGY BALANCE OF INNER MONGOLIA-2009 (PHYSICAL QUANTITY)

洗精煤 (万吨) Cleaned Coal (10^4 tn)	其他洗煤 (万吨) Other Washed Coal (10^4 tn)	型煤 (万吨) Briquettes (10^4 tn)	焦炭 (万吨) Coke (10^4 tn)	焦炉煤气 (亿立方米) Coke Oven Gas (10^8 cu.m)	其他煤气 (亿立方米) Other Gas (10^8 cu.m)	油品合计 (万吨) Petroleum Products Total (10^4 tn)	原油 (万吨) Crude Oil (10^4 tn)	汽油 (万吨) Gasoline (10^4 tn)
-346.62	**-268.44**	**241.33**	**-254.89**	**11.34**	**265.70**	**1093.03**	**191.76**	**229.86**
						188.85	188.85	
				11.34	265.70			
		240.30				922.50		228.82
						129.89	114.00	
-300.00	-200.00		-291.20			-150.24	-112.28	
-46.62	-68.44	1.03	36.31			2.03	1.19	1.04
423.39	**1540.64**	**13.01**	**1804.42**	**17.99**	**-65.15**	**-10.15**	**-177.43**	**49.65**
	-104.69			-3.35	-48.35	-2.79	-0.13	
	-8.60	-5.31		-0.87	-21.23	-0.04		
2502.78	1686.34							
-2079.39	-32.41		1809.01	22.21	2.00			
						-7.32	-177.30	49.65
					2.43			
			-4.59					
		18.32						
25.87	**1171.59**	**298.06**	**1549.53**	**29.33**	**200.55**	**1082.88**	**14.33**	**279.51**
	60.42		6.44			97.57		29.01
25.66	189.66	35.78	1541.11	29.33	200.55	148.78	14.33	14.59
13.75		18.32	383.85			1.34	0.64	0.01
	31.54					46.62		15.63
	34.22					613.35		131.09
0.21	286.74	260.27				107.38		50.93
	422.78	2.01	1.98			29.45		12.96
	249.55	2.01	1.98			19.61		10.15
	173.23					9.84		2.81
	146.23					39.73		25.30
50.90	**100.61**	**-43.72**						
2105.26	**1317.29**	**303.37**	**1554.12**	**33.55**	**270.13**	**1093.03**	**191.76**	**279.51**

续表

项　　目	Item	煤油(万吨) Kerosene (10⁴ tn)	柴油(万吨) Diesel Oil (10⁴ tn)
一.可供本地区消费的能源量	**Total Primary Energy Supply**	**8.28**	**687.82**
1.一次能源生产量	Indigenous Production		
2.回收能	Recovery of Energy		
3.外省(区、市)调入量	Moving In from Other Provinces	4.95	688.73
4.进口量	Import		
5.境内轮船和飞机在境外的加油量	Domestic Airplanes&Ships Refueling in Abroad		
6.本省(区、市)调出量(−)	Sending Out to Other Provinces(-)		
7.出口量(−)	Export(-)		
8.境外轮船和飞机在境内的加油量(−)	Oversea Airplanes&Ships Refueling in China		
9.库存增(−)、减(+)量	Stock Change	3.33	-0.91
二.加工转换投入(−)产出(+)量	**Input(-) & Output(+) of Transformation**		**48.45**
1.火力发电	Thermal Power		-2.64
2.供热	Heating Supply		-0.04
3.洗选煤	Coal Washing		
4.炼焦	Coking		
5.炼油	Petroleum Refineries		51.13
6.制气	Gas Works		
#焦炭再投入量(−)	Coke Input(-)		
7.煤制品加工	Briquettes		
三.损失量	**Loss**		
四.终端消费量	**Total Final Consumption**	**8.28**	**736.27**
1.农、林、牧、渔、水利业	Farming, Forestry, Animal Husbandry, Fishery & Water Conservancy		68.56
2.工业	Industry	0.37	92.11
#用作原料、材料	Non-Energy Use	0.11	0.58
3.建筑业	Construction		20.95
4.交通运输、仓储和邮政业	Transport, Storage and Post	7.91	474.35
5.批发、零售业和住宿、餐饮业	Wholesale,Retail Trade and Hotel,Restaurants		56.45
6.生活消费	Residential Consumption		9.42
城镇	Urban		2.39
乡村	Rural		7.03
7.其他	Other		14.43
五.平衡差额	**Statistical Difference**		
六.消费量合计	**Sum of Consumption**	**8.28**	**738.95**

Continued

燃料油（万吨） Fuel Oil (10^4 tn)	液化石油气（万吨） LPG (10^4 tn)	炼厂干气（万吨） Refinery Gas (10^4 tn)	天然气（亿立方米） Natural Gas (10^8 cu.m)	其他石油制品（万吨） Other Petroleum Products (10^4 tn)	其他焦化产品（万吨） Other Coking Products (10^4 tn)	热力（百亿千焦） Heat (10^{10} kJ)	电力（亿千瓦时） Electricity (10^8kW•h)	其他能源（万吨标煤） Other Energy (10^4tce)
-28.44	**0.08**		**44.29**	**3.67**	**280.66**		**-795.70**	**400.95**
			146.31				166.36	
					273.66			382.89
							5.09	
				15.89				
-25.59			-102.02	-12.37			-967.11	
							-0.04	
-2.85	0.08			0.15	7.00			18.06
48.08	**7.22**	**3.84**	**-2.03**	**10.04**	**-1.33**	**17354.16**	**2083.63**	**-91.69**
-0.02			-2.03			-200.47	2083.63	-90.63
						17554.63		-1.06
					42.25			
48.10	7.22	3.84		10.04	-43.58			
19.64	**7.30**	**3.84**	**42.26**	**13.71**	**279.33**	**17354.16**	**1287.93**	**309.26**
						173.65	36.08	36.19
19.64	0.23	3.84	35.10	3.67	279.33	5133.68	1118.69	33.55
			7.95		14.91			
			0.32	10.04		215.60	4.00	
			1.01			1008.20	12.65	22.86
			0.42			1368.22	20.60	43.78
	7.07		5.05			8106.30	69.40	139.56
	7.07		5.05			8106.30	45.12	114.60
							24.28	24.96
			0.36			1348.51	26.51	33.32
19.66	**7.30**	**3.84**	**44.29**	**13.71**	**322.91**	**17554.63**	**1287.93**	**400.95**

6-6 辽宁能源平衡表(实物量)-2009

项　　目	Item	煤合计 (万吨) Coal Total (10^4 tn)	原煤 (万吨) Raw Coal (10^4 tn)
一.可供本地区消费的能源量	**Total Primary Energy Supply**	**16032.52**	**14468.42**
1.一次能源生产量	Indigenous Production	6624.17	6624.17
2.回收能	Recovery of Energy		
3.外省(区、市)调入量	Moving In from Other Provinces	9872.60	7486.85
4.进口量	Import	610.46	610.46
5.境内轮船和飞机在境外的加油量	Domestic Airplanes&Ships Refueling in Abroad		
6.本省(区、市)调出量(-)	Sending Out to Other Provinces(-)	-1228.45	-373.28
7.出口量(-)	Export(-)	-0.95	-0.95
8.境外轮船和飞机在境内的加油量(-)	Oversea Airplanes&Ships Refueling in China		
9.库存增(-)、减(+)量	Stock Change	154.69	121.17
二.加工转换投入(-)产出(+)量	**Input(-) & Output(+) of Transformation**	**-11862.35**	**-11001.72**
1.火力发电	Thermal Power	-5960.53	-5297.77
2.供热	Heating Supply	-2258.09	-2226.47
3.洗选煤	Coal Washing	-1053.79	-3471.12
4.炼焦	Coking	-2563.83	
5.炼油	Petroleum Refineries		
6.制气	Gas Works	-24.25	
#焦炭再投入量(-)	Coke Input(-)		
7.煤制品加工	Briquettes	-1.86	-6.36
三.损失量	**Loss**		
四.终端消费量	**Total Final Consumption**	**4170.17**	**3466.70**
1.农、林、牧、渔、水利业	Farming, Forestry, Animal Husbandry, Fishery & Water Conservancy	97.34	97.34
2.工业	Industry	3270.64	2783.86
#用作原料、材料	Non-Energy Use	15.87	12.59
3.建筑业	Construction	20.35	20.35
4.交通运输、仓储和邮政业	Transport, Storage and Post	90.77	79.68
5.批发、零售业和住宿、餐饮业	Wholesale,Retail Trade and Hotel,Restaurants	70.83	70.83
6.生活消费	Residential Consumption	400.24	194.64
城镇	Urban	231.72	96.12
乡村	Rural	168.52	98.52
7.其他	Other	220.00	220.00
五.平衡差额	**Statistical Difference**		
六.消费量合计	**Sum of Consumption**	**16032.52**	**14468.42**

ENERGY BALANCE OF LIAONING-2009 (PHYSICAL QUANTITY)

洗精煤 (万吨) Cleaned Coal (10^4 tn)	其他洗煤 (万吨) Other Washed Coal (10^4 tn)	型煤 (万吨) Briquettes (10^4 tn)	焦炭 (万吨) Coke (10^4 tn)	焦炉煤气 (亿立方米) Coke Oven Gas (10^8 cu.m)	其他煤气 (亿立方米) Other Gas (10^8 cu.m)	油品合计 (万吨) Petroleum Products Total (10^4 tn)	原油 (万吨) Crude Oil (10^4 tn)	汽油 (万吨) Gasoline (10^4 tn)
2296.13	**-733.41**	**1.38**	**927.03**		**530.55**	**2766.11**	**5873.05**	**-584.40**
						1000.02	1000.02	
					530.55			
2280.43	103.04	2.28	864.36			3219.60	3122.74	0.94
						1763.50	1728.79	
						33.38		
	-855.17		-33.83			-2530.47	-10.00	-213.41
						-557.88	-28.85	-337.58
						-64.88		
15.70	18.72	-0.90	96.50			-97.16	60.35	-34.35
-1960.10	**1089.89**	**9.58**	**1440.39**	**53.55**	**37.55**	**-338.94**	**-5618.49**	**1048.45**
	-662.76		-4.19	-4.97	-75.72	-12.77	-0.79	
	-31.23	-0.39		-10.77	-64.73	-84.67	-1.11	
627.98	1789.35							
-2563.83			1868.16	69.29				
						-231.53	-5616.59	1048.45
-24.25					178.00	-9.97		
			-423.58					
	-5.47	9.97						
						30.94	**30.09**	**0.85**
336.03	**356.48**	**10.96**	**2367.42**	**53.55**	**568.10**	**2396.23**	**224.47**	**463.20**
						110.29		50.09
324.94	150.88	10.96	2367.40	53.55	542.35	1157.28	224.47	103.69
0.41	2.17	0.70	6.95			277.44	114.26	0.03
					0.03	61.49		9.47
11.09			0.02		0.44	913.62		252.11
					0.60	21.40		9.59
	205.60				16.01	64.88		
	135.60				15.86	49.83		
	70.00				0.15	15.05		
					8.67	67.27		38.25
2924.11	**1055.94**	**11.35**	**2795.19**	**69.29**	**708.55**	**2766.11**	**5873.05**	**464.05**

续表

项　　目	Item	煤油（万吨） Kerosene (10⁴ tn)	柴油（万吨） Diesel Oil (10⁴ tn)
一.可供本地区消费的能源量	**Total Primary Energy Supply**	**-211.35**	**-1285.98**
1.一次能源生产量	Indigenous Production		
2.回收能	Recovery of Energy		
3.外省(区、市)调入量	Moving In from Other Provinces	0.31	4.96
4.进口量	Import		1.59
5.境内轮船和飞机在境外的加油量	Domestic Airplanes&Ships Refueling in Abroad	2.71	
6.本省(区、市)调出量(-)	Sending Out to Other Provinces(-)	-156.26	-1137.14
7.出口量(-)	Export(-)	-31.70	-45.17
8.境外轮船和飞机在境内的加油量(-)	Oversea Airplanes&Ships Refueling in China	-25.90	-3.90
9.库存增(-)、减(+)量	Stock Change	-0.51	-106.32
二.加工转换投入(-)产出(+)量	**Input(-) & Output(+) of Transformation**	**231.97**	**2095.86**
1.火力发电	Thermal Power		-0.44
2.供热	Heating Supply		-0.13
3.洗选煤	Coal Washing		
4.炼焦	Coking		
5.炼油	Petroleum Refineries	231.97	2096.43
6.制气	Gas Works		
#焦炭再投入量(-)	Coke Input(-)		
7.煤制品加工	Briquettes		
三.损失量	**Loss**		
四.终端消费量	**Total Final Consumption**	**20.62**	**809.88**
1.农、林、牧、渔、水利业	Farming, Forestry, Animal Husbandry, Fishery & Water Conservancy		60.20
2.工业	Industry	4.68	169.16
#用作原料、材料	Non-Energy Use	0.43	0.15
3.建筑业	Construction	0.44	50.73
4.交通运输、仓储和邮政业	Transport, Storage and Post	15.03	500.84
5.批发、零售业和住宿、餐饮业	Wholesale,Retail Trade and Hotel,Restaurants	0.08	4.95
6.生活消费	Residential Consumption		
城镇	Urban		
乡村	Rural		
7.其他	Other	0.39	24.00
五.平衡差额	**Statistical Difference**		
六.消费量合计	**Sum of Consumption**	**20.62**	**810.45**

Continued

燃料油 (万吨) Fuel Oil (10^4 tn)	液化石油气 (万吨) LPG (10^4 tn)	炼厂干气 (万吨) Refinery Gas (10^4 tn)	天然气 (亿立方米) Natural Gas (10^8 cu.m)	其他石油制品 (万吨) Other Petroleum Products (10^4 tn)	其他焦化产品 (万吨) Other Coking Products (10^4 tn)	热力 (百亿千焦) Heat (10^{10} kJ)	电力 (亿千瓦时) Electricity (10^8kW•h)	其他能源 (万吨标煤) Other Energy (10^4tce)
-24.80	**-76.75**		**16.44**	**-923.66**	**-11.02**	**2119.89**	**353.53**	**96.62**
			8.10				60.62	
						1946.81		98.25
7.09	0.03		8.34	83.53	20.49	173.08	362.79	
28.44	4.68							
30.67								
-21.92	-81.49			-910.25	-30.84		-69.88	
-34.28				-80.30				
-35.08								
0.28	0.03			-16.64	-0.67			-1.63
290.95	**184.51**	**136.95**	**-0.09**	**1290.86**	**50.49**	**36373.33**	**1134.64**	**-31.91**
-3.32		-7.78		-0.44		-55.28	1134.64	-18.24
-30.47		-52.71	-0.09	-0.25		36428.61		-13.52
					50.49			
324.71	190.30	201.62		1291.55				-0.15
	-5.79	-4.18						
						175.34	**43.54**	
266.15	**107.76**	**136.95**	**16.35**	**367.20**	**39.47**	**38317.88**	**1444.63**	**64.71**
							20.13	
124.35	26.78	136.95	14.51	367.20	39.47	15609.84	1087.00	62.84
	0.01	1.64	5.49	160.92	17.05			1.05
0.56	0.29					37.95	16.70	
140.35	5.29		0.02			391.54	29.74	
0.28	6.50		0.80			105.78	48.24	
	64.88		0.82			18300.72	167.42	1.87
	49.83		0.60			18300.72	105.84	
	15.05		0.22				61.58	1.87
0.61	4.02		0.20			3872.05	75.40	
299.94	**113.55**	**201.62**	**16.44**	**367.89**	**39.47**	**38548.50**	**1488.17**	**96.62**

6-7 吉林能源平衡表(实物量)-2009

项 目	Item	煤合计(万吨) Coal Total (10^4 tn)	原煤(万吨) Raw Coal (10^4 tn)
一.可供本地区消费的能源量	**Total Primary Energy Supply**	**8588.91**	**8896.59**
1.一次能源生产量	Indigenous Production	4494.76	4494.76
2.回收能	Recovery of Energy		
3.外省(区、市)调入量	Moving In from Other Provinces	5216.66	5078.07
4.进口量	Import	10.69	10.69
5.境内轮船和飞机在境外的加油量	Domestic Airplanes&Ships Refueling in Abroad		
6.本省(区、市)调出量(-)	Sending Out to Other Provinces(-)	-996.00	-548.51
7.出口量(-)	Export(-)	-22.00	-22.00
8.境外轮船和飞机在境内的加油量(-)	Oversea Airplanes&Ships Refueling in China		
9.库存增(-)、减(+)量	Stock Change	-115.20	-116.42
二.加工转换投入(-)产出(+)量	**Input(-) & Output(+) of Transformation**	**-5125.60**	**-5520.62**
1.火力发电	Thermal Power	-3018.76	-2999.09
2.供热	Heating Supply	-1329.05	-1282.96
3.洗选煤	Coal Washing	-184.00	-1218.20
4.炼焦	Coking	-481.00	
5.炼油	Petroleum Refineries		
6.制气	Gas Works	-112.64	-14.01
#焦炭再投入量(-)	Coke Input(-)		
7.煤制品加工	Briquettes	-0.15	-6.36
三.损失量	**Loss**	**1.24**	**1.24**
四.终端消费量	**Total Final Consumption**	**3462.07**	**3374.73**
1.农、林、牧、渔、水利业	Farming, Forestry, Animal Husbandry, Fishery & Water Conservancy	28.80	28.80
2.工业	Industry	2763.45	2683.95
#用作原料、材料	Non-Energy Use	78.55	67.72
3.建筑业	Construction	9.40	9.40
4.交通运输、仓储和邮政业	Transport, Storage and Post	104.05	104.05
5.批发、零售业和住宿、餐饮业	Wholesale,Retail Trade and Hotel,Restaurants	128.17	128.17
6.生活消费	Residential Consumption	151.64	143.80
城镇	Urban	108.17	103.83
乡村	Rural	43.47	39.97
7.其他	Other	276.56	276.56
五.平衡差额	**Statistical Difference**		
六.消费量合计	**Sum of Consumption**	**8588.91**	**8896.59**

ENERGY BALANCE OF JILIN-2009 (PHYSICAL QUANTITY)

洗精煤 (万吨) Cleaned Coal (10^4 tn)	其他洗煤 (万吨) Other Washed Coal (10^4 tn)	型煤 (万吨) Briquettes (10^4 tn)	焦炭 (万吨) Coke (10^4 tn)	焦炉煤气 (亿立方米) Coke Oven Gas (10^8 cu.m)	其他煤气 (亿立方米) Other Gas (10^8 cu.m)	油品合计 (万吨) Petroleum Products Total (10^4 tn)	原油 (万吨) Crude Oil (10^4 tn)	汽油 (万吨) Gasoline (10^4 tn)
126.24	**-444.13**	**10.21**	**169.32**	**2.86**	**72.90**	**845.39**	**851.89**	**-13.70**
						631.41	631.41	
					72.90			
128.75		9.84	165.75	2.86		213.76	213.12	
						0.78		
	-447.49					-13.06		-13.06
			-0.47			-0.28		-0.17
-2.51	3.36	0.37	4.04			12.78	7.36	-0.47
-57.73	**446.72**	**6.03**	**423.78**	**10.08**	**-13.88**	**-11.43**	**-812.03**	**152.14**
	-19.67			-1.77	-13.88	-1.21		
	-45.91	-0.18				-6.39		
521.90	512.30							
-481.00			350.79	9.06				
						-3.83	-812.03	152.14
-98.63			72.99	2.79				
		6.21						
					0.67	**0.41**	**0.41**	
68.51	**2.59**	**16.24**	**593.10**	**12.94**	**58.35**	**833.55**	**39.45**	**138.44**
						50.61		7.66
68.51	2.59	8.40	593.10	8.72	58.35	408.51	39.45	23.30
10.83			4.44	0.14		267.72		
						30.74		3.88
						228.10		37.93
				0.11		18.89		9.93
		7.84		4.01		64.39		28.38
		4.34		3.99		50.66		19.54
		3.50		0.02		13.73		8.84
				0.10		32.31		27.36
648.14	**68.17**	**16.42**	**593.10**	**14.71**	**72.90**	**845.39**	**851.89**	**138.44**

项　　目	Item	煤油 (万吨) Kerosene (10^4 tn)	柴油 (万吨) Diesel Oil (10^4 tn)
一.可供本地区消费的能源量	**Total Primary Energy Supply**	**1.15**	**6.44**
1.一次能源生产量	Indigenous Production		
2.回收能	Recovery of Energy		
3.外省(区、市)调入量	Moving In from Other Provinces	0.64	
4.进口量	Import	0.49	
5.境内轮船和飞机在境外的加油量	Domestic Airplanes&Ships Refueling in Abroad		
6.本省(区、市)调出量(−)	Sending Out to Other Provinces(-)		
7.出口量(−)	Export(-)		-0.11
8.境外轮船和飞机在境内的加油量(−)	Oversea Airplanes&Ships Refueling in China		
9.库存增(−)、减(+)量	Stock Change	0.02	6.55
二.加工转换投入(−)产出(+)量	**Input(-) & Output(+) of Transformation**		**321.18**
1.火力发电	Thermal Power		-0.42
2.供热	Heating Supply		-0.08
3.洗选煤	Coal Washing		
4.炼焦	Coking		
5.炼油	Petroleum Refineries		321.68
6.制气	Gas Works		
#焦炭再投入量(−)	Coke Input(-)		
7.煤制品加工	Briquettes		
三.损失量	**Loss**		
四.终端消费量	**Total Final Consumption**	**1.15**	**327.62**
1.农、林、牧、渔、水利业	Farming, Forestry, Animal Husbandry, Fishery & Water Conservancy		42.94
2.工业	Industry	0.25	46.60
#用作原料、材料	Non-Energy Use	0.02	0.01
3.建筑业	Construction	0.34	25.62
4.交通运输、仓储和邮政业	Transport, Storage and Post	0.24	189.60
5.批发、零售业和住宿、餐饮业	Wholesale,Retail Trade and Hotel,Restaurants	0.14	8.02
6.生活消费	Residential Consumption		10.50
城镇	Urban		7.29
乡村	Rural		3.21
7.其他	Other	0.18	4.34
五.平衡差额	**Statistical Difference**		
六.消费量合计	**Sum of Consumption**	**1.15**	**328.12**

Continued

燃料油 (万吨) Fuel Oil (10^4 tn)	液化石油气 (万吨) LPG (10^4 tn)	炼厂干气 (万吨) Refinery Gas (10^4 tn)	天然气 (亿立方米) Natural Gas (10^8 cu.m)	其他石油制品 (万吨) Other Petroleum Products (10^4 tn)	其他焦化产品 (万吨) Other Coking Products (10^4 tn)	热力 (百亿千焦) Heat (10^{10} kJ)	电力 (亿千瓦时) Electricity (10^8kW•h)	其他能源 (万吨标煤) Other Energy (10^4tce)
0.24	**0.31**		**16.66**	**-0.94**	**-10.15**	**2763.52**	**49.32**	**38.91**
			16.66				84.78	31.98
						2763.52		6.21
	0.29							
					-9.93		-35.46	
0.24	0.02			-0.94	-0.22			0.72
31.10	**25.91**	**22.39**	**-3.72**	**247.88**	**11.01**	**21227.35**	**465.93**	**-19.92**
-0.79			-1.97				465.93	-15.93
-6.31			-1.75			21227.35		-3.99
					11.01			
38.20	25.91	22.39		247.88				
			0.01			**2023.08**		
31.34	**26.22**	**22.39**	**12.93**	**246.94**	**0.86**	**21967.79**	**515.25**	**18.99**
	0.01						8.67	
28.98	0.60	22.39	6.17	246.94	0.86	12991.64	351.74	18.99
21.66				246.03				0.03
0.83	0.07					71.65	4.97	
0.05	0.28		3.72			276.03	12.08	
0.12	0.68		0.07			126.13	18.20	
1.22	24.29		2.89			7937.82	88.70	
1.22	22.61		2.83			7937.82	50.22	
	1.68		0.06				38.48	
0.14	0.29		0.08			564.52	30.89	
38.44	**26.22**	**22.39**	**16.66**	**246.94**	**0.86**	**23990.87**	**515.25**	**38.91**

6-8 黑龙江能源平衡表(实物量)-2009

项　　目	Item	煤合计(万吨) Coal Total (10^4 tn)	原煤(万吨) Raw Coal (10^4 tn)
一.可供本地区消费的能源量	**Total Primary Energy Supply**	**9051.79**	**10960.12**
1.一次能源生产量	Indigenous Production	9735.83	9735.83
2.回收能	Recovery of Energy		
3.外省(区、市)调入量	Moving In from Other Provinces	1800.00	1800.00
4.进口量	Import	18.70	18.70
5.境内轮船和飞机在境外的加油量	Domestic Airplanes&Ships Refueling in Abroad		
6.本省(区、市)调出量(−)	Sending Out to Other Provinces(-)	-2508.05	-614.19
7.出口量(−)	Export(-)	-4.27	-4.27
8.境外轮船和飞机在境内的加油量(−)	Oversea Airplanes&Ships Refueling in China		
9.库存增(−)、减(+)量	Stock Change	9.58	24.05
二.加工转换投入(−)产出(+)量	**Input(-) & Output(+) of Transformation**	**-8410.38**	**-11772.08**
1.火力发电	Thermal Power	-3791.87	-3691.92
2.供热	Heating Supply	-1456.04	-1433.37
3.洗选煤	Coal Washing	-1602.38	-6452.01
4.炼焦	Coking	-1366.55	-59.67
5.炼油	Petroleum Refineries		
6.制气	Gas Works	-193.54	-135.11
#焦炭再投入量(−)	Coke Input(-)		
7.煤制品加工	Briquettes		
三.损失量	**Loss**		
四.终端消费量	**Total Final Consumption**	**2639.75**	**1154.05**
1.农、林、牧、渔、水利业	Farming, Forestry, Animal Husbandry, Fishery & Water Conservancy	65.52	65.52
2.工业	Industry	2295.79	810.09
#用作原料、材料	Non-Energy Use	15.45	15.45
3.建筑业	Construction	5.01	5.01
4.交通运输、仓储和邮政业	Transport, Storage and Post	115.35	115.35
5.批发、零售业和住宿、餐饮业	Wholesale,Retail Trade and Hotel,Restaurants	37.65	37.65
6.生活消费	Residential Consumption	120.43	120.43
城镇	Urban	58.35	58.35
乡村	Rural	62.08	62.08
7.其他	Other		
五.平衡差额	**Statistical Difference**	**-1998.34**	**-1966.01**
六.消费量合计	**Sum of Consumption**	**11050.13**	**12926.13**

ENERGY BALANCE OF HEILONGJIANG-2009 (PHYSICAL QUANTITY)

洗精煤 (万吨) Cleaned Coal (10^4 tn)	其他洗煤 (万吨) Other Washed Coal (10^4 tn)	型煤 (万吨) Briquettes (10^4 tn)	焦炭 (万吨) Coke (10^4 tn)	焦炉煤气 (亿立方米) Coke Oven Gas (10^8 cu.m)	其他煤气 (亿立方米) Other Gas (10^8 cu.m)	油品合计 (万吨) Petroleum Products Total (10^4 tn)	原油 (万吨) Crude Oil (10^4 tn)	汽油 (万吨) Gasoline (10^4 tn)
-1068.99	**-839.11**	**-0.23**	**-636.00**			**1744.28**	**2065.13**	**-111.10**
						4000.70	4000.70	
						373.82	267.86	8.20
-1053.52	-840.34		-636.21			-2643.21	-2218.05	-119.15
						-0.86		-0.02
-15.47	1.23	-0.23	0.21			13.83	14.62	-0.13
1757.11	**1616.69**	**-12.10**	**878.03**	**6.21**	**26.08**	**-115.31**	**-1622.20**	**430.50**
	-98.77	-1.18		-2.51	-0.11	-5.03		
	-11.75	-10.92		-1.55		-73.41		
3122.42	1727.21							
-1306.88			957.90					
						-36.87	-1622.20	430.50
-58.43				10.27	26.19			
			-79.87					
						48.00	**48.00**	
688.12	**777.58**	**20.00**	**242.03**	**6.21**	**26.08**	**1580.97**	**394.93**	**319.40**
						146.69		
688.12	777.58	20.00	242.03	6.21	26.08	712.54	394.93	13.08
			6.84	1.12		43.95		0.01
						1.38		
						286.90		123.69
						165.26		89.63
						223.20		48.00
						207.60		48.00
						15.60		
						45.00		45.00
		-32.33						
2053.43	**888.10**	**32.10**	**321.90**	**10.27**	**26.19**	**1744.28**	**2065.13**	**319.40**

续表

项　　目	Item	煤油 (万吨) Kerosene (10^4 tn)	柴油 (万吨) Diesel Oil (10^4 tn)
一.可供本地区消费的能源量	**Total Primary Energy Supply**	**-48.15**	**-76.52**
1.一次能源生产量	Indigenous Production		
2.回收能	Recovery of Energy		
3.外省(区、市)调入量	Moving In from Other Provinces		
4.进口量	Import		
5.境内轮船和飞机在境外的加油量	Domestic Airplanes&Ships Refueling in Abroad		
6.本省(区、市)调出量(-)	Sending Out to Other Provinces(-)	-48.15	-73.63
7.出口量(-)	Export(-)		-0.83
8.境外轮船和飞机在境内的加油量(-)	Oversea Airplanes&Ships Refueling in China		
9.库存增(-)、减(+)量	Stock Change		-2.06
二.加工转换投入(-)产出(+)量	**Input(-) & Output(+) of Transformation**	**48.46**	**588.59**
1.火力发电	Thermal Power		-0.43
2.供热	Heating Supply		-0.13
3.洗选煤	Coal Washing		
4.炼焦	Coking		
5.炼油	Petroleum Refineries	48.46	589.15
6.制气	Gas Works		
#焦炭再投入量(-)	Coke Input(-)		
7.煤制品加工	Briquettes		
三.损失量	**Loss**		
四.终端消费量	**Total Final Consumption**	**0.31**	**512.07**
1.农、林、牧、渔、水利业	Farming, Forestry, Animal Husbandry, Fishery & Water Conservancy		146.69
2.工业	Industry	0.31	40.88
#用作原料、材料	Non-Energy Use		0.03
3.建筑业	Construction		1.32
4.交通运输、仓储和邮政业	Transport, Storage and Post		163.21
5.批发、零售业和住宿、餐饮业	Wholesale,Retail Trade and Hotel,Restaurants		75.63
6.生活消费	Residential Consumption		84.34
城镇	Urban		68.74
乡村	Rural		15.60
7.其他	Other		
五.平衡差额	**Statistical Difference**		
六.消费量合计	**Sum of Consumption**	**0.31**	**512.63**

Continued

燃料油 (万吨) Fuel Oil (10^4 tn)	液化石油气 (万吨) LPG (10^4 tn)	炼厂干气 (万吨) Refinery Gas (10^4 tn)	天然气 (亿立方米) Natural Gas (10^8 cu.m)	其他石油制品 (万吨) Other Petroleum Products (10^4 tn)	其他焦化产品 (万吨) Other Coking Products (10^4 tn)	热力 (百亿千焦) Heat (10^{10} kJ)	电力 (亿千瓦时) Electricity (10^8kW•h)	其他能源 (万吨标煤) Other Energy (10^4tce)
45.78			**30.00**	**-130.86**			**3.92**	**-2.26**
			30.00				46.82	
							118.74	
97.76							8.53	
-53.17				-131.06			-170.14	
	-0.01						-0.03	
1.19	0.01			0.20				-2.26
17.61	**145.79**	**26.25**	**-5.42**	**249.69**	**30.20**	**21062.54**	**684.74**	**-159.48**
-1.39		-3.21	-1.86				684.74	-107.82
-23.40		-49.88	-3.56			21062.54		-51.66
					30.20			
42.40	145.79	79.34		249.69				
			1.58				**18.81**	
63.39	**145.79**	**26.25**	**23.00**	**118.83**	**30.20**	**21062.54**	**669.85**	**156.27**
							24.24	
63.33	54.93	26.25	20.94	118.83	30.20	5153.72	453.97	88.27
			6.19	43.91				
0.06							4.69	
							8.69	
						29.56	18.21	
	90.86		2.06			15879.26	117.42	68.00
	90.86		2.06			15879.26	80.48	68.00
							36.94	
							42.63	
								-318.01
88.18	**145.79**	**79.34**	**30.00**	**118.83**	**30.20**	**21062.54**	**688.66**	**315.75**

6-9 上海能源平衡表(实物量)-2009

项 目	Item	煤合计 (万吨) Coal Total (10^4 tn)	原煤 (万吨) Raw Coal (10^4 tn)
一.可供本地区消费的能源量	**Total Primary Energy Supply**	**5307.92**	**4188.82**
1.一次能源生产量	Indigenous Production		
2.回收能	Recovery of Energy		
3.外省(区、市)调入量	Moving In from Other Provinces	6714.32	5608.53
4.进口量	Import		
5.境内轮船和飞机在境外的加油量	Domestic Airplanes&Ships Refueling in Abroad		
6.本省(区、市)调出量(-)	Sending Out to Other Provinces(-)	-1433.13	-1433.13
7.出口量(-)	Export(-)		
8.境外轮船和飞机在境内的加油量(-)	Oversea Airplanes&Ships Refueling in China		
9.库存增(-)、减(+)量	Stock Change	26.73	13.42
二.加工转换投入(-)产出(+)量	**Input(-) & Output(+) of Transformation**	**-4188.06**	**-3183.36**
1.火力发电	Thermal Power	-2860.29	-2860.29
2.供热	Heating Supply	-302.11	-302.11
3.洗选煤	Coal Washing		
4.炼焦	Coking	-1003.61	
5.炼油	Petroleum Refineries		
6.制气	Gas Works	-22.05	-20.96
#焦炭再投入量(-)	Coke Input(-)		
7.煤制品加工	Briquettes		
三.损失量	**Loss**	**11.45**	**10.40**
四.终端消费量	**Total Final Consumption**	**1105.66**	**992.09**
1.农、林、牧、渔、水利业	Farming, Forestry, Animal Husbandry, Fishery & Water Conservancy	1.12	1.12
2.工业	Industry	939.16	825.59
#用作原料、材料	Non-Energy Use	113.76	112.22
3.建筑业	Construction	11.28	11.28
4.交通运输、仓储和邮政业	Transport, Storage and Post	5.57	5.57
5.批发、零售业和住宿、餐饮业	Wholesale,Retail Trade and Hotel,Restaurants	46.78	46.78
6.生活消费	Residential Consumption	49.78	49.78
城镇	Urban	40.34	40.34
乡村	Rural	9.44	9.44
7.其他	Other	51.98	51.98
五.平衡差额	**Statistical Difference**	**2.74**	**2.96**
六.消费量合计	**Sum of Consumption**	**5305.17**	**4185.85**

ENERGY BALANCE OF SHANGHAI-2009 (PHYSICAL QUANTITY)

	洗精煤 (万吨) Cleaned Coal (10^4 tn)	其他洗煤 (万吨) Other Washed Coal (10^4 tn)	型煤 (万吨) Briquettes (10^4 tn)	焦炭 (万吨) Coke (10^4 tn)	焦炉煤气 (亿立方米) Coke Oven Gas (10^8 cu.m)	其他煤气 (亿立方米) Other Gas (10^8 cu.m)	油品合计 (万吨) Petroleum Products Total (10^4 tn)	原油 (万吨) Crude Oil (10^4 tn)	汽油 (万吨) Gasoline (10^4 tn)
	1107.82		**11.28**	**11.66**		**109.27**	**2990.29**	**1937.18**	**128.53**
							15.84	9.10	
						109.27			
	1094.47		11.32	154.53			3346.20	173.69	855.36
							2338.73	1767.24	
							618.48		
				-146.99			-3098.80	-6.45	-738.98
							-112.61		
							-121.54		
	13.35		-0.04	4.11			3.99	-6.40	12.15
	-1004.70			**646.64**	**22.18**	**-89.07**	**39.05**	**-1931.05**	**260.04**
					-1.02	-109.27	-32.82		
							-23.13		
	-1003.61			666.00	28.62				
							97.04	-1931.05	260.04
	-1.09				5.42	20.20	-2.04		
				-19.36					
	1.05					**2.08**			
	102.30		**11.27**	**658.32**	**22.18**	**18.12**	**3029.48**	**6.13**	**388.52**
							31.43		16.33
	102.30		11.27	658.32	22.06	6.24	1068.12	6.13	34.82
	0.39		1.15	0.15			678.65		0.02
						0.02	84.73		24.13
						0.20	1281.59		93.81
						3.17	142.18		45.20
					0.12	7.46	212.59		103.68
					0.12	7.17	143.45		89.06
						0.28	71.91		14.62
						1.03	208.84		70.55
	-0.23		**0.01**	**-0.02**			**-0.14**		**0.05**
	1108.05		**11.27**	**677.68**	**23.20**	**129.47**	**2990.43**	**1937.18**	**388.52**

项　　目	Item	煤油（万吨） Kerosene (10^4 tn)	柴油（万吨） Diesel Oil (10^4 tn)
一.可供本地区消费的能源量	**Total Primary Energy Supply**	**203.30**	**-199.80**
1.一次能源生产量	Indigenous Production		
2.回收能	Recovery of Energy		
3.外省(区、市)调入量	Moving In from Other Provinces	197.16	1709.96
4.进口量	Import	472.91	
5.境内轮船和飞机在境外的加油量	Domestic Airplanes&Ships Refueling in Abroad	86.65	8.29
6.本省(区、市)调出量(−)	Sending Out to Other Provinces(-)	-407.98	-1927.23
7.出口量(−)	Export(-)	-21.78	
8.境外轮船和飞机在境内的加油量(−)	Oversea Airplanes&Ships Refueling in China	-121.54	
9.库存增(−)、减(+)量	Stock Change	-2.13	9.19
二.加工转换投入(−)产出(+)量	**Input(-) & Output(+) of Transformation**	**149.71**	**681.47**
1.火力发电	Thermal Power		-1.03
2.供热	Heating Supply		-0.13
3.洗选煤	Coal Washing		
4.炼焦	Coking		
5.炼油	Petroleum Refineries	149.71	682.63
6.制气	Gas Works		
#焦炭再投入量(−)	Coke Input(-)		
7.煤制品加工	Briquettes		
三.损失量	**Loss**		
四.终端消费量	**Total Final Consumption**	**353.11**	**482.03**
1.农、林、牧、渔、水利业	Farming, Forestry, Animal Husbandry, Fishery & Water Conservancy		13.02
2.工业	Industry	1.04	72.77
#用作原料、材料	Non-Energy Use	0.01	0.05
3.建筑业	Construction	0.03	33.28
4.交通运输、仓储和邮政业	Transport, Storage and Post	351.71	156.87
5.批发、零售业和住宿、餐饮业	Wholesale,Retail Trade and Hotel,Restaurants	0.16	67.93
6.生活消费	Residential Consumption	0.13	50.48
城镇	Urban		26.63
乡村	Rural	0.13	23.85
7.其他	Other	0.04	87.68
五.平衡差额	**Statistical Difference**	**-0.10**	**-0.36**
六.消费量合计	**Sum of Consumption**	**353.11**	**483.19**

Continued

燃料油 (万吨) Fuel Oil (10^4 tn)	液化石油气 (万吨) LPG (10^4 tn)	炼厂干气 (万吨) Refinery Gas (10^4 tn)	天然气 (亿立方米) Natural Gas (10^8 cu.m)	其他石油制品 (万吨) Other Petroleum Products (10^4 tn)	其他焦化产品 (万吨) Other Coking Products (10^4 tn)	热力 (百亿千焦) Heat (10^{10} kJ)	电力 (亿千瓦时) Electricity (10^8 kW•h)	其他能源 (万吨标煤) Other Energy (10^4 tce)
712.73	**52.50**		**33.52**	**155.86**	**31.78**	**140.62**	**380.86**	**17.79**
	5.03		4.03	1.71			0.70	
						140.62	9.48	17.79
195.70	40.85		23.63	173.50	73.90		389.81	
80.02	10.33		5.86	8.23				
523.54								
-3.18	-3.62			-11.35	-40.78		-19.13	
-78.29				-12.54	-1.34			
-5.05	-0.09			-3.67				
15.14	**57.96**	**139.91**	**-9.40**	**665.87**	**41.85**	**6261.24**	**772.34**	**-16.22**
-13.13		-0.06	-5.37	-18.60		-13.85	772.34	-14.84
-1.65	-0.05	-0.11	-1.41	-21.19		6313.08		-1.38
					41.85			
30.24	58.66	140.08		706.73				
-0.32	-0.65		2.62	-1.07		-37.99		
			2.11				**60.01**	
727.69	**110.41**	**139.92**	**22.01**	**821.68**	**73.68**	**6401.86**	**1093.37**	**1.57**
				2.08			5.39	
71.92	56.41	139.92	11.17	685.11	60.89	6166.60	641.58	1.57
4.12	26.60	15.68	1.97	632.17	28.87			
9.85	0.43			17.01	12.79	3.62	22.53	
635.00	6.55		0.29	37.66		79.33	25.89	
8.56	7.13		1.23	13.20		53.81	64.75	
	33.99		6.44	24.31		5.74	152.52	
	9.81		5.79	17.95		5.74	142.05	
	24.17		0.65	6.36			10.47	
2.36	5.91		2.89	42.30		92.76	180.72	
0.18	**0.05**	**-0.01**		**0.05**	**-0.05**		**-0.18**	
742.79	**111.11**	**140.09**	**33.52**	**862.54**	**73.68**	**6453.70**	**1153.38**	**17.79**

6-10 江苏能源平衡表(实物量)-2009

项 目	Item	煤合计(万吨) Coal Total (10^4 tn)	原煤(万吨) Raw Coal (10^4 tn)
一.可供本地区消费的能源量	**Total Primary Energy Supply**	**21003.02**	**19465.22**
1.一次能源生产量	Indigenous Production	2215.42	2215.42
2.回收能	Recovery of Energy		
3.外省(区、市)调入量	Moving In from Other Provinces	18706.11	16898.41
4.进口量	Import	566.00	566.00
5.境内轮船和飞机在境外的加油量	Domestic Airplanes&Ships Refueling in Abroad		
6.本省(区、市)调出量(-)	Sending Out to Other Provinces(-)	-549.11	-318.85
7.出口量(-)	Export(-)	-54.00	-54.00
8.境外轮船和飞机在境内的加油量(-)	Oversea Airplanes&Ships Refueling in China		
9.库存增(-)、减(+)量	Stock Change	118.60	158.24
二.加工转换投入(-)产出(+)量	**Input(-) & Output(+) of Transformation**	**-15092.49**	**-14124.32**
1.火力发电	Thermal Power	-11200.15	-10875.32
2.供热	Heating Supply	-2060.89	-1912.55
3.洗选煤	Coal Washing	-257.94	-1286.82
4.炼焦	Coking	-1567.78	-48.89
5.炼油	Petroleum Refineries		
6.制气	Gas Works	-5.73	-0.74
#焦炭再投入量(-)	Coke Input(-)		
7.煤制品加工	Briquettes		
三.损失量	**Loss**		
四.终端消费量	**Total Final Consumption**	**5910.53**	**5340.90**
1.农、林、牧、渔、水利业	Farming, Forestry, Animal Husbandry, Fishery & Water Conservancy	62.99	62.99
2.工业	Industry	5682.75	5123.94
#用作原料、材料	Non-Energy Use	408.45	408.45
3.建筑业	Construction	5.00	5.00
4.交通运输、仓储和邮政业	Transport, Storage and Post	41.63	41.63
5.批发、零售业和住宿、餐饮业	Wholesale,Retail Trade and Hotel,Restaurants	40.14	40.14
6.生活消费	Residential Consumption	78.02	67.20
城镇	Urban	34.20	34.20
乡村	Rural	43.82	33.00
7.其他	Other		
五.平衡差额	**Statistical Difference**		
六.消费量合计	**Sum of Consumption**	**21003.02**	**19465.22**

ENERGY BALANCE OF JIANGSU-2009 (PHYSICAL QUANTITY)

洗精煤 (万吨) Cleaned Coal (10^4 tn)	其他洗煤 (万吨) Other Washed Coal (10^4 tn)	型煤 (万吨) Briquettes (10^4 tn)	焦炭 (万吨) Coke (10^4 tn)	焦炉煤气 (亿立方米) Coke Oven Gas (10^8 cu.m)	其他煤气 (亿立方米) Other Gas (10^8 cu.m)	油品合计 (万吨) Petroleum Products Total (10^4 tn)	原油 (万吨) Crude Oil (10^4 tn)	汽油 (万吨) Gasoline (10^4 tn)
1280.93	**228.64**	**28.23**	**1032.56**		**319.60**	**2639.87**	**2661.44**	**267.42**
						184.03	184.03	
					319.60			
1546.19	233.33	28.18	1102.62			1928.39	1006.05	415.49
						1668.91	1544.91	
						7.29		
-230.26						-1006.24	-18.29	-150.87
						-115.69		
-35.00	-4.69	0.05	-70.06			-26.82	-55.26	2.80
-782.64	**-185.53**		**1186.85**	**14.05**	**-121.63**	**-97.48**	**-2639.89**	**318.24**
	-324.83			-8.96	-101.42	-7.15		
	-148.34			-1.69	-21.91	-11.31		
741.24	287.64							
-1518.89			1188.64	24.26				
						-77.15	-2639.89	318.24
-4.99			-1.79	0.44	1.70	-1.87		
						23.12	**8.96**	**5.03**
498.29	**43.11**	**28.23**	**2219.41**	**14.05**	**197.97**	**2519.27**	**12.59**	**580.63**
						161.24		12.08
498.29	43.11	17.41	2219.41	14.05	196.80	1201.58	12.59	44.51
			94.50			445.99		0.88
						113.90		0.90
						771.02		361.28
						12.08		0.10
		10.82			1.17	248.45		150.75
					1.17	217.21		150.75
		10.82				31.24		
						11.01		11.01
2022.17	**516.28**	**28.23**	**2221.20**	**24.26**	**321.30**	**2639.87**	**2661.44**	**585.66**

续表

项　　目	Item	煤油 (万吨) Kerosene (10^4 tn)	柴油 (万吨) Diesel Oil (10^4 tn)
一.可供本地区消费的能源量	**Total Primary Energy Supply**	**-135.69**	**-95.12**
1.一次能源生产量	Indigenous Production		
2.回收能	Recovery of Energy		
3.外省(区、市)调入量	Moving In from Other Provinces		424.78
4.进口量	Import	2.00	20.00
5.境内轮船和飞机在境外的加油量	Domestic Airplanes&Ships Refueling in Abroad	0.49	0.57
6.本省(区、市)调出量(−)	Sending Out to Other Provinces(-)	-120.39	-515.34
7.出口量(−)	Export(-)	-16.09	-48.28
8.境外轮船和飞机在境内的加油量(−)	Oversea Airplanes&Ships Refueling in China		
9.库存增(−)、减(+)量	Stock Change	-1.70	23.15
二.加工转换投入(−)产出(+)量	**Input(-) & Output(+) of Transformation**	**156.87**	**749.00**
1.火力发电	Thermal Power		-1.67
2.供热	Heating Supply		-0.32
3.洗选煤	Coal Washing		
4.炼焦	Coking		
5.炼油	Petroleum Refineries	156.87	750.99
6.制气	Gas Works		
#焦炭再投入量(−)	Coke Input(-)		
7.煤制品加工	Briquettes		
三.损失量	**Loss**		**7.73**
四.终端消费量	**Total Final Consumption**	**21.18**	**646.15**
1.农、林、牧、渔、水利业	Farming, Forestry, Animal Husbandry, Fishery & Water Conservancy		149.16
2.工业	Industry	2.23	105.52
#用作原料、材料	Non-Energy Use	0.11	1.04
3.建筑业	Construction		34.24
4.交通运输、仓储和邮政业	Transport, Storage and Post	18.95	357.23
5.批发、零售业和住宿、餐饮业	Wholesale,Retail Trade and Hotel,Restaurants		
6.生活消费	Residential Consumption		
城镇	Urban		
乡村	Rural		
7.其他	Other		
五.平衡差额	**Statistical Difference**		
六.消费量合计	**Sum of Consumption**	**21.18**	**655.87**

Continued

燃料油(万吨) Fuel Oil (10^4 tn)	液化石油气(万吨) LPG (10^4 tn)	炼厂干气(万吨) Refinery Gas (10^4 tn)	天然气(亿立方米) Natural Gas (10^8 cu.m)	其他石油制品(万吨) Other Petroleum Products (10^4 tn)	其他焦化产品(万吨) Other Coking Products (10^4 tn)	热力(百亿千焦) Heat (10^{10} kJ)	电力(亿千瓦时) Electricity (10^8 kW•h)	其他能源(万吨标煤) Other Energy (10^4 tce)
25.60	**20.87**		**63.43**	**-104.65**	**0.88**	**1210.65**	**572.59**	**122.84**
			0.57				242.91	
						1210.65		122.48
0.14	8.22		62.86	73.71			527.33	
79.00	23.00							
6.23								
-15.18	-9.34			-176.83			-197.65	
-43.00	-1.00			-7.32				
-1.59	-0.01			5.79	0.88			0.36
190.11	**133.74**	**65.22**	**-25.57**	**929.23**	**61.45**	**37144.67**	**2741.39**	**-100.81**
		-0.17	-22.78	-5.31		-724.65	2741.39	-89.40
-1.39	-0.36	-3.89	-2.78	-5.35		37869.32		-11.41
					60.85			
191.50	135.97	69.28		939.89				
	-1.87		-0.01		0.60			
	1.40		**0.86**			**1144.00**	**232.88**	
215.71	**153.22**	**65.22**	**37.00**	**824.58**	**62.33**	**37211.32**	**3081.10**	**22.03**
							25.45	
183.19	42.50	65.22	25.97	745.82	62.33	36491.12	2398.40	22.03
0.73				443.23	22.22			
				78.76			28.88	
32.52	1.04		1.03			25.44	25.40	
	11.98		1.54				93.64	
	97.70		6.51			694.76	323.93	
	66.46		6.44			526.56	159.26	
	31.24		0.07			168.20	164.67	
			1.95				185.40	
217.10	**156.85**	**69.28**	**63.43**	**835.24**	**62.33**	**39079.97**	**3313.98**	**122.84**

6-11 浙江能源平衡表(实物量)-2009

项　　目	Item	煤合计(万吨) Coal Total (10^4 tn)	原煤(万吨) Raw Coal (10^4 tn)
一.可供本地区消费的能源量	**Total Primary Energy Supply**	**13276.17**	**13076.91**
1.一次能源生产量	Indigenous Production	13.20	13.20
2.回收能	Recovery of Energy		
3.外省(区、市)调入量	Moving In from Other Provinces	12728.29	12529.47
4.进口量	Import	395.99	395.99
5.境内轮船和飞机在境外的加油量	Domestic Airplanes&Ships Refueling in Abroad		
6.本省(区、市)调出量(−)	Sending Out to Other Provinces(-)		
7.出口量(−)	Export(-)		
8.境外轮船和飞机在境内的加油量(−)	Oversea Airplanes&Ships Refueling in China		
9.库存增(−)、减(+)量	Stock Change	138.68	138.25
二.加工转换投入(−)产出(+)量	**Input(-) & Output(+) of Transformation**	**-9998.40**	**-9957.67**
1.火力发电	Thermal Power	-7592.14	-7592.14
2.供热	Heating Supply	-2099.67	-2099.67
3.洗选煤	Coal Washing	-8.36	-35.61
4.炼焦	Coking	-326.12	-137.25
5.炼油	Petroleum Refineries		
6.制气	Gas Works		
#焦炭再投入量(−)	Coke Input(-)		
7.煤制品加工	Briquettes	27.88	-93.00
三.损失量	**Loss**		
四.终端消费量	**Total Final Consumption**	**3277.76**	**3119.24**
1.农、林、牧、渔、水利业	Farming, Forestry, Animal Husbandry, Fishery & Water Conservancy	6.99	6.99
2.工业	Industry	3148.77	3072.25
#用作原料、材料	Non-Energy Use		
3.建筑业	Construction	7.00	7.00
4.交通运输、仓储和邮政业	Transport, Storage and Post	3.00	3.00
5.批发、零售业和住宿、餐饮业	Wholesale,Retail Trade and Hotel,Restaurants	37.00	30.00
6.生活消费	Residential Consumption	75.00	
城镇	Urban	24.00	
乡村	Rural	51.00	
7.其他	Other		
五.平衡差额	**Statistical Difference**	**0.01**	
六.消费量合计	**Sum of Consumption**	**13276.16**	**13076.91**

ENERGY BALANCE OF ZHEJIANG-2009 (PHYSICAL QUANTITY)

洗精煤 (万吨) Cleaned Coal (10^4 tn)	其他洗煤 (万吨) Other Washed Coal (10^4 tn)	型煤 (万吨) Briquettes (10^4 tn)	焦炭 (万吨) Coke (10^4 tn)	焦炉煤气 (亿立方米) Coke Oven Gas (10^8 cu.m)	其他煤气 (亿立方米) Other Gas (10^8 cu.m)	油品合计 (万吨) Petroleum Products Total (10^4 tn)	原油 (万吨) Crude Oil (10^4 tn)	汽油 (万吨) Gasoline (10^4 tn)
193.88	**5.74**	**-0.36**	**158.99**		**33.43**	**2311.88**	**2505.80**	**189.60**
					33.43			
193.13	5.69		152.43			2432.38	670.80	529.82
						2009.52	1847.97	25.32
						-1980.49		-308.88
						-152.98		-41.69
0.75	0.05	-0.36	6.56			3.44	-12.97	-14.97
-161.61		**120.88**	**291.76**	**4.47**	**-4.49**	**-181.33**	**-2505.74**	**320.82**
			-50.46	-0.29	-3.67	-13.72	-3.36	
			-3.31		-0.82	-0.32		
27.25								
-188.87			230.51	4.77				
			115.01			-167.29	-2502.38	320.82
		120.88						
32.27	**5.74**	**120.52**	**450.74**	**4.47**	**28.94**	**2130.56**	**0.06**	**510.42**
						198.28		15.00
32.27	5.74	38.52	450.74	4.47	28.94	638.49	0.06	70.34
						126.50		23.00
						687.58		244.87
		7.00				65.00		15.00
		75.00				343.71		106.21
		24.00				191.70		63.70
		51.00				152.01		42.51
						71.00		36.00
						-0.01		
221.13	**5.74**	**120.52**	**504.51**	**4.77**	**33.43**	**2311.89**	**2505.80**	**510.42**

续表

项 目	Item	煤油（万吨） Kerosene (10^4 tn)	柴油（万吨） Diesel Oil (10^4 tn)
一.可供本地区消费的能源量	**Total Primary Energy Supply**	**-83.19**	**71.34**
1.一次能源生产量	Indigenous Production		
2.回收能	Recovery of Energy		
3.外省(区、市)调入量	Moving In from Other Provinces	41.82	714.87
4.进口量	Import		
5.境内轮船和飞机在境外的加油量	Domestic Airplanes&Ships Refueling in Abroad		
6.本省(区、市)调出量(-)	Sending Out to Other Provinces(-)	-70.80	-593.73
7.出口量(-)	Export(-)	-53.95	-55.73
8.境外轮船和飞机在境内的加油量(-)	Oversea Airplanes&Ships Refueling in China		
9.库存增(-)、减(+)量	Stock Change	-0.26	5.93
二.加工转换投入(-)产出(+)量	**Input(-) & Output(+) of Transformation**	**146.08**	**824.36**
1.火力发电	Thermal Power		-1.49
2.供热	Heating Supply		-0.04
3.洗选煤	Coal Washing		
4.炼焦	Coking		
5.炼油	Petroleum Refineries	146.08	825.89
6.制气	Gas Works		
#焦炭再投入量(-)	Coke Input(-)		
7.煤制品加工	Briquettes		
三.损失量	**Loss**		
四.终端消费量	**Total Final Consumption**	**62.90**	**895.70**
1.农、林、牧、渔、水利业	Farming, Forestry, Animal Husbandry, Fishery & Water Conservancy		183.28
2.工业	Industry	3.19	241.42
#用作原料、材料	Non-Energy Use		
3.建筑业	Construction	1.50	102.00
4.交通运输、仓储和邮政业	Transport, Storage and Post	58.21	315.50
5.批发、零售业和住宿、餐饮业	Wholesale,Retail Trade and Hotel,Restaurants		18.00
6.生活消费	Residential Consumption		18.50
城镇	Urban		9.00
乡村	Rural		9.50
7.其他	Other		17.00
五.平衡差额	**Statistical Difference**		
六.消费量合计	**Sum of Consumption**	**62.90**	**897.23**

Continued

燃料油 (万吨) Fuel Oil (10⁴ tn)	液化石油气 (万吨) LPG (10⁴ tn)	炼厂干气 (万吨) Refinery Gas (10⁴ tn)	天然气 (亿立方米) Natural Gas (10⁸ cu.m)	其他石油制品 (万吨) Other Petroleum Products (10⁴ tn)	其他焦化产品 (万吨) Other Coking Products (10⁴ tn)	热力 (百亿千焦) Heat (10¹⁰ kJ)	电力 (亿千瓦时) Electricity (10⁸kW•h)	其他能源 (万吨标煤) Other Energy (10⁴tce)
289.53	**152.26**		**19.09**	**-813.47**	**-3.87**	**2386.62**	**616.62**	**115.97**
							395.89	
						2386.62		
361.09	106.70		19.09	7.28			271.32	115.97
71.47	49.33			15.43				
-163.32	-4.04			-839.73	-3.87		-50.59	
				-1.62				
20.28	0.27			5.16				
-70.33	**127.53**	**61.95**	**-8.93**	**914.00**	**5.33**	**37620.35**	**1854.82**	**-55.92**
-8.87			-8.87			-2477.10	1854.82	-43.75
-0.12		-0.16	-0.06			40097.45		-12.17
					5.33			
-61.34	127.53	62.11		914.00				
						1395.00	**120.94**	
219.20	**279.80**	**61.95**	**10.15**	**100.53**	**1.47**	**38611.98**	**2350.49**	**60.05**
							15.71	
142.20	18.80	61.95	5.71	100.53	1.47	31656.80	1783.29	60.05
							30.06	
69.00						5.17	21.24	
5.00	27.00		1.05			5400.00	84.17	
	219.00		3.39				280.46	
	119.00		3.39				149.16	
	100.00						131.29	
3.00	15.00					1550.00	135.57	
289.53	**279.80**	**62.11**	**19.09**	**100.53**	**1.47**	**42484.07**	**2471.44**	**115.97**

6-12 安徽能源平衡表(实物量)-2009

项　　目	Item	煤合计 (万吨) Coal Total (10^4 tn)	原煤 (万吨) Raw Coal (10^4 tn)
一.可供本地区消费的能源量	**Total Primary Energy Supply**	**12560.14**	**12909.61**
1.一次能源生产量	Indigenous Production	12894.25	12894.25
2.回收能	Recovery of Energy		
3.外省(区、市)调入量	Moving In from Other Provinces	3365.00	3365.00
4.进口量	Import		
5.境内轮船和飞机在境外的加油量	Domestic Airplanes&Ships Refueling in Abroad		
6.本省(区、市)调出量(−)	Sending Out to Other Provinces(-)	-4009.00	-3642.00
7.出口量(−)	Export(-)		
8.境外轮船和飞机在境内的加油量(−)	Oversea Airplanes&Ships Refueling in China		
9.库存增(−)、减(+)量	Stock Change	309.89	292.36
二.加工转换投入(−)产出(+)量	**Input(-) & Output(+) of Transformation**	**-7750.27**	**-9579.85**
1.火力发电	Thermal Power	-5833.04	-5782.21
2.供热	Heating Supply	-339.09	-339.09
3.洗选煤	Coal Washing	-478.04	-3446.22
4.炼焦	Coking	-1094.60	-6.83
5.炼油	Petroleum Refineries		
6.制气	Gas Works	-5.50	-5.50
#焦炭再投入量(−)	Coke Input(-)		
7.煤制品加工	Briquettes		
三.损失量	**Loss**		
四.终端消费量	**Total Final Consumption**	**4916.13**	**3449.24**
1.农、林、牧、渔、水利业	Farming, Forestry, Animal Husbandry, Fishery & Water Conservancy	48.38	48.38
2.工业	Industry	4434.89	2969.12
#用作原料、材料	Non-Energy Use		
3.建筑业	Construction	16.36	15.24
4.交通运输、仓储和邮政业	Transport, Storage and Post	34.99	34.99
5.批发、零售业和住宿、餐饮业	Wholesale,Retail Trade and Hotel,Restaurants	28.90	28.90
6.生活消费	Residential Consumption	310.61	310.61
城镇	Urban	190.49	190.49
乡村	Rural	120.12	120.12
7.其他	Other	42.00	42.00
五.平衡差额	**Statistical Difference**	**-106.26**	**-119.49**
六.消费量合计	**Sum of Consumption**	**12666.40**	**13029.10**

ENERGY BALANCE OF ANHUI-2009 (PHYSICAL QUANTITY)

洗精煤 (万吨) Cleaned Coal (10^4 tn)	其他洗煤 (万吨) Other Washed Coal (10^4 tn)	型煤 (万吨) Briquettes (10^4 tn)	焦炭 (万吨) Coke (10^4 tn)	焦炉煤气 (亿立方米) Coke Oven Gas (10^8 cu.m)	其他煤气 (亿立方米) Other Gas (10^8 cu.m)	油品合计 (万吨) Petroleum Products Total (10^4 tn)	原油 (万吨) Crude Oil (10^4 tn)	汽油 (万吨) Gasoline (10^4 tn)
-349.71	**0.24**		**43.91**	**1.00**		**606.50**	**453.89**	**42.99**
						7.33	7.33	
			46.28			606.28	255.65	75.20
						198.26	198.26	
-367.00						-212.97		-34.11
						-0.01		
17.29	0.24		-2.37	1.00		7.61	-7.35	1.90
440.66	**1388.92**		**812.24**	**20.46**	**0.12**	**-19.61**	**-452.55**	**97.49**
	-50.83			-5.64		-1.97		
				-2.24		-2.65		
1528.43	1439.75							
-1087.77			772.94	28.34				
			39.30			-14.99	-452.55	97.49
					0.12			
87.59	**1379.29**		**856.28**	**20.31**	**0.30**	**586.10**	**1.58**	**140.40**
						79.50		14.55
86.47	1379.29		856.28	20.31	0.30	110.43	1.58	7.79
1.12						33.20		6.41
						261.97		64.15
						7.43		3.23
						63.28		20.47
						54.23		20.47
						9.05		
						30.29		23.80
3.35	**9.87**		**-0.13**	**1.15**	**-0.18**	**0.79**	**-0.24**	**0.08**
1175.36	**1430.12**		**856.28**	**28.19**	**0.30**	**605.71**	**454.13**	**140.40**

续表

项　　目	Item	煤油 (万吨) Kerosene (10^4 tn)	柴油 (万吨) Diesel Oil (10^4 tn)
一.可供本地区消费的能源量	**Total Primary Energy Supply**	**13.23**	**144.26**
1.一次能源生产量	Indigenous Production		
2.回收能	Recovery of Energy		
3.外省(区、市)调入量	Moving In from Other Provinces	13.14	225.90
4.进口量	Import		
5.境内轮船和飞机在境外的加油量	Domestic Airplanes&Ships Refueling in Abroad		
6.本省(区、市)调出量(−)	Sending Out to Other Provinces(-)		-95.52
7.出口量(−)	Export(-)		
8.境外轮船和飞机在境内的加油量(−)	Oversea Airplanes&Ships Refueling in China	-0.01	
9.库存增(−)、减(+)量	Stock Change	0.10	13.88
二.加工转换投入(−)产出(+)量	**Input(-) & Output(+) of Transformation**		**184.93**
1.火力发电	Thermal Power		
2.供热	Heating Supply		
3.洗选煤	Coal Washing		
4.炼焦	Coking		
5.炼油	Petroleum Refineries		184.93
6.制气	Gas Works		
#焦炭再投入量(−)	Coke Input(-)		
7.煤制品加工	Briquettes		
三.损失量	**Loss**		
四.终端消费量	**Total Final Consumption**	**13.23**	**329.14**
1.农、林、牧、渔、水利业	Farming, Forestry, Animal Husbandry, Fishery & Water Conservancy		64.95
2.工业	Industry	0.93	43.11
#用作原料、材料	Non-Energy Use		
3.建筑业	Construction		25.95
4.交通运输、仓储和邮政业	Transport, Storage and Post	12.30	185.50
5.批发、零售业和住宿、餐饮业	Wholesale,Retail Trade and Hotel,Restaurants		3.69
6.生活消费	Residential Consumption		
城镇	Urban		
乡村	Rural		
7.其他	Other		5.94
五.平衡差额	**Statistical Difference**		**0.05**
六.消费量合计	**Sum of Consumption**	**13.23**	**329.14**

Continued

燃料油 (万吨) Fuel Oil (10^4 tn)	液化石油气 (万吨) LPG (10^4 tn)	炼厂干气 (万吨) Refinery Gas (10^4 tn)	天然气 (亿立方米) Natural Gas (10^8 cu.m)	其他石油制品 (万吨) Other Petroleum Products (10^4 tn)	其他焦化产品 (万吨) Other Coking Products (10^4 tn)	热力 (百亿千焦) Heat (10^{10} kJ)	电力 (亿千瓦时) Electricity (10^8 kW•h)	其他能源 (万吨标煤) Other Energy (10^4 tce)
-2.38	**12.44**		**9.18**	**-57.93**	**-31.56**	**1005.80**	**-347.12**	**40.20**
							29.15	
						1005.80		40.20
2.42	33.97		9.18				1.29	
-4.84	-21.50			-57.00	-40.42		-377.56	
0.04	-0.03			-0.93	8.86			
16.57	**33.26**	**10.38**	**-0.23**	**90.31**	**45.29**	**6418.70**	**1299.43**	**-40.74**
		-1.97	-0.23				1299.43	-33.62
		-2.65			-4.20	6418.70		-6.57
					49.49			
16.57	33.26	15.00		90.31				-0.55
			0.36					
14.26	**45.72**	**9.91**	**9.18**	**31.85**	**13.73**	**7424.88**	**952.30**	
							11.28	
13.42	1.83	9.91	4.58	31.85	13.73	6115.00	693.05	
0.84							10.66	
	0.02		1.07			0.41	12.16	
	0.51		0.36				28.42	
	42.81		2.23			1309.47	151.30	
	33.76		2.23			1309.47	77.70	
	9.05						73.60	
	0.55		0.94				45.43	
-0.07	**-0.02**	**0.47**	**-0.59**	**0.53**		**-0.38**	**0.01**	**-0.54**
14.26	**45.72**	**14.53**	**9.77**	**31.85**	**17.93**	**7424.88**	**952.30**	**40.74**

6-13 福建能源平衡表(实物量)-2009

项　　目	Item	煤合计(万吨) Coal Total (10^4 tn)	原煤(万吨) Raw Coal (10^4 tn)
一.可供本地区消费的能源量	**Total Primary Energy Supply**	**7109.25**	**6898.14**
1.一次能源生产量	Indigenous Production	2466.13	2466.13
2.回收能	Recovery of Energy		
3.外省(区、市)调入量	Moving In from Other Provinces	4431.14	4194.18
4.进口量	Import	480.00	480.00
5.境内轮船和飞机在境外的加油量	Domestic Airplanes&Ships Refueling in Abroad		
6.本省(区、市)调出量(−)	Sending Out to Other Provinces(-)	-292.51	-264.79
7.出口量(−)	Export(-)		
8.境外轮船和飞机在境内的加油量(−)	Oversea Airplanes&Ships Refueling in China		
9.库存增(−)、减(+)量	Stock Change	24.49	22.62
二.加工转换投入(−)产出(+)量	**Input(-) & Output(+) of Transformation**	**-3850.39**	**-3734.80**
1.火力发电	Thermal Power	-3539.10	-3539.10
2.供热	Heating Supply	-162.53	-162.53
3.洗选煤	Coal Washing	-0.24	-27.96
4.炼焦	Coking	-147.44	-4.27
5.炼油	Petroleum Refineries		
6.制气	Gas Works	-1.08	-0.94
#焦炭再投入量(−)	Coke Input(-)		
7.煤制品加工	Briquettes		
三.损失量	**Loss**		
四.终端消费量	**Total Final Consumption**	**3258.86**	**3163.34**
1.农、林、牧、渔、水利业	Farming, Forestry, Animal Husbandry, Fishery & Water Conservancy	72.00	72.00
2.工业	Industry	2981.07	2885.55
#用作原料、材料	Non-Energy Use	215.34	214.84
3.建筑业	Construction	15.00	15.00
4.交通运输、仓储和邮政业	Transport, Storage and Post	10.00	10.00
5.批发、零售业和住宿、餐饮业	Wholesale,Retail Trade and Hotel,Restaurants	35.00	35.00
6.生活消费	Residential Consumption	127.79	127.79
城镇	Urban	27.79	27.79
乡村	Rural	100.00	100.00
7.其他	Other	18.00	18.00
五.平衡差额	**Statistical Difference**		
六.消费量合计	**Sum of Consumption**	**7109.25**	**6898.14**

ENERGY BALANCE OF FUJIAN-2009 (PHYSICAL QUANTITY)

洗精煤 (万吨) Cleaned Coal (10^4 tn)	其他洗煤 (万吨) Other Washed Coal (10^4 tn)	型煤 (万吨) Briquettes (10^4 tn)	焦炭 (万吨) Coke (10^4 tn)	焦炉煤气 (亿立方米) Coke Oven Gas (10^8 cu.m)	其他煤气 (亿立方米) Other Gas (10^8 cu.m)	油品合计 (万吨) Petroleum Products Total (10^4 tn)	原油 (万吨) Crude Oil (10^4 tn)	汽油 (万吨) Gasoline (10^4 tn)
124.85	**0.00**	**86.26**	**535.15**		**65.43**	**1104.30**	**706.01**	**141.26**
					65.43			
149.02	0.00	87.94	561.64			1248.73	756.26	142.05
-27.72			-17.68			-90.26		
3.55		-1.68	-8.81			-54.17	-50.25	-0.79
-115.45	**0.00**	**-0.14**	**117.93**	**3.43**	**-25.16**	**-26.32**	**-704.28**	**122.38**
				-0.47	-8.42	-18.77		
				-0.57	-10.51	-26.42		
27.72								
-143.17	0.00		117.93	4.57	-6.48			
						18.87	-704.28	122.38
		-0.14		-0.10	0.25			
9.40		**86.12**	**653.08**	**3.43**	**40.27**	**1077.98**	**1.73**	**263.64**
						98.97		13.93
9.40		86.12	653.08	3.43	40.27	260.83	1.73	44.08
0.50			12.68			15.34		
						58.38		9.50
						445.56		70.00
						33.77		22.00
						113.58		47.13
						70.56		32.50
						43.02		14.63
						66.89		57.00
152.57	**0.00**	**86.26**	**653.08**	**4.47**	**65.68**	**1104.30**	**706.01**	**263.64**

续表

项　目	Item	煤油(万吨) Kerosene (10^4 tn)	柴油(万吨) Diesel Oil (10^4 tn)
一.可供本地区消费的能源量	**Total Primary Energy Supply**	**18.68**	**139.59**
1.一次能源生产量	Indigenous Production		
2.回收能	Recovery of Energy		
3.外省(区、市)调入量	Moving In from Other Provinces	18.70	139.80
4.进口量	Import		
5.境内轮船和飞机在境外的加油量	Domestic Airplanes&Ships Refueling in Abroad		
6.本省(区、市)调出量(-)	Sending Out to Other Provinces(-)		
7.出口量(-)	Export(-)		
8.境外轮船和飞机在境内的加油量(-)	Oversea Airplanes&Ships Refueling in China		
9.库存增(-)、减(+)量	Stock Change	-0.02	-0.21
二.加工转换投入(-)产出(+)量	**Input(-) & Output(+) of Transformation**	**32.28**	**259.75**
1.火力发电	Thermal Power		-4.16
2.供热	Heating Supply		-9.59
3.洗选煤	Coal Washing		
4.炼焦	Coking		
5.炼油	Petroleum Refineries	32.28	273.50
6.制气	Gas Works		
#焦炭再投入量(-)	Coke Input(-)		
7.煤制品加工	Briquettes		
三.损失量	**Loss**		
四.终端消费量	**Total Final Consumption**	**50.96**	**399.34**
1.农、林、牧、渔、水利业	Farming, Forestry, Animal Husbandry, Fishery & Water Conservancy		60.00
2.工业	Industry	3.27	50.00
#用作原料、材料	Non-Energy Use		
3.建筑业	Construction	0.61	35.00
4.交通运输、仓储和邮政业	Transport, Storage and Post	46.96	230.43
5.批发、零售业和住宿、餐饮业	Wholesale,Retail Trade and Hotel,Restaurants	0.03	8.80
6.生活消费	Residential Consumption		6.41
城镇	Urban		2.41
乡村	Rural		4.00
7.其他	Other	0.09	8.70
五.平衡差额	**Statistical Difference**		
六.消费量合计	**Sum of Consumption**	**50.96**	**413.09**

Continued

燃料油（万吨） Fuel Oil (10^4 tn)	液化石油气（万吨） LPG (10^4 tn)	炼厂干气（万吨） Refinery Gas (10^4 tn)	天然气（亿立方米） Natural Gas (10^8 cu.m)	其他石油制品（万吨） Other Petroleum Products (10^4 tn)	其他焦化产品（万吨） Other Coking Products (10^4 tn)	热力（百亿千焦） Heat (10^{10} kJ)	电力（亿千瓦时） Electricity (10^8kW•h)	其他能源（万吨标煤） Other Energy (10^4tce)
134.81	**54.30**		**8.49**	**-90.35**		**510.72**	**333.21**	**150.12**
							365.29	
						510.72	3.71	150.16
137.66	54.26		0.00				1.93	
			9.02					
				-90.26			-37.72	
-2.85	0.04		-0.53	-0.09				-0.04
17.19	**38.60**	**24.07**	**-5.74**	**183.69**	**4.78**	**4050.66**	**882.30**	**-14.61**
-0.46		-14.15	-5.74			-232.12	882.30	-12.59
-13.37		-3.46				4282.78		-2.02
					4.78			
31.02	38.60	41.68	0.00	183.69				
							77.58	
152.00	**92.90**	**24.07**	**2.75**	**93.34**	**4.78**	**4561.38**	**1137.93**	**135.51**
10.24	2.80			12.00			12.04	20.40
50.59	27.85	24.07	1.52	59.24	4.78	4561.38	768.58	115.11
				15.34				
	0.27			13.00			15.59	
91.17	7.00						13.82	
	2.94						41.74	
	50.94		1.05	9.10			209.65	
	34.55		0.99	1.10			114.20	
	16.39		0.06	8.00			95.45	
	1.10		0.18				76.51	
165.83	**92.90**	**41.68**	**8.49**	**93.34**	**4.78**	**4793.50**	**1215.51**	**150.12**

6-14 江西能源平衡表(实物量)-2009

项 目	Item	煤合计(万吨) Coal Total (10^4 tn)	原煤(万吨) Raw Coal (10^4 tn)
一.可供本地区消费的能源量	**Total Primary Energy Supply**	**5356.11**	**4820.83**
1.一次能源生产量	Indigenous Production	3414.00	3414.00
2.回收能	Recovery of Energy		
3.外省(区、市)调入量	Moving In from Other Provinces	2419.92	1680.97
4.进口量	Import		
5.境内轮船和飞机在境外的加油量	Domestic Airplanes&Ships Refueling in Abroad		
6.本省(区、市)调出量(-)	Sending Out to Other Provinces(-)	-610.95	-415.10
7.出口量(-)	Export(-)		
8.境外轮船和飞机在境内的加油量(-)	Oversea Airplanes&Ships Refueling in China		
9.库存增(-)、减(+)量	Stock Change	133.14	140.96
二.加工转换投入(-)产出(+)量	**Input(-) & Output(+) of Transformation**	**-3402.79**	**-3132.58**
1.火力发电	Thermal Power	-2184.31	-2184.31
2.供热	Heating Supply	-109.05	-109.05
3.洗选煤	Coal Washing	-254.39	-735.51
4.炼焦	Coking	-552.32	-13.09
5.炼油	Petroleum Refineries		
6.制气	Gas Works	-316.14	
#焦炭再投入量(-)	Coke Input(-)		
7.煤制品加工	Briquettes	13.42	-90.62
三.损失量	**Loss**		
四.终端消费量	**Total Final Consumption**	**1953.32**	**1688.25**
1.农、林、牧、渔、水利业	Farming, Forestry, Animal Husbandry, Fishery & Water Conservancy	24.00	24.00
2.工业	Industry	1699.06	1643.49
#用作原料、材料	Non-Energy Use		190.08
3.建筑业	Construction	3.50	2.00
4.交通运输、仓储和邮政业	Transport, Storage and Post	3.76	1.76
5.批发、零售业和住宿、餐饮业	Wholesale,Retail Trade and Hotel,Restaurants	15.00	
6.生活消费	Residential Consumption	193.00	17.00
城镇	Urban	37.00	1.00
乡村	Rural	156.00	16.00
7.其他	Other	15.00	
五.平衡差额	**Statistical Difference**		
六.消费量合计	**Sum of Consumption**	**5356.11**	**4820.83**

ENERGY BALANCE OF JIANGXI-2009 (PHYSICAL QUANTITY)

洗精煤 (万吨) Cleaned Coal (10^4 tn)	其他洗煤 (万吨) Other Washed Coal (10^4 tn)	型煤 (万吨) Briquettes (10^4 tn)	焦炭 (万吨) Coke (10^4 tn)	焦炉煤气 (亿立方米) Coke Oven Gas (10^8 cu.m)	其他煤气 (亿立方米) Other Gas (10^8 cu.m)	油品合计 (万吨) Petroleum Products Total (10^4 tn)	原油 (万吨) Crude Oil (10^4 tn)	汽油 (万吨) Gasoline (10^4 tn)
728.85	**-193.46**	**-0.11**	**53.58**	**7.31**	**254.86**	**543.44**	**451.68**	**-19.36**
				7.31	254.86			
738.69	0.13	0.13	130.94			698.91	269.14	79.75
						183.84	183.84	
-2.23	-193.62		-61.21			-334.35		-96.05
-7.61	0.03	-0.24	-16.15			-4.96	-1.30	-3.06
-721.68	**226.99**	**224.48**	**656.83**	**17.82**	**-30.76**	**-16.08**	**-450.07**	**96.57**
				-0.09	-30.76	-0.96		
						-6.92		
133.69	347.43							
-539.23			398.15	14.09				
						-8.20	-450.07	96.57
-316.14			258.68	3.82				
	-120.44	224.48						
						1.61	**1.61**	
7.17	**33.53**	**224.37**	**710.41**	**25.13**	**224.10**	**525.80**		**77.21**
						48.80		3.80
7.17	33.53	14.87	710.41	20.05	224.10	126.09		3.65
1.66			0.08			26.00		0.02
		1.50				18.05		1.70
		2.00				236.55		34.61
		15.00		3.00		16.51		2.70
		176.00		2.00		59.51		17.65
		36.00		1.95		47.55		13.55
		140.00		0.05		11.96		4.10
		15.00		0.08		20.29		13.10
						-0.05		
862.54	**153.97**	**224.37**	**710.41**	**25.22**	**254.86**	**543.49**	**451.68**	**77.21**

续表

项　　目	Item	煤油 (万吨) Kerosene (10^4 tn)	柴油 (万吨) Diesel Oil (10^4 tn)
一.可供本地区消费的能源量	**Total Primary Energy Supply**	**7.65**	**105.70**
1.一次能源生产量	Indigenous Production		
2.回收能	Recovery of Energy		
3.外省(区、市)调入量	Moving In from Other Provinces	7.65	295.85
4.进口量	Import		
5.境内轮船和飞机在境外的加油量	Domestic Airplanes&Ships Refueling in Abroad		
6.本省(区、市)调出量(−)	Sending Out to Other Provinces(-)		-187.19
7.出口量(−)	Export(-)		
8.境外轮船和飞机在境内的加油量(−)	Oversea Airplanes&Ships Refueling in China		
9.库存增(−)、减(+)量	Stock Change		-2.96
二.加工转换投入(−)产出(+)量	**Input(-) & Output(+) of Transformation**		**186.76**
1.火力发电	Thermal Power		-0.69
2.供热	Heating Supply		-0.02
3.洗选煤	Coal Washing		
4.炼焦	Coking		
5.炼油	Petroleum Refineries		187.47
6.制气	Gas Works		
#焦炭再投入量(−)	Coke Input(-)		
7.煤制品加工	Briquettes		
三.损失量	**Loss**		
四.终端消费量	**Total Final Consumption**	**7.65**	**292.46**
1.农、林、牧、渔、水利业	Farming, Forestry, Animal Husbandry, Fishery & Water Conservancy		45.00
2.工业	Industry	0.49	27.50
#用作原料、材料	Non-Energy Use	0.05	0.15
3.建筑业	Construction	0.05	6.50
4.交通运输、仓储和邮政业	Transport, Storage and Post	7.10	193.76
5.批发、零售业和住宿、餐饮业	Wholesale,Retail Trade and Hotel,Restaurants	0.01	5.80
6.生活消费	Residential Consumption		7.50
城镇	Urban		3.80
乡村	Rural		3.70
7.其他	Other		6.40
五.平衡差额	**Statistical Difference**		
六.消费量合计	**Sum of Consumption**	**7.65**	**293.17**

Continued

燃料油 (万吨) Fuel Oil (10⁴ tn)	液化石油气 (万吨) LPG (10⁴ tn)	炼厂干气 (万吨) Refinery Gas (10⁴ tn)	天然气 (亿立方米) Natural Gas (10⁸ cu.m)	其他石油制品 (万吨) Other Petroleum Products (10⁴ tn)	其他焦化产品 (万吨) Other Coking Products (10⁴ tn)	热力 (百亿千焦) Heat (10¹⁰ kJ)	电力 (亿千瓦时) Electricity (10⁸kW•h)	其他能源 (万吨标煤) Other Energy (10⁴tce)
-0.03	**25.60**		**2.58**	**-27.80**	**0.10**	**845.74**	**161.41**	**90.35**
			0.32				76.62	
						845.74		89.50
6.64	37.50		2.26	2.38	0.09		84.79	0.85
-7.53	-11.93			-31.65				
0.86	0.03			1.47	0.01			
20.79	**22.75**	**9.46**		**97.66**	**9.61**	**1718.17**	**447.81**	**-16.99**
-0.02		-0.25					447.81	-12.47
-1.26		-5.64				1718.17		-4.52
					9.61			
22.07	22.75	15.35		97.66				
							47.89	
20.76	**48.35**	**9.51**	**2.58**	**69.86**	**9.71**	**2563.91**	**561.33**	**73.36**
							19.63	
20.30	6.56	9.51	1.53	58.08	9.71	2563.91	368.73	73.36
3.76	0.20		0.03	21.82			1.03	5.75
				9.80			5.95	
0.46	0.02			0.60			10.64	
	7.60		0.48	0.40			18.96	
	34.08		0.52	0.28			103.30	
	30.00		0.48	0.20			57.39	
	4.08		0.04	0.08			45.91	
	0.09		0.05	0.70			34.12	
		-0.05						
22.04	**48.35**	**15.40**	**2.58**	**69.86**	**9.71**	**2563.91**	**609.22**	**90.35**

6-15 山东能源平衡表(实物量)-2009

项目	Item	煤合计(万吨) Coal Total (10^4 tn)	原煤(万吨) Raw Coal (10^4 tn)
一.可供本地区消费的能源量	**Total Primary Energy Supply**	**34795.17**	**36740.80**
1.一次能源生产量	Indigenous Production	14377.72	14377.72
2.回收能	Recovery of Energy		
3.外省(区、市)调入量	Moving In from Other Provinces	22543.26	22543.26
4.进口量	Import		
5.境内轮船和飞机在境外的加油量	Domestic Airplanes&Ships Refueling in Abroad		
6.本省(区、市)调出量(−)	Sending Out to Other Provinces(-)	-1949.47	-26.50
7.出口量(−)	Export(-)		
8.境外轮船和飞机在境内的加油量	Oversea Airplanes&Ships Refueling in China		
9.库存增(−)、减(+)量	Stock Change	-176.34	-153.68
二.加工转换投入(−)产出(+)量	**Input(-) & Output(+) of Transformation**	**-22995.39**	**-25948.42**
1.火力发电	Thermal Power	-13559.59	-12654.05
2.供热	Heating Supply	-3471.70	-3290.62
3.洗选煤	Coal Washing	-1103.91	-9943.90
4.炼焦	Coking	-4672.54	-57.20
5.炼油	Petroleum Refineries		
6.制气	Gas Works		
#焦炭再投入量(−)	Coke Input(-)		
7.煤制品加工	Briquettes	-187.65	-2.65
三.损失量	**Loss**		
四.终端消费量	**Total Final Consumption**	**11799.78**	**10792.38**
1.农、林、牧、渔、水利业	Farming, Forestry, Animal Husbandry, Fishery & Water Conservancy	86.50	86.50
2.工业	Industry	9926.87	9203.98
#用作原料、材料	Non-Energy Use		
3.建筑业	Construction	90.40	90.40
4.交通运输、仓储和邮政业	Transport, Storage and Post	26.40	26.40
5.批发、零售业和住宿、餐饮业	Wholesale,Retail Trade and Hotel,Restaurants	752.60	662.00
6.生活消费	Residential Consumption	406.91	213.00
城镇	Urban	239.10	110.00
乡村	Rural	167.81	103.00
7.其他	Other	510.10	510.10
五.平衡差额	**Statistical Difference**	**-0.01**	
六.消费量合计	**Sum of Consumption**	**34795.17**	**36740.80**

ENERGY BALANCE OF SHANDONG-2009 (PHYSICAL QUANTITY)

洗精煤 (万吨) Cleaned Coal (10^4 tn)	其他洗煤 (万吨) Other Washed Coal (10^4 tn)	型煤 (万吨) Briquettes (10^4 tn)	焦炭 (万吨) Coke (10^4 tn)	焦炉煤气 (亿立方米) Coke Oven Gas (10^8 cu.m)	其他煤气 (亿立方米) Other Gas (10^8 cu.m)	油品合计 (万吨) Petroleum Products Total (10^4 tn)	原油 (万吨) Crude Oil (10^4 tn)	汽油 (万吨) Gasoline (10^4 tn)
-1368.14	**-572.54**	**-4.95**	**-366.05**		**83.37**	**4129.45**	**5142.90**	**-464.30**
						2828.21	2828.21	
					83.37			
						3543.23	2393.84	199.80
-1358.64	-564.33		-344.19			-2154.61		-638.43
-9.50	-8.21	-4.95	-21.86			-87.38	-79.15	-25.67
1846.00	**694.10**	**412.93**	**3259.99**	**19.44**	**-40.86**	**-530.74**	**-5013.18**	**1105.19**
-11.70	-862.02	-31.83	-10.43	-11.69	-37.21	-32.32		-0.01
-0.96	-149.88	-30.24	-18.19	-3.26	-3.65	-85.30	-0.88	
6474.00	2366.00							
-4615.34			3288.62	34.39				
						-413.11	-5012.30	1105.20
	-660.00	475.00						
477.86	**121.56**	**407.99**	**2893.94**	**19.44**	**42.51**	**3598.73**	**129.72**	**640.90**
						150.50		10.30
477.86	121.56	123.48	2893.94	16.81	42.51	989.52	129.72	103.50
						395.44		16.50
						1538.14		395.00
		90.60		1.00		82.62		18.00
		193.91		1.30		333.80		67.00
		129.10		1.30		212.00		51.00
		64.81				121.80		16.00
				0.33		108.71		30.60
						-0.01		
5105.86	**1793.46**	**470.05**	**2922.57**	**34.39**	**83.37**	**4129.46**	**5142.90**	**640.91**

续表

项　　目	Item	煤油 (万吨) Kerosene (10⁴ tn)	柴油 (万吨) Diesel Oil (10⁴ tn)
一.可供本地区消费的能源量	**Total Primary Energy Supply**	**-32.62**	**-721.95**
1.一次能源生产量	Indigenous Production		
2.回收能	Recovery of Energy		
3.外省(区、市)调入量	Moving In from Other Provinces		454.00
4.进口量	Import		
5.境内轮船和飞机在境外的加油量	Domestic Airplanes&Ships Refueling in Abroad		
6.本省(区、市)调出量(−)	Sending Out to Other Provinces(-)	-34.85	-1166.70
7.出口量(−)	Export(-)		
8.境外轮船和飞机在境内的加油量(−)	Oversea Airplanes&Ships Refueling in China		
9.库存增(−)、减(+)量	Stock Change	2.23	-9.25
二.加工转换投入(−)产出(+)量	**Input(-) & Output(+) of Transformation**	**68.03**	**2052.73**
1.火力发电	Thermal Power		-3.07
2.供热	Heating Supply		-0.26
3.洗选煤	Coal Washing		
4.炼焦	Coking		
5.炼油	Petroleum Refineries	68.03	2056.05
6.制气	Gas Works		
#焦炭再投入量(−)	Coke Input(-)		
7.煤制品加工	Briquettes		
三.损失量	**Loss**		
四.终端消费量	**Total Final Consumption**	**35.41**	**1330.78**
1.农、林、牧、渔、水利业	Farming, Forestry, Animal Husbandry, Fishery & Water Conservancy		140.20
2.工业	Industry	2.13	128.48
#用作原料、材料	Non-Energy Use		
3.建筑业	Construction	0.08	40.30
4.交通运输、仓储和邮政业	Transport, Storage and Post	33.20	778.00
5.批发、零售业和住宿、餐饮业	Wholesale,Retail Trade and Hotel,Restaurants		35.00
6.生活消费	Residential Consumption		140.10
城镇	Urban		58.00
乡村	Rural		82.10
7.其他	Other		68.70
五.平衡差额	**Statistical Difference**		
六.消费量合计	**Sum of Consumption**	**35.41**	**1334.11**

Continued

燃料油 (万吨) Fuel Oil (10^4 tn)	液化石油气 (万吨) LPG (10^4 tn)	炼厂干气 (万吨) Refinery Gas (10^4 tn)	天然气 (亿立方米) Natural Gas (10^8 cu.m)	其他石油制品 (万吨) Other Petroleum Products (10^4 tn)	其他焦化产品 (万吨) Other Coking Products (10^4 tn)	热力 (百亿千焦) Heat (10^10 kJ)	电力 (亿千瓦时) Electricity (10^8 kW•h)	其他能源 (万吨标煤) Other Energy (10^4 tce)
504.26	**-59.32**	**3.00**	**40.24**	**-242.52**	**-135.24**	**3089.18**	**70.37**	**412.93**
			9.02				12.74	
						3089.18	57.63	414.32
492.59		3.00	31.22					
	-62.76			-251.87	-135.47			
11.67	3.44			9.35	0.23			-1.39
-105.45	**252.58**	**47.05**	**-0.83**	**1062.32**	**194.80**	**59409.40**	**2870.70**	**-172.03**
-2.63		-3.44	-0.03	-23.18	-5.52	-925.80	2870.70	-137.68
-3.43	-0.67	-35.53	-0.80	-44.54	-1.76	60335.20		-34.36
					202.08			
-99.39	253.25	86.01		1130.03				
398.81	**193.26**	**50.05**	**39.41**	**819.81**	**59.57**	**62498.57**	**2941.07**	**240.90**
							75.75	
80.93	31.33	50.05	26.62	463.39	59.57	50009.57	2300.82	39.90
2.77	0.79		0.04	335.00		636.00	22.69	
314.00	0.04		1.07	17.90		403.00	35.53	
0.61	25.60		2.96	3.41		2460.00	56.97	
	126.70		8.54			6270.00	322.88	201.00
	103.00		8.54			5900.00	154.22	
	23.70					370.00	168.66	201.00
0.50	8.80		0.18	0.11		2720.00	126.42	
404.87	**193.93**	**89.01**	**40.24**	**887.52**	**66.85**	**63424.38**	**2941.07**	**412.93**

6-16 河南能源平衡表(实物量)-2009

项 目	Item	煤合计 (万吨) Coal Total (10^4 tn)	原煤 (万吨) Raw Coal (10^4 tn)
一.可供本地区消费的能源量	**Total Primary Energy Supply**	**17778.16**	**22732.70**
1.一次能源生产量	Indigenous Production	23037.90	23037.90
2.回收能	Recovery of Energy		
3.外省(区、市)调入量	Moving In from Other Provinces	6128.05	6128.05
4.进口量	Import		
5.境内轮船和飞机在境外的加油量	Domestic Airplanes&Ships Refueling in Abroad		
6.本省(区、市)调出量(−)	Sending Out to Other Provinces(-)	-11462.08	-6532.51
7.出口量(−)	Export(-)	-0.56	-0.56
8.境外轮船和飞机在境内的加油量(−)	Oversea Airplanes&Ships Refueling in China		
9.库存增(−)、减(+)量	Stock Change	74.85	99.82
二.加工转换投入(−)产出(+)量	**Input(-) & Output(+) of Transformation**	**-15026.41**	**-20368.12**
1.火力发电	Thermal Power	-9402.92	-9339.64
2.供热	Heating Supply	-801.25	-798.46
3.洗选煤	Coal Washing	-1526.16	-8883.31
4.炼焦	Coking	-2901.16	-1009.59
5.炼油	Petroleum Refineries		
6.制气	Gas Works	-391.24	-267.93
#焦炭再投入量(−)	Coke Input(-)		
7.煤制品加工	Briquettes	-3.68	-69.19
三.损失量	**Loss**	**2.12**	
四.终端消费量	**Total Final Consumption**	**9416.89**	**9043.30**
1.农、林、牧、渔、水利业	Farming, Forestry, Animal Husbandry, Fishery & Water Conservancy	100.00	100.00
2.工业	Industry	8190.21	7928.00
#用作原料、材料	Non-Energy Use	643.60	608.50
3.建筑业	Construction	0.01	
4.交通运输、仓储和邮政业	Transport, Storage and Post	17.36	17.36
5.批发、零售业和住宿、餐饮业	Wholesale,Retail Trade and Hotel,Restaurants	40.46	39.00
6.生活消费	Residential Consumption	1067.94	958.94
城镇	Urban	303.94	303.94
乡村	Rural	764.00	655.00
7.其他	Other	0.91	
五.平衡差额	**Statistical Difference**	**-6667.26**	**-6678.72**
六.消费量合计	**Sum of Consumption**	**24445.42**	**29411.42**

ENERGY BALANCE OF HENAN-2009 (PHYSICAL QUANTITY)

洗精煤 (万吨) Cleaned Coal (10^4 tn)	其他洗煤 (万吨) Other Washed Coal (10^4 tn)	型煤 (万吨) Briquettes (10^4 tn)	焦炭 (万吨) Coke (10^4 tn)	焦炉煤气 (亿立方米) Coke Oven Gas (10^8 cu.m)	其他煤气 (亿立方米) Other Gas (10^8 cu.m)	油品合计 (万吨) Petroleum Products Total (10^4 tn)	原油 (万吨) Crude Oil (10^4 tn)	汽油 (万吨) Gasoline (10^4 tn)
-2598.49	**-2358.32**	**2.27**	**-708.26**		**212.34**	**1017.46**	**785.64**	**22.42**
						474.50	474.50	
					212.34			
						592.00	211.00	70.00
						251.00	251.00	
-2579.57	-2350.00		-657.00			-257.73	-144.18	-29.97
-18.92	-8.32	2.27	-51.26			-42.31	-6.68	-17.61
2749.16	**2527.04**	**65.51**	**2168.97**	**25.35**	**-12.38**	**-28.80**	**-766.74**	**173.93**
-3.35	-59.93		-1.08	-6.04	-56.64	-8.00	-0.10	
	-2.79		-0.64			-8.27		
4767.39	2589.76							
-1891.57			2200.00					
						-12.53	-766.64	173.93
-123.31			-29.31	31.39	44.26			
		65.51						
1.86	**0.26**		**0.04**	**0.06**	**0.14**	**0.15**		
148.37	**157.72**	**67.50**	**1439.98**	**24.97**	**200.08**	**990.41**	**19.08**	**196.36**
						100.00		
146.00	48.72	67.49	1439.98	19.97	198.67	310.00	19.08	49.93
6.99	11.05	17.06	30.78		0.11	69.61		0.52
		0.01			0.01	39.50		7.12
						504.00		136.00
1.46						15.37		3.31
	109.00			5.00	1.40	21.54		
				5.00	1.40	20.00		
	109.00					1.54		
0.91								
0.44	**10.74**	**0.28**	**20.69**	**0.32**	**-0.26**	**-1.90**	**-0.18**	**-0.01**
2168.46	**220.70**	**67.50**	**1441.74**	**31.07**	**256.86**	**1019.36**	**785.82**	**196.36**

续表

项　　目	Item	煤油(万吨) Kerosene (10^4 tn)	柴油(万吨) Diesel Oil (10^4 tn)
一.可供本地区消费的能源量	**Total Primary Energy Supply**	**-22.94**	**239.73**
1.一次能源生产量	Indigenous Production		
2.回收能	Recovery of Energy		
3.外省(区、市)调入量	Moving In from Other Provinces		296.00
4.进口量	Import		
5.境内轮船和飞机在境外的加油量	Domestic Airplanes&Ships Refueling in Abroad		
6.本省(区、市)调出量(-)	Sending Out to Other Provinces(-)	-22.00	-47.66
7.出口量(-)	Export(-)		
8.境外轮船和飞机在境内的加油量(-)	Oversea Airplanes&Ships Refueling in China		
9.库存增(-)、减(+)量	Stock Change	-0.94	-8.61
二.加工转换投入(-)产出(+)量	**Input(-) & Output(+) of Transformation**	**49.33**	**280.23**
1.火力发电	Thermal Power		-4.28
2.供热	Heating Supply		-1.10
3.洗选煤	Coal Washing		
4.炼焦	Coking		
5.炼油	Petroleum Refineries	49.33	285.61
6.制气	Gas Works		
#焦炭再投入量(-)	Coke Input(-)		
7.煤制品加工	Briquettes		
三.损失量	**Loss**		**0.13**
四.终端消费量	**Total Final Consumption**	**25.63**	**520.67**
1.农、林、牧、渔、水利业	Farming, Forestry, Animal Husbandry, Fishery & Water Conservancy		100.00
2.工业	Industry	2.10	82.67
#用作原料、材料	Non-Energy Use	0.04	0.13
3.建筑业	Construction	0.27	12.00
4.交通运输、仓储和邮政业	Transport, Storage and Post	23.00	320.00
5.批发、零售业和住宿、餐饮业	Wholesale,Retail Trade and Hotel,Restaurants	0.26	6.00
6.生活消费	Residential Consumption		
城镇	Urban		
乡村	Rural		
7.其他	Other		
五.平衡差额	**Statistical Difference**	**0.76**	**-0.84**
六.消费量合计	**Sum of Consumption**	**25.63**	**526.18**

Continued

燃料油 (万吨) Fuel Oil (10^4 tn)	液化石油气 (万吨) LPG (10^4 tn)	炼厂干气 (万吨) Refinery Gas (10^4 tn)	天然气 (亿立方米) Natural Gas (10^8 cu.m)	其他石油制品 (万吨) Other Petroleum Products (10^4 tn)	其他焦化产品 (万吨) Other Coking Products (10^4 tn)	热力 (百亿千焦) Heat (10^{10} kJ)	电力 (亿千瓦时) Electricity (10^8kW•h)	其他能源 (万吨标煤) Other Energy (10^4tce)
12.19	**-11.12**		**42.36**	**-8.46**	**-49.57**	**854.00**	**105.29**	**119.16**
			10.00				91.87	
						854.00		120.00
15.00			33.60				75.03	
-2.93	-10.99		-1.24		-50.00		-61.61	
0.12	-0.13			-8.46	0.43			-0.84
9.83	**44.89**	**18.50**	**-7.69**	**161.23**	**83.77**	**11999.43**	**1970.30**	**-91.38**
-1.44		-2.18	-7.69			-18.99	1970.30	-76.30
-1.92		-5.25				12018.42		-15.08
					83.77			
13.19	44.89	25.93		161.23				
0.01	**0.01**		**0.11**			**263.71**	**132.85**	
22.56	**34.57**	**18.77**	**33.70**	**152.77**	**33.36**	**13386.00**	**2142.34**	**28.06**
						460.00	76.88	
21.97	7.71	18.77	28.93	107.77	33.36	10424.00	1662.84	28.06
	6.78	2.07	3.22	60.07	7.45			1.19
0.10	0.01		0.18	20.00		12.00	10.20	
				25.00		18.00	39.02	
0.49	5.31		0.70			280.00	40.43	
	21.54		3.89			1932.00	233.66	
	20.00		3.89			1932.00	105.70	
	1.54						127.96	
						260.00	79.31	
-0.55	**-0.81**	**-0.27**	**0.86**		**0.84**	**-796.28**	**-199.60**	**-0.28**
25.93	**34.58**	**26.20**	**41.50**	**152.77**	**33.36**	**13668.70**	**2275.19**	**119.44**

6-17 湖北能源平衡表(实物量)-2009

项　目	Item	煤合计(万吨) Coal Total (10^4 tn)	原煤(万吨) Raw Coal (10^4 tn)
一.可供本地区消费的能源量	**Total Primary Energy Supply**	**11099.75**	**9818.56**
1.一次能源生产量	Indigenous Production	1087.08	1083.00
2.回收能	Recovery of Energy		
3.外省(区、市)调入量	Moving In from Other Provinces	9793.72	8535.56
4.进口量	Import		
5.境内轮船和飞机在境外的加油量	Domestic Airplanes&Ships Refueling in Abroad		
6.本省(区、市)调出量(-)	Sending Out to Other Provinces(-)		
7.出口量(-)	Export(-)		
8.境外轮船和飞机在境内的加油量(-)	Oversea Airplanes&Ships Refueling in China		
9.库存增(-)、减(+)量	Stock Change	218.95	200.00
二.加工转换投入(-)产出(+)量	**Input(-) & Output(+) of Transformation**	**-4404.60**	**-3250.71**
1.火力发电	Thermal Power	-2888.29	-2888.29
2.供热	Heating Supply	-333.96	-332.47
3.洗选煤	Coal Washing	-1.15	-5.23
4.炼焦	Coking	-1145.70	-2.19
5.炼油	Petroleum Refineries		
6.制气	Gas Works	-31.50	-18.53
#焦炭再投入量(-)	Coke Input(-)		
7.煤制品加工	Briquettes	-4.00	-4.00
三.损失量	**Loss**	**4.00**	
四.终端消费量	**Total Final Consumption**	**6691.15**	**6567.85**
1.农、林、牧、渔、水利业	Farming, Forestry, Animal Husbandry, Fishery & Water Conservancy	121.43	121.43
2.工业	Industry	5296.03	5204.73
#用作原料、材料	Non-Energy Use		
3.建筑业	Construction	97.62	97.62
4.交通运输、仓储和邮政业	Transport, Storage and Post	173.99	173.99
5.批发、零售业和住宿、餐饮业	Wholesale,Retail Trade and Hotel,Restaurants	409.67	377.67
6.生活消费	Residential Consumption	515.51	515.51
城镇	Urban	231.56	231.56
乡村	Rural	283.95	283.95
7.其他	Other	76.90	76.90
五.平衡差额	**Statistical Difference**		
六.消费量合计	**Sum of Consumption**	**11099.75**	**9818.56**

ENERGY BALANCE OF HUBEI-2009 (PHYSICAL QUANTITY)

洗精煤 (万吨) Cleaned Coal (10^4 tn)	其他洗煤 (万吨) Other Washed Coal (10^4 tn)	型煤 (万吨) Briquettes (10^4 tn)	焦炭 (万吨) Coke (10^4 tn)	焦炉煤气 (亿立方米) Coke Oven Gas (10^8 cu.m)	其他煤气 (亿立方米) Other Gas (10^8 cu.m)	油品合计 (万吨) Petroleum Products Total (10^4 tn)	原油 (万吨) Crude Oil (10^4 tn)	汽油 (万吨) Gasoline (10^4 tn)
1194.78	**4.54**	**81.87**	**72.65**		**44.48**	**1914.40**	**946.60**	**343.01**
4.08						80.89	80.89	
					44.48			
1170.70	4.36	83.10	80.06			1835.98	864.19	336.92
						-22.35		
20.00	0.18	-1.23	-7.41			19.88	1.52	6.09
-1152.40	**-1.49**		**837.05**	**6.96**	**-19.40**	**30.62**	**-935.88**	**216.49**
			-0.06	-1.20		-2.82		
	-1.49		-1.00	-26.74	-13.14	-8.95		
4.08								
-1143.51			838.11	34.90	-13.38			
						42.39	-935.88	216.49
-12.97					7.12			
		4.00						
42.38	**3.05**	**77.87**	**909.70**	**6.96**	**25.08**	**1945.03**	**10.72**	**559.50**
						168.59		62.30
42.38	3.05	45.87	909.70	6.43	12.48	556.55	10.72	30.56
						84.81		11.27
						710.73		288.12
		32.00				138.05		29.63
				0.53	12.60	213.65		70.64
				0.53	12.60	124.98		45.97
						88.67		24.67
						72.65		66.98
1198.86	**4.54**	**81.87**	**910.76**	**34.90**	**51.60**	**1914.41**	**946.60**	**559.50**

续表

项目	Item	煤油(万吨) Kerosene (10^4 tn)	柴油(万吨) Diesel Oil (10^4 tn)
一.可供本地区消费的能源量	**Total Primary Energy Supply**	**15.40**	**430.59**
1.一次能源生产量	Indigenous Production		
2.回收能	Recovery of Energy		
3.外省(区、市)调入量	Moving In from Other Provinces	37.11	419.00
4.进口量	Import		
5.境内轮船和飞机在境外的加油量	Domestic Airplanes&Ships Refueling in Abroad		
6.本省(区、市)调出量(–)	Sending Out to Other Provinces(-)		
7.出口量(–)	Export(-)		
8.境外轮船和飞机在境内的加油量(–)	Oversea Airplanes&Ships Refueling in China	-22.35	
9.库存增(–)、减(+)量	Stock Change	0.64	11.59
二.加工转换投入(–)产出(+)量	**Input(-) & Output(+) of Transformation**	**32.03**	**358.77**
1.火力发电	Thermal Power		-1.23
2.供热	Heating Supply		-0.08
3.洗选煤	Coal Washing		
4.炼焦	Coking		
5.炼油	Petroleum Refineries	32.03	360.08
6.制气	Gas Works		
#焦炭再投入量(–)	Coke Input(-)		
7.煤制品加工	Briquettes		
三.损失量	**Loss**		
四.终端消费量	**Total Final Consumption**	**47.43**	**789.36**
1.农、林、牧、渔、水利业	Farming, Forestry, Animal Husbandry, Fishery & Water Conservancy		106.29
2.工业	Industry	6.57	166.36
#用作原料、材料	Non-Energy Use		
3.建筑业	Construction	0.36	71.21
4.交通运输、仓储和邮政业	Transport, Storage and Post	22.69	313.89
5.批发、零售业和住宿、餐饮业	Wholesale,Retail Trade and Hotel,Restaurants		89.81
6.生活消费	Residential Consumption	12.14	41.80
城镇	Urban		29.65
乡村	Rural	12.14	12.15
7.其他	Other	5.67	
五.平衡差额	**Statistical Difference**		
六.消费量合计	**Sum of Consumption**	**47.43**	**790.67**

Continued

燃料油 (万吨) Fuel Oil (10^4 tn)	液化石油气 (万吨) LPG (10^4 tn)	炼厂干气 (万吨) Refinery Gas (10^4 tn)	天然气 (亿立方米) Natural Gas (10^8 cu.m)	其他石油制品 (万吨) Other Petroleum Products (10^4 tn)	其他焦化产品 (万吨) Other Coking Products (10^4 tn)	热力 (百亿千焦) Heat (10^{10} kJ)	电力 (亿千瓦时) Electricity (10^8 kW•h)	其他能源 (万吨标煤) Other Energy (10^4 tce)
92.91	**46.03**		**16.64**	**39.86**	**-1.73**		**567.17**	**411.41**
			1.67				1181.90	21.60
								360.66
91.10	45.97		14.97	41.69			228.53	29.15
							-843.26	
1.81	0.06			-1.83	-1.73			
15.03	**64.19**	**24.35**	**-0.51**	**255.65**	**46.69**	**7174.57**	**615.87**	**-31.81**
-0.48		-0.82	-0.27	-0.29		-161.04	615.87	-26.69
-0.47		-8.40				7335.61		-5.12
					46.69			
15.97	64.19	33.57	-0.12	255.94				
			-0.12					
							71.33	
107.94	**110.22**	**24.35**	**16.13**	**295.51**	**44.96**	**7174.57**	**1111.71**	**379.60**
							36.84	
67.35	7.13	24.35	7.16	243.51	44.96	7022.57	758.15	379.60
1.56	0.41		0.03				10.37	
39.03			2.28	47.00			12.71	
	18.61		2.82				51.70	
	84.07		3.84	5.00		152.00	179.03	
	45.36		3.62	4.00		152.00	124.77	
	38.71		0.22	1.00			54.26	
							62.91	
108.88	**110.22**	**33.57**	**16.52**	**295.80**	**44.96**	**7174.57**	**1183.04**	**411.41**

6-18 湖南能源平衡表(实物量)-2009

项 目	Item	煤合计 (万吨) Coal Total (10^4 tn)	原煤 (万吨) Raw Coal (10^4 tn)
一.可供本地区消费的能源量	**Total Primary Energy Supply**	**10751.41**	**9602.80**
1.一次能源生产量	Indigenous Production	6879.98	6879.98
2.回收能	Recovery of Energy	439.42	
3.外省(区、市)调入量	Moving In from Other Provinces	4372.43	3488.79
4.进口量	Import		
5.境内轮船和飞机在境外的加油量	Domestic Airplanes&Ships Refueling in Abroad		
6.本省(区、市)调出量(-)	Sending Out to Other Provinces(-)	-1156.69	-1002.00
7.出口量(-)	Export(-)		
8.境外轮船和飞机在境内的加油量(-)	Oversea Airplanes&Ships Refueling in China		
9.库存增(-)、减(+)量	Stock Change	216.27	236.03
二.加工转换投入(-)产出(+)量	**Input(-) & Output(+) of Transformation**	**-4386.53**	**-4486.88**
1.火力发电	Thermal Power	-2813.32	-2810.69
2.供热	Heating Supply	-358.54	-242.24
3.洗选煤	Coal Washing	-449.76	-1398.76
4.炼焦	Coking	-732.47	-5.46
5.炼油	Petroleum Refineries		
6.制气	Gas Works	-32.44	-29.73
#焦炭再投入量(-)	Coke Input(-)		
7.煤制品加工	Briquettes		
三.损失量	**Loss**	**3.00**	**3.00**
四.终端消费量	**Total Final Consumption**	**6361.88**	**5112.92**
1.农、林、牧、渔、水利业	Farming, Forestry, Animal Husbandry, Fishery & Water Conservancy	341.84	341.84
2.工业	Industry	4865.50	4027.27
#用作原料、材料	Non-Energy Use	337.12	290.00
3.建筑业	Construction	26.81	24.71
4.交通运输、仓储和邮政业	Transport, Storage and Post	21.71	21.35
5.批发、零售业和住宿、餐饮业	Wholesale,Retail Trade and Hotel,Restaurants	396.22	347.55
6.生活消费	Residential Consumption	526.92	236.42
城镇	Urban	92.39	42.89
乡村	Rural	434.53	193.53
7.其他	Other	182.88	113.78
五.平衡差额	**Statistical Difference**		
六.消费量合计	**Sum of Consumption**	**10751.41**	**9602.80**

ENERGY BALANCE OF HUNAN-2009 (PHYSICAL QUANTITY)

洗精煤 (万吨) Cleaned Coal (10^4 tn)	其他洗煤 (万吨) Other Washed Coal (10^4 tn)	型煤 (万吨) Briquettes (10^4 tn)	焦炭 (万吨) Coke (10^4 tn)	焦炉煤气 (亿立方米) Coke Oven Gas (10^8 cu.m)	其他煤气 (亿立方米) Other Gas (10^8 cu.m)	油品合计 (万吨) Petroleum Products Total (10^4 tn)	原油 (万吨) Crude Oil (10^4 tn)	汽油 (万吨) Gasoline (10^4 tn)
162.20	**190.75**	**795.66**	**467.77**		**127.94**	**1042.19**	**565.77**	**115.06**
		439.42			127.94			
310.58	215.56	357.50	539.30			993.63	381.07	128.43
						176.40	176.34	0.03
-129.12	-25.57		-43.78			-158.48		-25.25
-19.26	0.76	-1.26	-27.75			30.64	8.36	11.85
214.22	**-94.49**	**-19.38**	**342.51**	**16.15**	**33.61**	**-65.80**	**-561.07**	**131.05**
		-2.63	-0.09		-4.23	-4.73		
	-99.55	-16.75	-1.19			-7.80		
943.94	5.06							
-727.01			544.15					
						-53.27	-561.07	131.05
-2.71				16.15	37.84			
			-200.36					
				3.16	**0.87**	**1.22**		
376.42	**96.26**	**776.28**	**810.28**	**12.99**	**160.68**	**975.17**	**4.70**	**246.11**
			14.13			15.71		9.14
374.30	94.86	369.07	796.15	12.99	158.66	269.19	4.70	27.15
12.10		35.02	11.17	0.02		22.51		
	0.12	1.98			0.01	62.91		28.78
		0.36				480.95		110.92
2.12	1.28	45.27			2.01	68.01		25.96
		290.50				57.56		35.93
		49.50				26.20		12.79
		241.00				31.36		23.14
		69.10				20.84		8.23
1106.14	**195.81**	**795.66**	**1011.92**	**16.15**	**165.78**	**1042.19**	**565.77**	**246.11**

续表

项　　目	Item	煤油（万吨） Kerosene (10^4 tn)	柴油（万吨） Diesel Oil (10^4 tn)
一.可供本地区消费的能源量	**Total Primary Energy Supply**	**26.60**	**227.35**
1.一次能源生产量	Indigenous Production		
2.回收能	Recovery of Energy		
3.外省(区、市)调入量	Moving In from Other Provinces	30.49	256.95
4.进口量	Import		0.03
5.境内轮船和飞机在境外的加油量	Domestic Airplanes&Ships Refueling in Abroad		
6.本省(区、市)调出量(−)	Sending Out to Other Provinces(-)	-3.82	-41.20
7.出口量(−)	Export(-)		
8.境外轮船和飞机在境内的加油量(−)	Oversea Airplanes&Ships Refueling in China		
9.库存增(−)、减(+)量	Stock Change	-0.07	11.57
二.加工转换投入(−)产出(+)量	**Input(-) & Output(+) of Transformation**	**3.84**	**203.45**
1.火力发电	Thermal Power		-1.55
2.供热	Heating Supply		-0.03
3.洗选煤	Coal Washing		
4.炼焦	Coking		
5.炼油	Petroleum Refineries	3.84	205.03
6.制气	Gas Works		
#焦炭再投入量(−)	Coke Input(-)		
7.煤制品加工	Briquettes		
三.损失量	**Loss**		
四.终端消费量	**Total Final Consumption**	**30.44**	**430.80**
1.农、林、牧、渔、水利业	Farming, Forestry, Animal Husbandry, Fishery & Water Conservancy		6.57
2.工业	Industry	0.95	53.29
#用作原料、材料	Non-Energy Use		
3.建筑业	Construction	0.13	33.67
4.交通运输、仓储和邮政业	Transport, Storage and Post	25.72	299.57
5.批发、零售业和住宿、餐饮业	Wholesale,Retail Trade and Hotel,Restaurants	2.14	25.49
6.生活消费	Residential Consumption		2.87
城镇	Urban		2.87
乡村	Rural		
7.其他	Other	1.50	9.34
五.平衡差额	**Statistical Difference**		
六.消费量合计	**Sum of Consumption**	**30.44**	**432.38**

Continued

燃料油（万吨） Fuel Oil (10^4 tn)	液化石油气（万吨） LPG (10^4 tn)	炼厂干气（万吨） Refinery Gas (10^4 tn)	天然气（亿立方米） Natural Gas (10^8 cu.m)	其他石油制品（万吨） Other Petroleum Products (10^4 tn)	其他焦化产品（万吨） Other Coking Products (10^4 tn)	热力（百亿千焦） Heat (10^{10} kJ)	电力（亿千瓦时） Electricity (10^8 kW•h)	其他能源（万吨标煤） Other Energy (10^4 tce)
51.49	**8.98**		**10.23**	**46.94**	**11.62**	**741.39**	**614.87**	**734.47**
							409.44	80.11
					12.00	741.39		653.99
62.00	24.55		10.23	110.14			318.92	
-10.91	-15.56			-61.74			-113.49	
0.40	-0.01			-1.46	-0.38			0.37
13.01	**56.67**	**13.25**	**-0.03**	**74.00**	**14.02**	**5741.83**	**617.32**	**-14.96**
-1.27		-1.91				-364.42	617.32	-14.96
-2.62		-5.15	-0.03			6106.25		
					14.02			
16.90	56.67	20.31		74.00				
		1.22					**76.39**	
64.50	**65.65**	**12.03**	**10.20**	**120.94**	**25.64**	**6483.22**	**1155.80**	**719.51**
							86.52	75.17
18.36	31.77	12.03	4.91	120.94	25.64	6483.22	759.34	268.57
			0.25	22.51				7.25
0.08	0.25		0.04				7.23	46.44
44.45	0.29		0.51				24.34	21.39
1.08	13.34		2.16				23.74	16.63
	18.76		1.71				200.76	291.31
	10.54		1.60				129.77	1.30
	8.22		0.11				70.99	290.01
0.53	1.24		0.87				53.87	
68.39	**65.65**	**20.31**	**10.23**	**120.94**	**25.64**	**6847.64**	**1232.19**	**734.47**

6-19 广东能源平衡表(实物量)-2009

项　目	Item	煤合计 (万吨) Coal Total (10^4 tn)	原煤 (万吨) Raw Coal (10^4 tn)
一.可供本地区消费的能源量	**Total Primary Energy Supply**	**13647.26**	**12508.90**
1.一次能源生产量	Indigenous Production		
2.回收能	Recovery of Energy		
3.外省(区、市)调入量	Moving In from Other Provinces	9990.83	9551.62
4.进口量	Import	3639.11	2917.39
5.境内轮船和飞机在境外的加油量	Domestic Airplanes&Ships Refueling in Abroad		
6.本省(区、市)调出量(-)	Sending Out to Other Provinces(-)		
7.出口量(-)	Export(-)	-0.31	-0.04
8.境外轮船和飞机在境内的加油量(-)	Oversea Airplanes&Ships Refueling in China		
9.库存增(-)、减(+)量	Stock Change	17.63	39.93
二.加工转换投入(-)产出(+)量	**Input(-) & Output(+) of Transformation**	**-8826.25**	**-8395.36**
1.火力发电	Thermal Power	-8209.64	-8011.98
2.供热	Heating Supply	-366.97	-360.51
3.洗选煤	Coal Washing		
4.炼焦	Coking	-245.70	
5.炼油	Petroleum Refineries		
6.制气	Gas Works	-15.77	-15.77
#焦炭再投入量(-)	Coke Input(-)		
7.煤制品加工	Briquettes	11.83	-7.10
三.损失量	**Loss**	**8.57**	**8.57**
四.终端消费量	**Total Final Consumption**	**4812.44**	**4104.97**
1.农、林、牧、渔、水利业	Farming, Forestry, Animal Husbandry, Fishery & Water Conservancy	57.89	57.89
2.工业	Industry	4649.45	3965.26
#用作原料、材料	Non-Energy Use	106.90	100.72
3.建筑业	Construction	2.64	2.64
4.交通运输、仓储和邮政业	Transport, Storage and Post	1.87	1.87
5.批发、零售业和住宿、餐饮业	Wholesale,Retail Trade and Hotel,Restaurants	31.49	31.49
6.生活消费	Residential Consumption	69.10	45.82
城镇	Urban	36.34	20.85
乡村	Rural	32.76	24.97
7.其他	Other		
五.平衡差额	**Statistical Difference**		
六.消费量合计	**Sum of Consumption**	**13647.26**	**12508.90**

ENERGY BALANCE OF GUANGDONG-2009 (PHYSICAL QUANTITY)

洗精煤 (万吨) Cleaned Coal (10^4 tn)	其他洗煤 (万吨) Other Washed Coal (10^4 tn)	型煤 (万吨) Briquettes (10^4 tn)	焦炭 (万吨) Coke (10^4 tn)	焦炉煤气 (亿立方米) Coke Oven Gas (10^8 cu.m)	其他煤气 (亿立方米) Other Gas (10^8 cu.m)	油品合计 (万吨) Petroleum Products Total (10^4 tn)	原油 (万吨) Crude Oil (10^4 tn)	汽油 (万吨) Gasoline (10^4 tn)
696.21	**18.43**	**423.72**	**275.50**	**0.57**	**104.78**	**5277.04**	**3709.44**	**417.46**
						1345.14	1345.14	
					34.49			
	18.42	420.79	278.27	0.57	70.29	3369.56	1147.82	415.49
718.27		3.45	0.11			2503.90	1275.47	2.88
						4.89		
						-1126.59		-1.43
		-0.27				-756.96	-21.99	
						-9.57		
-22.06	0.01	-0.25	-2.88			-53.33	-37.00	0.52
-279.17		**-151.72**	**163.55**	**3.35**	**5.19**	**-197.24**	**-3683.61**	**539.74**
-1.80		-195.86	-4.90		-1.11	-209.65		
-1.33		-5.13	-10.36		-3.20	-15.08		
-245.70			190.93	3.35				
						27.61	-3683.61	539.74
					9.50	-0.12		
			-12.12					
-30.34		49.27						
						5.86	**5.86**	
417.04	**18.43**	**272.00**	**439.05**	**3.92**	**109.97**	**5073.94**	**19.97**	**957.20**
						103.45		13.97
417.04	18.43	248.72	439.05	3.92	92.47	2400.47	19.97	72.88
	0.02	6.16	0.20			680.07		1.06
						57.68		29.76
						1583.45		498.96
					4.17	204.33		59.38
		23.28			13.33	670.03		236.22
		15.49			13.33	467.14		159.26
		7.79				202.89		76.96
						54.53		46.03
696.21	**18.43**	**472.99**	**466.43**	**3.92**	**114.28**	**5277.04**	**3709.44**	**957.20**

续表

项　　目	Item	煤油(万吨) Kerosene (10^4 tn)	柴油(万吨) Diesel Oil (10^4 tn)
一.可供本地区消费的能源量	**Total Primary Energy Supply**	**-106.49**	**280.56**
1.一次能源生产量	Indigenous Production		
2.回收能	Recovery of Energy		
3.外省(区、市)调入量	Moving In from Other Provinces	10.39	1012.53
4.进口量	Import	171.63	122.75
5.境内轮船和飞机在境外的加油量	Domestic Airplanes&Ships Refueling in Abroad		4.89
6.本省(区、市)调出量(−)	Sending Out to Other Provinces(-)	-99.10	-734.49
7.出口量(−)	Export(-)	-195.09	-108.33
8.境外轮船和飞机在境内的加油量(−)	Oversea Airplanes&Ships Refueling in China		
9.库存增(−)、减(+)量	Stock Change	5.68	-16.79
二.加工转换投入(−)产出(+)量	**Input(-) & Output(+) of Transformation**	**298.61**	**1280.80**
1.火力发电	Thermal Power		-6.46
2.供热	Heating Supply		-0.09
3.洗选煤	Coal Washing		
4.炼焦	Coking		
5.炼油	Petroleum Refineries	298.61	1287.35
6.制气	Gas Works		
#焦炭再投入量(−)	Coke Input(-)		
7.煤制品加工	Briquettes		
三.损失量	**Loss**		
四.终端消费量	**Total Final Consumption**	**192.12**	**1561.36**
1.农、林、牧、渔、水利业	Farming, Forestry, Animal Husbandry, Fishery & Water Conservancy		82.75
2.工业	Industry	10.53	556.16
#用作原料、材料	Non-Energy Use	0.58	3.70
3.建筑业	Construction		27.22
4.交通运输、仓储和邮政业	Transport, Storage and Post	178.08	766.33
5.批发、零售业和住宿、餐饮业	Wholesale,Retail Trade and Hotel,Restaurants		109.35
6.生活消费	Residential Consumption	3.51	12.76
城镇	Urban	0.35	2.65
乡村	Rural	3.16	10.11
7.其他	Other		6.79
五.平衡差额	**Statistical Difference**		
六.消费量合计	**Sum of Consumption**	**192.12**	**1567.91**

Continued

燃料油 (万吨) Fuel Oil (10^4 tn)	液化石油气 (万吨) LPG (10^4 tn)	炼厂干气 (万吨) Refinery Gas (10^4 tn)	天然气 (亿立方米) Natural Gas (10^8 cu.m)	其他石油制品 (万吨) Other Petroleum Products (10^4 tn)	其他焦化产品 (万吨) Other Coking Products (10^4 tn)	热力 (百亿千焦) Heat (10^{10} kJ)	电力 (亿千瓦时) Electricity (10^8kW•h)	其他能源 (万吨标煤) Other Energy (10^4tce)
729.01	**492.50**	**14.30**	**112.86**	**-259.74**	**-0.08**	**148.23**	**1466.74**	**256.12**
			58.43				523.35	
						148.23		0.79
501.84	267.19	14.30	0.99		0.17		1044.11	255.81
601.57	295.90		63.86	33.70	27.07		37.31	
-14.40	-8.00			-269.17	-25.74			
-361.43	-61.52		-9.40	-8.60	-1.13		-138.03	
-9.57								
11.00	-1.07		-1.02	-15.67	-0.45			-0.48
0.67	**160.23**	**60.84**	**-47.85**	**1145.48**	**9.86**	**6942.64**	**2142.90**	**-153.27**
-157.37		-0.51	-47.21	-45.31		-179.11	2142.90	-152.99
-7.94		-4.96	-0.19	-2.09		7121.75		-0.28
					9.86			
165.98	160.35	66.31		1192.88				
	-0.12		-0.45					
			1.62			**1030.94**	**185.46**	
729.68	**652.73**	**75.14**	**63.39**	**885.74**	**9.78**	**6059.93**	**3424.18**	**102.85**
				6.73			67.27	
619.43	167.35	75.14	49.44	879.01	9.78	6059.93	2206.43	102.85
18.16	15.69			640.88				4.62
	0.70						45.92	
99.25	40.83						45.20	
11.00	24.60		5.72				203.96	
	417.54		8.23				517.25	
	304.88		8.23				303.20	
	112.66						214.05	
	1.71						338.15	
894.99	**652.85**	**80.61**	**112.86**	**933.14**	**9.78**	**7269.98**	**3609.64**	**256.12**

6-20 广西能源平衡表(实物量)-2009

项　　目	Item	煤合计 (万吨) Coal Total (10^4 tn)	原煤 (万吨) Raw Coal (10^4 tn)
一.可供本地区消费的能源量	**Total Primary Energy Supply**	**5199.61**	**4668.04**
1.一次能源生产量	Indigenous Production	519.72	519.72
2.回收能	Recovery of Energy		
3.外省(区、市)调入量	Moving In from Other Provinces	4176.29	3636.36
4.进口量	Import	1137.70	1137.70
5.境内轮船和飞机在境外的加油量	Domestic Airplanes&Ships Refueling in Abroad		
6.本省(区、市)调出量(-)	Sending Out to Other Provinces(-)	-710.00	-710.00
7.出口量(-)	Export(-)		
8.境外轮船和飞机在境内的加油量(-)	Oversea Airplanes&Ships Refueling in China		
9.库存增(-)、减(+)量	Stock Change	75.90	84.26
二.加工转换投入(-)产出(+)量	**Input(-) & Output(+) of Transformation**	**-2405.87**	**-1926.87**
1.火力发电	Thermal Power	-1815.41	-1815.41
2.供热	Heating Supply	-102.88	-102.88
3.洗选煤	Coal Washing		
4.炼焦	Coking	-487.46	
5.炼油	Petroleum Refineries		
6.制气	Gas Works		
#焦炭再投入量(-)	Coke Input(-)		
7.煤制品加工	Briquettes	-0.12	-8.58
三.损失量	**Loss**		
四.终端消费量	**Total Final Consumption**	**2793.24**	**2740.67**
1.农、林、牧、渔、水利业	Farming, Forestry, Animal Husbandry, Fishery & Water Conservancy	7.82	7.82
2.工业	Industry	2637.27	2584.70
#用作原料、材料	Non-Energy Use	12.16	3.00
3.建筑业	Construction		
4.交通运输、仓储和邮政业	Transport, Storage and Post	30.15	30.15
5.批发、零售业和住宿、餐饮业	Wholesale,Retail Trade and Hotel,Restaurants	48.12	48.12
6.生活消费	Residential Consumption	22.56	22.56
城镇	Urban	17.26	17.26
乡村	Rural	5.30	5.30
7.其他	Other	47.32	47.32
五.平衡差额	**Statistical Difference**	**0.50**	**0.50**
六.消费量合计	**Sum of Consumption**	**5199.11**	**4667.54**

ENERGY BALANCE OF GUANGXI-2009 (PHYSICAL QUANTITY)

洗精煤 (万吨) Cleaned Coal (10^4 tn)	其他洗煤 (万吨) Other Washed Coal (10^4 tn)	型煤 (万吨) Briquettes (10^4 tn)	焦炭 (万吨) Coke (10^4 tn)	焦炉煤气 (亿立方米) Coke Oven Gas (10^8 cu.m)	其他煤气 (亿立方米) Other Gas (10^8 cu.m)	油品合计 (万吨) Petroleum Products Total (10^4 tn)	原油 (万吨) Crude Oil (10^4 tn)	汽油 (万吨) Gasoline (10^4 tn)
520.76	**4.34**	**6.47**	**269.71**	**3.93**	**153.93**	**769.79**	**163.03**	**178.38**
						2.89	2.89	
				3.05	153.93			
529.45	4.00	6.48	283.60			856.21	169.06	207.10
						24.86		
						-91.75		-25.36
						-18.51		
-8.69	0.34	-0.01	-13.89	0.88		-3.91	-8.92	-3.36
-487.46		**8.46**	**356.57**	**11.86**	**-20.91**	**-20.69**	**-163.03**	**37.90**
			-1.60	-2.89	-20.88	-0.61		
					-0.03	-1.18		
-487.46			358.17	14.75				
						-18.90	-163.03	37.90
		8.46						
33.30	**4.34**	**14.93**	**626.28**	**15.79**	**133.02**	**749.10**		**216.28**
						24.81		5.78
33.30	4.34	14.93	626.28	15.79	133.02	56.44		6.16
		9.16				2.30		0.24
						12.05		2.86
						437.38		105.39
						40.11		8.35
						145.31		69.51
						115.68		49.36
						29.63		20.15
						33.00		18.23
520.76	**4.34**	**14.93**	**627.88**	**18.68**	**153.93**	**769.79**	**163.03**	**216.28**

续表

项目	Item	煤油（万吨） Kerosene (10^4 tn)	柴油（万吨） Diesel Oil (10^4 tn)
一.可供本地区消费的能源量	**Total Primary Energy Supply**	**-2.81**	**368.76**
1.一次能源生产量	Indigenous Production		
2.回收能	Recovery of Energy		
3.外省(区、市)调入量	Moving In from Other Provinces		389.77
4.进口量	Import	0.52	
5.境内轮船和飞机在境外的加油量	Domestic Airplanes&Ships Refueling in Abroad		
6.本省(区、市)调出量(-)	Sending Out to Other Provinces(-)	-3.33	-30.21
7.出口量(-)	Export(-)		
8.境外轮船和飞机在境内的加油量(-)	Oversea Airplanes&Ships Refueling in China		
9.库存增(-)、减(+)量	Stock Change		9.20
二.加工转换投入(-)产出(+)量	**Input(-) & Output(+) of Transformation**	**2.90**	**44.31**
1.火力发电	Thermal Power		-0.52
2.供热	Heating Supply		-0.02
3.洗选煤	Coal Washing		
4.炼焦	Coking		
5.炼油	Petroleum Refineries	2.90	44.85
6.制气	Gas Works		
#焦炭再投入量(-)	Coke Input(-)		
7.煤制品加工	Briquettes		
三.损失量	**Loss**		
四.终端消费量	**Total Final Consumption**	**0.09**	**413.07**
1.农、林、牧、渔、水利业	Farming, Forestry, Animal Husbandry, Fishery & Water Conservancy		15.14
2.工业	Industry	0.09	26.98
#用作原料、材料	Non-Energy Use		
3.建筑业	Construction		9.19
4.交通运输、仓储和邮政业	Transport, Storage and Post		331.99
5.批发、零售业和住宿、餐饮业	Wholesale,Retail Trade and Hotel,Restaurants		16.53
6.生活消费	Residential Consumption		
城镇	Urban		
乡村	Rural		
7.其他	Other		13.24
五.平衡差额	**Statistical Difference**		
六.消费量合计	**Sum of Consumption**	**0.09**	**413.61**

Continued

燃料油 (万吨) Fuel Oil (10^4 tn)	液化石油气 (万吨) LPG (10^4 tn)	炼厂干气 (万吨) Refinery Gas (10^4 tn)	天然气 (亿立方米) Natural Gas (10^8 cu.m)	其他石油制品 (万吨) Other Petroleum Products (10^4 tn)	其他焦化产品 (万吨) Other Coking Products (10^4 tn)	热力 (百亿千焦) Heat (10^{10} kJ)	电力 (亿千瓦时) Electricity (10^8 kW•h)	其他能源 (万吨标煤) Other Energy (10^4 tce)
-12.92	**92.27**		**1.21**	**-16.92**	**-6.21**	**69.05**	**428.19**	**351.57**
							476.90	
						69.05		352.64
	90.28		1.21				65.49	
3.81	20.53							
-13.76				-19.09	-5.82		-114.20	
	-18.51							
-2.97	-0.03			2.17	-0.39			-1.07
19.89	**8.70**	**1.27**		**27.37**	**17.10**	**1514.76**	**428.10**	**-109.11**
-0.09						-234.62	428.10	-98.56
-0.32		-0.84				1749.38		-10.55
					17.10			
20.30	8.70	2.11		27.37				
							50.71	
6.97	**100.97**	**1.27**	**1.21**	**10.45**	**10.89**	**1583.81**	**805.58**	**242.46**
	3.89						20.30	
6.97	4.52	1.27	0.11	10.45	10.89	1583.81	579.19	242.46
	2.06							
							5.61	
							10.21	
	15.23						21.17	
	75.80		1.10				129.00	
	66.32		1.10				73.60	
	9.48						55.40	
	1.53						40.10	
7.38	**100.97**	**2.11**	**1.21**	**10.45**	**10.89**	**1583.81**	**856.29**	**351.57**

6-21 海南能源平衡表(实物量)-2009

项 目	Item	煤合计(万吨) Coal Total (10^4 tn)	原煤(万吨) Raw Coal (10^4 tn)
一.可供本地区消费的能源量	**Total Primary Energy Supply**	**517.77**	**517.49**
1.一次能源生产量	Indigenous Production		
2.回收能	Recovery of Energy		
3.外省(区、市)调入量	Moving In from Other Provinces	348.28	348.28
4.进口量	Import	169.35	169.35
5.境内轮船和飞机在境外的加油量	Domestic Airplanes&Ships Refueling in Abroad		
6.本省(区、市)调出量(-)	Sending Out to Other Provinces(-)		
7.出口量(-)	Export(-)		
8.境外轮船和飞机在境内的加油量(-)	Oversea Airplanes&Ships Refueling in China		
9.库存增(-)、减(+)量	Stock Change	0.14	-0.14
二.加工转换投入(-)产出(+)量	**Input(-) & Output(+) of Transformation**	**-376.59**	**-376.59**
1.火力发电	Thermal Power	-376.59	-376.59
2.供热	Heating Supply		
3.洗选煤	Coal Washing		
4.炼焦	Coking		
5.炼油	Petroleum Refineries		
6.制气	Gas Works		
#焦炭再投入量(-)	Coke Input(-)		
7.煤制品加工	Briquettes		
三.损失量	**Loss**		
四.终端消费量	**Total Final Consumption**	**160.30**	**155.00**
1.农、林、牧、渔、水利业	Farming, Forestry, Animal Husbandry, Fishery & Water Conservancy		
2.工业	Industry	155.00	155.00
#用作原料、材料	Non-Energy Use		
3.建筑业	Construction		
4.交通运输、仓储和邮政业	Transport, Storage and Post		
5.批发、零售业和住宿、餐饮业	Wholesale,Retail Trade and Hotel,Restaurants	5.30	
6.生活消费	Residential Consumption		
城镇	Urban		
乡村	Rural		
7.其他	Other		
五.平衡差额	**Statistical Difference**	**-19.12**	**-14.10**
六.消费量合计	**Sum of Consumption**	**536.89**	**531.59**

ENERGY BALANCE OF HAINAN -2009 (PHYSICAL QUANTITY)

洗精煤 (万吨) Cleaned Coal (10^4 tn)	其他洗煤 (万吨) Other Washed Coal (10^4 tn)	型煤 (万吨) Briquettes (10^4 tn)	焦炭 (万吨) Coke (10^4 tn)	焦炉煤气 (亿立方米) Coke Oven Gas (10^8 cu.m)	其他煤气 (亿立方米) Other Gas (10^8 cu.m)	油品合计 (万吨) Petroleum Products Total (10^4 tn)	原油 (万吨) Crude Oil (10^4 tn)	汽油 (万吨) Gasoline (10^4 tn)
	0.28		**17.16**			**362.05**	**833.84**	**-218.66**
						18.36	18.36	
			15.23			91.42		
						863.28	854.82	
						-486.79	-17.66	-186.51
						-100.65		-32.83
	0.28		1.93			-23.57	-21.68	0.68
						-29.04	**-830.61**	**264.31**
						-0.95		
						-4.89		
						-23.20	-830.61	264.31
						2.54	**2.54**	
		5.30	**17.76**			**331.00**	**2.53**	**47.62**
						45.62		3.62
			17.76			50.60	2.53	1.00
						6.92		2.50
						180.03		12.50
		5.30				10.54		1.18
						23.69		15.32
						19.72		12.18
						3.97		3.14
						13.60		11.50
	0.28	**-5.30**	**-0.60**			**-0.53**	**-1.84**	**-1.97**
		5.30	**17.76**			**362.58**	**835.68**	**47.62**

续表

项　目	Item	煤油 (万吨) Kerosene (10^4 tn)	柴油 (万吨) Diesel Oil (10^4 tn)
一.可供本地区消费的能源量	**Total Primary Energy Supply**	**54.60**	**-240.40**
1.一次能源生产量	Indigenous Production		
2.回收能	Recovery of Energy		
3.外省(区、市)调入量	Moving In from Other Provinces	76.02	
4.进口量	Import		0.41
5.境内轮船和飞机在境外的加油量	Domestic Airplanes&Ships Refueling in Abroad		
6.本省(区、市)调出量(-)	Sending Out to Other Provinces(-)		-193.92
7.出口量(-)	Export(-)	-19.86	-45.35
8.境外轮船和飞机在境内的加油量(-)	Oversea Airplanes&Ships Refueling in China		
9.库存增(-)、减(+)量	Stock Change	-1.56	-1.54
二.加工转换投入(-)产出(+)量	**Input(-) & Output(+) of Transformation**	**35.43**	**341.26**
1.火力发电	Thermal Power		-0.12
2.供热	Heating Supply		
3.洗选煤	Coal Washing		
4.炼焦	Coking		
5.炼油	Petroleum Refineries	35.43	341.38
6.制气	Gas Works		
#焦炭再投入量(-)	Coke Input(-)		
7.煤制品加工	Briquettes		
三.损失量	**Loss**		
四.终端消费量	**Total Final Consumption**	**90.03**	**106.12**
1.农、林、牧、渔、水利业	Farming, Forestry, Animal Husbandry, Fishery & Water Conservancy		42.00
2.工业	Industry		4.91
#用作原料、材料	Non-Energy Use		
3.建筑业	Construction	0.25	4.17
4.交通运输、仓储和邮政业	Transport, Storage and Post	89.73	52.30
5.批发、零售业和住宿、餐饮业	Wholesale,Retail Trade and Hotel,Restaurants	0.03	0.98
6.生活消费	Residential Consumption		
城镇	Urban		
乡村	Rural		
7.其他	Other	0.02	1.76
五.平衡差额	**Statistical Difference**		**-5.26**
六.消费量合计	**Sum of Consumption**	**90.03**	**106.24**

Continued

燃料油 (万吨) Fuel Oil (10^4 tn)	液化石油气 (万吨) LPG (10^4 tn)	炼厂干气 (万吨) Refinery Gas (10^4 tn)	天然气 (亿立方米) Natural Gas (10^8 cu.m)	其他石油制品 (万吨) Other Petroleum Products (10^4 tn)	其他焦化产品 (万吨) Other Coking Products (10^4 tn)	热力 (百亿千焦) Heat (10^{10} kJ)	电力 (亿千瓦时) Electricity (10^8kW•h)	其他能源 (万吨标煤) Other Energy (10^4tce)
13.67	**-35.49**		**-20.83**	**-45.51**			**22.28**	**20.00**
			1.86				22.28	
								20.20
15.40								
0.65				7.40				
	-35.75			-52.95				
-2.61			-22.69					
0.23	0.26			0.04				-0.20
21.55	**52.34**	**2.28**	**-6.19**	**84.40**	**0.00**	**117.99**	**112.68**	**-20.00**
			-6.19	-0.83			112.68	-20.00
-0.30		-4.59				117.99		
					0.00			
21.85	52.34	6.87		85.23				
							8.58	
26.52	**17.01**	**2.28**	**18.75**	**38.89**		**177.42**	**125.18**	
							6.33	
0.99		2.28	17.68	38.89		177.42	62.80	
							2.53	
25.50			0.56				1.74	
0.01	8.34		0.30				10.63	
	8.37		0.18				19.31	
	7.54		0.18				10.80	
	0.83						8.51	
0.02	0.30		0.03				21.84	
8.70	**-0.16**		**-45.77**			**-59.43**	**1.20**	
26.82	**17.01**	**6.87**	**24.94**	**39.72**		**177.42**	**133.76**	**20.00**

6-22 重庆能源平衡表(实物量)-2009

项　　目	Item	煤合计(万吨) Coal Total (10^4 tn)	原煤(万吨) Raw Coal (10^4 tn)
一.可供本地区消费的能源量	**Total Primary Energy Supply**	**5781.72**	**6294.44**
1.一次能源生产量	Indigenous Production	4279.24	4279.24
2.回收能	Recovery of Energy		
3.外省(区、市)调入量	Moving In from Other Provinces	3006.50	2997.14
4.进口量	Import		
5.境内轮船和飞机在境外的加油量	Domestic Airplanes&Ships Refueling in Abroad		
6.本省(区、市)调出量(-)	Sending Out to Other Provinces(-)	-1523.58	-1002.54
7.出口量(-)	Export(-)		
8.境外轮船和飞机在境内的加油量(-)	Oversea Airplanes&Ships Refueling in China		
9.库存增(-)、减(+)量	Stock Change	19.56	20.60
二.加工转换投入(-)产出(+)量	**Input(-) & Output(+) of Transformation**	**-2385.38**	**-3104.46**
1.火力发电	Thermal Power	-1550.39	-1413.64
2.供热	Heating Supply	-101.40	-101.40
3.洗选煤	Coal Washing	-339.35	-1575.68
4.炼焦	Coking	-394.02	-13.70
5.炼油	Petroleum Refineries		
6.制气	Gas Works		
#焦炭再投入量(-)	Coke Input(-)		
7.煤制品加工	Briquettes	-0.22	-0.05
三.损失量	**Loss**		
四.终端消费量	**Total Final Consumption**	**3396.34**	**3189.98**
1.农、林、牧、渔、水利业	Farming, Forestry, Animal Husbandry, Fishery & Water Conservancy	250.89	235.00
2.工业	Industry	2850.80	2660.33
#用作原料、材料	Non-Energy Use		
3.建筑业	Construction	18.85	18.85
4.交通运输、仓储和邮政业	Transport, Storage and Post	24.94	24.94
5.批发、零售业和住宿、餐饮业	Wholesale,Retail Trade and Hotel,Restaurants	10.75	10.75
6.生活消费	Residential Consumption	173.02	173.02
城镇	Urban	2.36	2.36
乡村	Rural	170.66	170.66
7.其他	Other	67.09	67.09
五.平衡差额	**Statistical Difference**		
六.消费量合计	**Sum of Consumption**	**5781.72**	**6294.44**

ENERGY BALANCE OF CHONGQING-2009 (PHYSICAL QUANTITY)

洗精煤（万吨） Cleaned Coal (10^4 tn)	其他洗煤（万吨） Other Washed Coal (10^4 tn)	型煤（万吨） Briquettes (10^4 tn)	焦炭（万吨） Coke (10^4 tn)	焦炉煤气（亿立方米） Coke Oven Gas (10^8 cu.m)	其他煤气（亿立方米） Other Gas (10^8 cu.m)	油品合计（万吨） Petroleum Products Total (10^4 tn)	原油（万吨） Crude Oil (10^4 tn)	汽油（万吨） Gasoline (10^4 tn)
-319.26	**-193.45**	**-0.01**	**46.26**	**4.98**	**63.86**	**422.80**	**0.01**	**90.54**
				4.98	63.86			
		9.36	120.00			422.66		90.52
-321.04	-190.66	-9.34	-77.94					
1.78	-2.79	-0.03	4.20			0.14	0.01	0.02
445.07	**270.33**	**3.68**	**287.84**	**1.42**	**-7.57**	**-1.25**		
	-136.75			-1.03	-7.57	-1.25		
829.25	407.08							
-380.33			287.84	2.45				
-3.85		3.68						
125.81	**76.88**	**3.67**	**334.10**	**6.40**	**56.29**	**421.55**	**0.01**	**90.54**
	15.89		23.60			11.55		5.25
125.81	60.99	3.67	310.50	6.40	56.29	38.65	0.01	9.52
						24.96		4.57
						277.85		22.85
						17.52		9.72
						43.24		31.28
						27.81		22.48
						15.43		8.80
						7.78		7.35
509.99	**213.63**	**3.67**	**334.10**	**7.43**	**63.86**	**422.80**	**0.01**	**90.54**

续表

项　　目	Item	煤油（万吨） Kerosene (10^4 tn)	柴油（万吨） Diesel Oil (10^4 tn)
一.可供本地区消费的能源量	**Total Primary Energy Supply**	**34.06**	**273.55**
1.一次能源生产量	Indigenous Production		
2.回收能	Recovery of Energy		
3.外省(区、市)调入量	Moving In from Other Provinces	34.06	273.60
4.进口量	Import		
5.境内轮船和飞机在境外的加油量	Domestic Airplanes&Ships Refueling in Abroad		
6.本省(区、市)调出量(-)	Sending Out to Other Provinces(-)		
7.出口量(-)	Export(-)		
8.境外轮船和飞机在境内的加油量(-)	Oversea Airplanes&Ships Refueling in China		
9.库存增(-)、减(+)量	Stock Change		-0.05
二.加工转换投入(-)产出(+)量	**Input(-) & Output(+) of Transformation**		**-1.19**
1.火力发电	Thermal Power		-1.19
2.供热	Heating Supply		
3.洗选煤	Coal Washing		
4.炼焦	Coking		
5.炼油	Petroleum Refineries		
6.制气	Gas Works		
#焦炭再投入量(-)	Coke Input(-)		
7.煤制品加工	Briquettes		
三.损失量	**Loss**		
四.终端消费量	**Total Final Consumption**	**34.06**	**272.36**
1.农、林、牧、渔、水利业	Farming, Forestry, Animal Husbandry, Fishery & Water Conservancy		6.30
2.工业	Industry	0.74	19.01
#用作原料、材料	Non-Energy Use		
3.建筑业	Construction	0.15	19.18
4.交通运输、仓储和邮政业	Transport, Storage and Post	30.93	219.02
5.批发、零售业和住宿、餐饮业	Wholesale,Retail Trade and Hotel,Restaurants	0.10	3.29
6.生活消费	Residential Consumption	2.14	5.13
城镇	Urban	2.14	0.32
乡村	Rural		4.81
7.其他	Other		0.43
五.平衡差额	**Statistical Difference**		
六.消费量合计	**Sum of Consumption**	**34.06**	**273.55**

Continued

燃料油 (万吨) Fuel Oil (10^4 tn)	液化石油气 (万吨) LPG (10^4 tn)	炼厂干气 (万吨) Refinery Gas (10^4 tn)	天然气 (亿立方米) Natural Gas (10^8 cu.m)	其他石油制品 (万吨) Other Petroleum Products (10^4 tn)	其他焦化产品 (万吨) Other Coking Products (10^4 tn)	热力 (百亿千焦) Heat (10^{10} kJ)	电力 (亿千瓦时) Electricity (10^8kW•h)	其他能源 (万吨标煤) Other Energy (10^4tce)
7.59	**9.84**		**49.47**	**7.21**	**-2.48**	**581.98**	**223.19**	**498.66**
			72.20				120.17	
						581.98		498.73
7.52	9.84		23.93	7.12			184.01	
			-46.66		-3.21		-80.99	
0.07				0.09	0.73			-0.07
-0.06			**-0.25**		**12.81**	**1409.40**	**309.15**	**-85.16**
-0.06			-0.14			-240.48	309.15	-84.80
			-0.10			1649.88		-0.36
					12.81			
			0.35				**27.40**	
7.53	**9.84**		**48.87**	**7.21**	**10.33**	**1991.38**	**504.94**	**413.50**
			0.63				1.33	
2.04	0.12		35.68	7.21	10.33	1991.38	325.38	413.50
0.44	0.62		0.09				12.34	
5.05			1.75				9.17	
	4.41		2.50				24.11	
	4.69		8.10				94.41	
	2.87		8.10				62.83	
	1.82						31.58	
			0.12				38.20	
7.59	**9.84**		**49.47**	**7.21**	**10.33**	**2231.86**	**532.34**	**498.66**

6-23 四川能源平衡表(实物量)-2009

项目	Item	煤合计(万吨) Coal Total (10^4 tn)	原煤(万吨) Raw Coal (10^4 tn)
一.可供本地区消费的能源量	**Total Primary Energy Supply**	**12147.35**	**12128.69**
1.一次能源生产量	Indigenous Production	9505.33	9505.33
2.回收能	Recovery of Energy		
3.外省(区、市)调入量	Moving In from Other Provinces	3138.00	2909.53
4.进口量	Import		
5.境内轮船和飞机在境外的加油量	Domestic Airplanes&Ships Refueling in Abroad		
6.本省(区、市)调出量(-)	Sending Out to Other Provinces(-)	-581.19	-372.17
7.出口量(-)	Export(-)		
8.境外轮船和飞机在境内的加油量(-)	Oversea Airplanes&Ships Refueling in China		
9.库存增(-)、减(+)量	Stock Change	85.21	86.00
二.加工转换投入(-)产出(+)量	**Input(-) & Output(+) of Transformation**	**-5828.75**	**-6806.14**
1.火力发电	Thermal Power	-2915.25	-2817.31
2.供热	Heating Supply	-279.11	-279.00
3.洗选煤	Coal Washing	-1137.00	-3500.00
4.炼焦	Coking	-1486.02	-174.58
5.炼油	Petroleum Refineries		
6.制气	Gas Works		
#焦炭再投入量(-)	Coke Input(-)		
7.煤制品加工	Briquettes	-11.37	-35.25
三.损失量	**Loss**	**87.35**	**81.51**
四.终端消费量	**Total Final Consumption**	**6231.25**	**5241.04**
1.农、林、牧、渔、水利业	Farming, Forestry, Animal Husbandry, Fishery & Water Conservancy	40.17	40.17
2.工业	Industry	5390.21	4400.00
#用作原料、材料	Non-Energy Use	306.79	288.26
3.建筑业	Construction	25.57	25.57
4.交通运输、仓储和邮政业	Transport, Storage and Post	17.04	17.04
5.批发、零售业和住宿、餐饮业	Wholesale,Retail Trade and Hotel,Restaurants	66.10	66.10
6.生活消费	Residential Consumption	672.96	672.96
城镇	Urban	87.76	87.76
乡村	Rural	585.20	585.20
7.其他	Other	19.20	19.20
五.平衡差额	**Statistical Difference**		
六.消费量合计	**Sum of Consumption**	**12147.35**	**12128.69**

ENERGY BALANCE OF SICHUAN -2009 (PHYSICAL QUANTITY)

洗精煤 (万吨) Cleaned Coal (10^4 tn)	其他洗煤 (万吨) Other Washed Coal (10^4 tn)	型煤 (万吨) Briquettes (10^4 tn)	焦炭 (万吨) Coke (10^4 tn)	焦炉煤气 (亿立方米) Coke Oven Gas (10^8 cu.m)	其他煤气 (亿立方米) Other Gas (10^8 cu.m)	油品合计 (万吨) Petroleum Products Total (10^4 tn)	原油 (万吨) Crude Oil (10^4 tn)	汽油 (万吨) Gasoline (10^4 tn)
-210.02	**205.62**	**23.06**	**89.99**			**1309.20**	**315.68**	**393.52**
						22.51	21.68	
	206.52	21.95	95.56			1310.44	293.81	393.71
						7.51		
-209.02						-19.87		
						-1.94		
-1.00	-0.90	1.11	-5.57			-9.45	0.19	-0.19
432.06	**508.47**	**36.86**	**1032.00**			**-20.63**	**-314.30**	**69.40**
	-97.94					-4.00		
	-0.11					-1.78		
1749.00	614.00							
-1311.10	-0.34		1032.00					
						-14.85	-314.30	69.40
-5.84	-7.14	36.86						
5.14	**0.69**	**0.01**	**1.32**			**3.10**	**0.97**	**1.12**
216.90	**713.40**	**59.91**	**1120.67**			**1285.47**	**0.41**	**461.80**
						127.13		4.82
216.90	713.40	59.91	1109.53			220.48	0.41	24.89
11.69	4.45	2.39	47.14			0.06	0.06	
			3.79			34.94		30.12
			3.73			690.77		278.19
			3.61			68.33		11.85
						31.57		30.60
						20.08		19.91
						11.49		10.69
						112.25		81.33
1538.98	**819.62**	**59.92**	**1121.99**			**1309.20**	**315.68**	**462.92**

续表

项　　目	Item	煤油（万吨）Kerosene (10^4 tn)	柴油（万吨）Diesel Oil (10^4 tn)
一.可供本地区消费的能源量	**Total Primary Energy Supply**	**154.24**	**435.80**
1.一次能源生产量	Indigenous Production	0.83	
2.回收能	Recovery of Energy		
3.外省(区、市)调入量	Moving In from Other Provinces	166.77	445.80
4.进口量	Import		
5.境内轮船和飞机在境外的加油量	Domestic Airplanes&Ships Refueling in Abroad	7.51	
6.本省(区、市)调出量(-)	Sending Out to Other Provinces(-)	-19.87	
7.出口量(-)	Export(-)		
8.境外轮船和飞机在境内的加油量(-)	Oversea Airplanes&Ships Refueling in China	-1.94	
9.库存增(-)、减(+)量	Stock Change	0.94	-10.00
二.加工转换投入(-)产出(+)量	**Input(-) & Output(+) of Transformation**	**0.83**	**102.66**
1.火力发电	Thermal Power		
2.供热	Heating Supply		
3.洗选煤	Coal Washing		
4.炼焦	Coking		
5.炼油	Petroleum Refineries	0.83	102.66
6.制气	Gas Works		
#焦炭再投入量(-)	Coke Input(-)		
7.煤制品加工	Briquettes		
三.损失量	**Loss**	**0.03**	**0.98**
四.终端消费量	**Total Final Consumption**	**155.04**	**537.48**
1.农、林、牧、渔、水利业	Farming, Forestry, Animal Husbandry, Fishery & Water Conservancy	0.15	121.47
2.工业	Industry	4.41	64.87
#用作原料、材料	Non-Energy Use		
3.建筑业	Construction	0.12	2.00
4.交通运输、仓储和邮政业	Transport, Storage and Post	145.08	267.50
5.批发、零售业和住宿、餐饮业	Wholesale,Retail Trade and Hotel,Restaurants	3.37	51.66
6.生活消费	Residential Consumption	0.87	0.10
城镇	Urban	0.17	
乡村	Rural	0.70	0.10
7.其他	Other	1.04	29.88
五.平衡差额	**Statistical Difference**		
六.消费量合计	**Sum of Consumption**	**155.07**	**538.46**

Continued

燃料油 (万吨) Fuel Oil (10^4 tn)	液化石油气 (万吨) LPG (10^4 tn)	炼厂干气 (万吨) Refinery Gas (10^4 tn)	天然气 (亿立方米) Natural Gas (10^8 cu.m)	其他石油制品 (万吨) Other Petroleum Products (10^4 tn)	其他焦化产品 (万吨) Other Coking Products (10^4 tn)	热力 (百亿千焦) Heat (10^{10} kJ)	电力 (亿千瓦时) Electricity (10^8kW•h)	其他能源 (万吨标煤) Other Energy (10^4tce)
9.96			**126.99**				**861.69**	
			191.28				979.37	
10.35							10.05	
			-64.29				-127.73	
-0.39								
-2.40	**16.42**	**1.92**	**-22.80**	**104.84**		**5705.88**	**500.18**	
-4.00			-21.84				500.18	
-1.78			-0.96			5705.88		
3.38	16.42	1.92		104.84				
			4.10			**4.91**	**133.16**	
7.56	**16.42**	**1.92**	**100.09**	**104.84**		**5700.97**	**1228.71**	
0.69			0.04				14.24	
2.72	16.42	1.92	65.09	104.84		5700.97	838.38	
			30.11					
2.70			2.92				25.17	
			0.57				22.89	
1.45			2.58				42.26	
			28.89				218.14	
			28.89				125.52	
							92.62	
							67.63	
13.34	**16.42**	**1.92**	**126.99**	**104.84**		**5705.88**	**1361.87**	

6-24 贵州能源平衡表(实物量)-2009

项目	Item	煤合计(万吨) Coal Total (10^4 tn)	原煤(万吨) Raw Coal (10^4 tn)
一.可供本地区消费的能源量	**Total Primary Energy Supply**	**10867.59**	**12250.50**
1.一次能源生产量	Indigenous Production	13691.00	13691.00
2.回收能	Recovery of Energy		
3.外省(区、市)调入量	Moving In from Other Provinces	118.82	118.82
4.进口量	Import		
5.境内轮船和飞机在境外的加油量	Domestic Airplanes&Ships Refueling in Abroad		
6.本省(区、市)调出量(−)	Sending Out to Other Provinces(-)	-2747.44	-1664.02
7.出口量(−)	Export(-)	-6.00	-6.00
8.境外轮船和飞机在境内的加油量(−)	Oversea Airplanes&Ships Refueling in China		
9.库存增(−)、减(+)量	Stock Change	-188.79	110.70
二.加工转换投入(−)产出(+)量	**Input(-) & Output(+) of Transformation**	**-6704.97**	**-8229.37**
1.火力发电	Thermal Power	-4936.90	-4925.23
2.供热	Heating Supply	-141.68	-141.68
3.洗选煤	Coal Washing	-549.57	-2883.03
4.炼焦	Coking	-1078.70	-210.11
5.炼油	Petroleum Refineries		
6.制气	Gas Works	-5.22	-5.22
#焦炭再投入量(−)	Coke Input(-)		
7.煤制品加工	Briquettes	7.10	-64.10
三.损失量	**Loss**	**25.00**	**25.00**
四.终端消费量	**Total Final Consumption**	**4182.50**	**4041.01**
1.农、林、牧、渔、水利业	Farming, Forestry, Animal Husbandry, Fishery & Water Conservancy	168.62	168.62
2.工业	Industry	2324.41	2213.12
#用作原料、材料	Non-Energy Use	333.15	316.59
3.建筑业	Construction	25.49	25.49
4.交通运输、仓储和邮政业	Transport, Storage and Post	12.62	12.62
5.批发、零售业和住宿、餐饮业	Wholesale,Retail Trade and Hotel,Restaurants	507.10	503.24
6.生活消费	Residential Consumption	614.31	588.57
城镇	Urban	158.02	147.02
乡村	Rural	456.29	441.55
7.其他	Other	529.95	529.35
五.平衡差额	**Statistical Difference**	**-44.88**	**-44.88**
六.消费量合计	**Sum of Consumption**	**10912.47**	**12295.38**

ENERGY BALANCE OF GUIZHOU-2009 (PHYSICAL QUANTITY)

洗精煤 (万吨) Cleaned Coal (10^4 tn)	其他洗煤 (万吨) Other Washed Coal (10^4 tn)	型煤 (万吨) Briquettes (10^4 tn)	焦炭 (万吨) Coke (10^4 tn)	焦炉煤气 (亿立方米) Coke Oven Gas (10^8 cu.m)	其他煤气 (亿立方米) Other Gas (10^8 cu.m)	油品合计 (万吨) Petroleum Products Total (10^4 tn)	原油 (万吨) Crude Oil (10^4 tn)	汽油 (万吨) Gasoline (10^4 tn)
-326.01	**-1055.54**	**-1.36**	**-413.42**		**1.75**	**432.91**		**129.99**
					1.75			
						445.02		131.50
-324.17	-759.25		-415.50					
-1.84	-296.29	-1.36	2.08			-12.11		-1.51
387.91	**1065.29**	**71.20**	**777.44**	**9.50**	**1.65**			
	-11.67			-2.02				
1256.50	1076.96							
-868.59			781.21	11.32				
				0.20	1.65			
			-3.77					
		71.20						
				0.03				
61.90	**9.75**	**69.84**	**364.02**	**9.47**	**3.40**	**432.91**		**129.99**
				0.12		0.18		0.09
61.90	9.75	39.64	362.34	6.40	3.40	68.85		4.92
1.73	0.28	14.55	29.74			0.07		
			1.68	0.04		14.13		4.74
				0.01		267.60		95.79
		3.86		1.37		21.41		4.34
		25.74		1.09		15.35		6.75
		11.00		1.09		13.72		5.60
		14.74				1.63		1.15
		0.60		0.44		45.39		13.36
930.49	**21.42**	**69.84**	**367.79**	**11.52**	**3.40**	**432.91**		**129.99**

续表

项　　目	Item	煤油(万吨) Kerosene (10^4 tn)	柴油(万吨) Diesel Oil (10^4 tn)
一.可供本地区消费的能源量	**Total Primary Energy Supply**	**2.95**	**234.69**
1.一次能源生产量	Indigenous Production		
2.回收能	Recovery of Energy		
3.外省(区、市)调入量	Moving In from Other Provinces	3.09	243.62
4.进口量	Import		
5.境内轮船和飞机在境外的加油量	Domestic Airplanes&Ships Refueling in Abroad		
6.本省(区、市)调出量(-)	Sending Out to Other Provinces(-)		
7.出口量(-)	Export(-)		
8.境外轮船和飞机在境内的加油量(-)	Oversea Airplanes&Ships Refueling in China		
9.库存增(-)、减(+)量	Stock Change	-0.14	-8.93
二.加工转换投入(-)产出(+)量	**Input(-) & Output(+) of Transformation**		
1.火力发电	Thermal Power		
2.供热	Heating Supply		
3.洗选煤	Coal Washing		
4.炼焦	Coking		
5.炼油	Petroleum Refineries		
6.制气	Gas Works		
#焦炭再投入量(-)	Coke Input(-)		
7.煤制品加工	Briquettes		
三.损失量	**Loss**		
四.终端消费量	**Total Final Consumption**	**2.95**	**234.69**
1.农、林、牧、渔、水利业	Farming, Forestry, Animal Husbandry, Fishery & Water Conservancy	0.02	0.07
2.工业	Industry	1.15	16.10
#用作原料、材料	Non-Energy Use		0.07
3.建筑业	Construction		9.25
4.交通运输、仓储和邮政业	Transport, Storage and Post	1.65	168.62
5.批发、零售业和住宿、餐饮业	Wholesale,Retail Trade and Hotel,Restaurants	0.08	8.49
6.生活消费	Residential Consumption	0.05	0.22
城镇	Urban		
乡村	Rural	0.05	0.22
7.其他	Other		31.94
五.平衡差额	**Statistical Difference**		
六.消费量合计	**Sum of Consumption**	**2.95**	**234.69**

Continued

燃料油（万吨） Fuel Oil (10^4 tn)	液化石油气（万吨） LPG (10^4 tn)	炼厂干气（万吨） Refinery Gas (10^4 tn)	天然气（亿立方米） Natural Gas (10^8 cu.m)	其他石油制品（万吨） Other Petroleum Products (10^4 tn)	其他焦化产品（万吨） Other Coking Products (10^4 tn)	热力（百亿千焦） Heat (10^{10} kJ)	电力（亿千瓦时） Electricity (10^8 kW•h)	其他能源（万吨标煤） Other Energy (10^4 tce)
13.47	**17.35**		**4.18**	**34.46**	**-8.42**	**1375.98**	**-228.85**	**23.01**
							400.88	
			0.09			1375.98		23.01
13.91	17.36		4.09	35.54			0.90	
					-8.07		-630.63	
-0.44	-0.01			-1.08	-0.35			
					14.20	**2225.20**	**979.15**	**-23.01**
							979.15	-23.01
						2225.20		
					14.20			
							54.20	
13.47	**17.35**		**4.18**	**34.46**	**5.78**	**3601.18**	**696.10**	
							4.48	
11.93	0.29		4.07	34.46	5.78	3601.18	524.26	
	0.14						10.03	
1.54							20.50	
	8.50						10.43	
	8.33		0.11				106.15	
	8.12		0.11				69.45	
	0.21						36.70	
	0.09						20.25	
13.47	**17.35**		**4.18**	**34.46**	**5.78**	**3601.18**	**750.30**	**23.01**

6-25 云南能源平衡表(实物量)-2009

项目	Item	煤合计(万吨) Coal Total (10^4 tn)	原煤(万吨) Raw Coal (10^4 tn)
一.可供本地区消费的能源量	**Total Primary Energy Supply**	**8885.40**	**8521.79**
1.一次能源生产量	Indigenous Production	8921.02	8921.02
2.回收能	Recovery of Energy		
3.外省(区、市)调入量	Moving In from Other Provinces	805.80	85.38
4.进口量	Import		
5.境内轮船和飞机在境外的加油量	Domestic Airplanes&Ships Refueling in Abroad		
6.本省(区、市)调出量(-)	Sending Out to Other Provinces(-)	-985.12	-638.11
7.出口量(-)	Export(-)		
8.境外轮船和飞机在境内的加油量(-)	Oversea Airplanes&Ships Refueling in China		
9.库存增(-)、减(+)量	Stock Change	143.70	153.50
二.加工转换投入(-)产出(+)量	**Input(-) & Output(+) of Transformation**	**-5694.31**	**-5456.01**
1.火力发电	Thermal Power	-3356.36	-3311.44
2.供热	Heating Supply	-24.02	-24.02
3.洗选煤	Coal Washing	-353.36	-1574.28
4.炼焦	Coking	-1797.60	-515.57
5.炼油	Petroleum Refineries		
6.制气	Gas Works	-165.84	-10.49
#焦炭再投入量(-)	Coke Input(-)		
7.煤制品加工	Briquettes	2.87	-20.22
三.损失量	**Loss**		
四.终端消费量	**Total Final Consumption**	**3191.30**	**3065.99**
1.农、林、牧、渔、水利业	Farming, Forestry, Animal Husbandry, Fishery & Water Conservancy	223.46	223.46
2.工业	Industry	2505.71	2428.93
#用作原料、材料	Non-Energy Use		284.78
3.建筑业	Construction	20.44	20.06
4.交通运输、仓储和邮政业	Transport, Storage and Post	18.33	18.33
5.批发、零售业和住宿、餐饮业	Wholesale,Retail Trade and Hotel,Restaurants	51.80	51.80
6.生活消费	Residential Consumption	339.78	291.63
城镇	Urban	81.80	60.94
乡村	Rural	257.98	230.69
7.其他	Other	31.79	31.79
五.平衡差额	**Statistical Difference**	**-0.21**	**-0.20**
六.消费量合计	**Sum of Consumption**	**8885.61**	**8522.00**

ENERGY BALANCE OF YUNNAN-2009 (PHYSICAL QUANTITY)

洗精煤 (万吨) Cleaned Coal (10^4 tn)	其他洗煤 (万吨) Other Washed Coal (10^4 tn)	型煤 (万吨) Briquettes (10^4 tn)	焦炭 (万吨) Coke (10^4 tn)	焦炉煤气 (亿立方米) Coke Oven Gas (10^8 cu.m)	其他煤气 (亿立方米) Other Gas (10^8 cu.m)	油品合计 (万吨) Petroleum Products Total (10^4 tn)	原油 (万吨) Crude Oil (10^4 tn)	汽油 (万吨) Gasoline (10^4 tn)
648.35	**-283.16**	**-1.58**	**-180.22**		**144.74**	**697.68**	**0.05**	**193.31**
						0.05	0.05	
					144.74	0.00		
715.17	5.25		25.45			710.91		197.12
						0.37		
-55.42	-291.59		-235.83			-13.79		-3.99
						-0.86		
						-0.37		
-11.40	3.18	-1.58	30.16			1.37	-0.01	0.18
-610.31	**348.92**	**23.09**	**1454.74**	**15.46**	**-48.58**	**-0.56**		
	-44.92		-1.63	-2.48	-48.61	-0.49		
826.25	394.66							
-1281.20	-0.82		1346.44	15.16				
-155.35			110.09	2.78	0.03	-0.07		
			-0.15					
		23.09						
38.00	**65.77**	**21.54**	**1274.55**	**15.46**	**96.25**	**697.31**	**0.07**	**193.27**
			0.38			20.44		7.72
38.00	23.08	15.71	1273.77	14.58	95.24	71.73	0.07	10.33
2.80	0.40	1.23	113.90			0.64		0.03
	0.38				0.01	46.25		14.51
					0.00	442.66		89.02
					0.62	26.36		11.88
	42.31	5.84	0.40	0.88	0.27	67.65		45.08
	18.96	1.90	0.19	0.88	0.27	33.41		22.83
	23.35	3.94	0.21			34.24		22.25
					0.10	22.21		14.73
0.04	**-0.01**	**-0.03**	**-0.03**		**-0.09**	**-0.19**	**-0.02**	**0.04**
1474.56	**111.51**	**21.54**	**1276.33**	**17.94**	**144.86**	**697.87**	**0.07**	**193.27**

续表

项　　目	Item	煤油 (万吨) Kerosene (10^4 tn)	柴油 (万吨) Diesel Oil (10^4 tn)
一.可供本地区消费的能源量	**Total Primary Energy Supply**	**37.23**	**437.64**
1.一次能源生产量	Indigenous Production		
2.回收能	Recovery of Energy		
3.外省(区、市)调入量	Moving In from Other Provinces	37.73	446.30
4.进口量	Import		
5.境内轮船和飞机在境外的加油量	Domestic Airplanes&Ships Refueling in Abroad	0.37	
6.本省(区、市)调出量(−)	Sending Out to Other Provinces(-)	-0.02	-9.78
7.出口量(−)	Export(-)		-0.86
8.境外轮船和飞机在境内的加油量(−)	Oversea Airplanes&Ships Refueling in China	-0.37	
9.库存增(−)、减(+)量	Stock Change	-0.48	1.98
二.加工转换投入(−)产出(+)量	**Input(-) & Output(+) of Transformation**		**-0.49**
1.火力发电	Thermal Power		-0.49
2.供热	Heating Supply		
3.洗选煤	Coal Washing		
4.炼焦	Coking		
5.炼油	Petroleum Refineries		
6.制气	Gas Works		
#焦炭再投入量(−)	Coke Input(-)		
7.煤制品加工	Briquettes		
三.损失量	**Loss**		
四.终端消费量	**Total Final Consumption**	**37.24**	**437.21**
1.农、林、牧、渔、水利业	Farming, Forestry, Animal Husbandry, Fishery & Water Conservancy	0.07	12.64
2.工业	Industry	0.24	50.01
#用作原料、材料	Non-Energy Use	0.03	0.15
3.建筑业	Construction	1.03	30.65
4.交通运输、仓储和邮政业	Transport, Storage and Post	34.38	317.53
5.批发、零售业和住宿、餐饮业	Wholesale,Retail Trade and Hotel,Restaurants	1.43	8.83
6.生活消费	Residential Consumption	0.02	11.09
城镇	Urban	0.01	4.16
乡村	Rural	0.01	6.93
7.其他	Other	0.06	6.44
五.平衡差额	**Statistical Difference**	**-0.01**	**-0.06**
六.消费量合计	**Sum of Consumption**	**37.24**	**437.70**

Continued

燃料油 (万吨) Fuel Oil (10^4 tn)	液化石油气 (万吨) LPG (10^4 tn)	炼厂干气 (万吨) Refinery Gas (10^4 tn)	天然气 (亿立方米) Natural Gas (10^8 cu.m)	其他石油制品 (万吨) Other Petroleum Products (10^4 tn)	其他焦化产品 (万吨) Other Coking Products (10^4 tn)	热力 (百亿千焦) Heat (10^{10} kJ)	电力 (亿千瓦时) Electricity (10^8kW•h)	其他能源 (万吨标煤) Other Energy (10^4tce)
5.09	**17.07**		**4.53**	**7.29**	**-40.91**		**343.12**	**215.10**
			0.02				625.75	215.85
5.16	17.03		4.51	7.56			3.65	
							15.28	
					-39.57		-260.14	
							-41.42	
-0.07	0.04			-0.27	-1.34			-0.75
	-0.07				**57.78**	**271.09**	**548.07**	**-49.01**
							548.07	-49.01
						271.09		
					51.92			
	-0.07				14.72			
					-8.85			
							65.40	
5.16	**17.02**		**4.52**	**7.34**	**16.78**	**271.10**	**825.79**	**166.09**
							9.66	22.79
5.16	0.35		4.29	5.56	16.11	271.09	613.36	86.44
			4.18	0.44				1.67
	0.06				0.67		14.12	
	0.04			1.68			14.59	
	4.19		0.04	0.03			14.83	
	11.46		0.18				135.06	56.86
	6.41		0.18				88.05	25.40
	5.05						47.01	31.46
	0.91		0.01	0.07		0.01	24.15	
-0.07	**-0.02**			**-0.05**	**0.09**	**-0.01**		
5.16	**17.09**		**4.52**	**7.34**	**25.63**	**271.10**	**891.19**	**215.10**

6-26 陕西能源平衡表(实物量)-2009

项　目	Item	煤合计 (万吨) Coal Total (10^4 tn)	原煤 (万吨) Raw Coal (10^4 tn)
一.可供本地区消费的能源量	**Total Primary Energy Supply**	**10351.79**	**10688.34**
1.一次能源生产量	Indigenous Production	29611.13	29611.13
2.回收能	Recovery of Energy		
3.外省(区、市)调入量	Moving In from Other Provinces		
4.进口量	Import		
5.境内轮船和飞机在境外的加油量	Domestic Airplanes&Ships Refueling in Abroad		
6.本省(区、市)调出量(-)	Sending Out to Other Provinces(-)	-18320.00	-18000.00
7.出口量(-)	Export(-)	-850.00	-850.00
8.境外轮船和飞机在境内的加油量(-)	Oversea Airplanes&Ships Refueling in China		
9.库存增(-)、减(+)量	Stock Change	-89.34	-72.79
二.加工转换投入(-)产出(+)量	**Input(-) & Output(+) of Transformation**	**-6512.28**	**-6860.20**
1.火力发电	Thermal Power	-3957.56	-3949.22
2.供热	Heating Supply	-240.43	-240.43
3.洗选煤	Coal Washing	-243.02	-1196.38
4.炼焦	Coking	-2071.85	-1469.37
5.炼油	Petroleum Refineries		
6.制气	Gas Works		
#焦炭再投入量(-)	Coke Input(-)		
7.煤制品加工	Briquettes	0.58	-4.80
三.损失量	**Loss**		
四.终端消费量	**Total Final Consumption**	**2984.22**	**2939.70**
1.农、林、牧、渔、水利业	Farming, Forestry, Animal Husbandry, Fishery & Water Conservancy	22.00	22.00
2.工业	Industry	2244.52	2200.00
#用作原料、材料	Non-Energy Use	554.36	528.78
3.建筑业	Construction	23.00	23.00
4.交通运输、仓储和邮政业	Transport, Storage and Post	38.00	38.00
5.批发、零售业和住宿、餐饮业	Wholesale,Retail Trade and Hotel,Restaurants	88.00	88.00
6.生活消费	Residential Consumption	318.70	318.70
城镇	Urban	116.00	116.00
乡村	Rural	202.70	202.70
7.其他	Other	250.00	250.00
五.平衡差额	**Statistical Difference**	**855.29**	**888.44**
六.消费量合计	**Sum of Consumption**	**9496.50**	**9799.90**

ENERGY BALANCE OF SHAANXI-2009 (PHYSICAL QUANTITY)

洗精煤 (万吨) Cleaned Coal (10^4 tn)	其他洗煤 (万吨) Other Washed Coal (10^4 tn)	型煤 (万吨) Briquettes (10^4 tn)	焦炭 (万吨) Coke (10^4 tn)	焦炉煤气 (亿立方米) Coke Oven Gas (10^8 cu.m)	其他煤气 (亿立方米) Other Gas (10^8 cu.m)	油品合计 (万吨) Petroleum Products Total (10^4 tn)	原油 (万吨) Crude Oil (10^4 tn)	汽油 (万吨) Gasoline (10^4 tn)
-16.66	**-319.79**	**-0.10**	**5.38**			**1243.63**	**1841.04**	**-274.09**
						2695.89	2695.89	
						56.14		28.49
						0.86		0.43
	-320.00					-1491.19	-851.75	-293.79
			-0.96					
-16.66	0.21	-0.10	6.34			-18.07	-3.10	-9.22
29.63	**312.91**	**5.38**	**1256.60**	**4.98**	**-25.13**	**-145.90**	**-1799.84**	**526.18**
	-8.34			-0.49	-18.37	-0.64		-0.02
				-0.32	-6.76	-1.67		
632.11	321.25							
-602.48			1256.60	5.79				
						-143.59	-1799.84	526.20
		5.38						
38.16	**2.36**	**4.00**	**655.00**	**5.46**	**0.23**	**840.75**	**70.26**	**248.47**
						44.65		6.65
38.16	2.36	4.00	655.00	5.46	0.05	181.81	70.26	35.00
25.36		0.22	49.84			3.84		0.89
						42.07		6.82
						462.81		132.00
					0.14	32.35		10.00
					0.04	77.06		58.00
					0.01	58.36		46.00
					0.03	18.70		12.00
-25.19	**-9.24**	**1.28**	**606.98**	**-0.48**	**-25.36**	**256.98**	**-29.06**	**3.62**
640.64	**10.70**	**4.00**	**655.00**	**6.27**	**25.36**	**986.65**	**1870.10**	**248.49**

续表

项　　目	Item	煤油（万吨） Kerosene (10^4 tn)	柴油（万吨） Diesel Oil (10^4 tn)
一.可供本地区消费的能源量	**Total Primary Energy Supply**	**-0.34**	**-272.18**
1.一次能源生产量	Indigenous Production		
2.回收能	Recovery of Energy		
3.外省(区、市)调入量	Moving In from Other Provinces		27.65
4.进口量	Import		
5.境内轮船和飞机在境外的加油量	Domestic Airplanes&Ships Refueling in Abroad		
6.本省(区、市)调出量(−)	Sending Out to Other Provinces(-)		-294.82
7.出口量(−)	Export(-)		
8.境外轮船和飞机在境内的加油量(−)	Oversea Airplanes&Ships Refueling in China		
9.库存增(−)、减(+)量	Stock Change	-0.34	-5.01
二.加工转换投入(−)产出(+)量	**Input(-) & Output(+) of Transformation**	**18.69**	**800.92**
1.火力发电	Thermal Power		-0.60
2.供热	Heating Supply		-0.09
3.洗选煤	Coal Washing		
4.炼焦	Coking		
5.炼油	Petroleum Refineries	18.69	801.61
6.制气	Gas Works		
#焦炭再投入量(−)	Coke Input(-)		
7.煤制品加工	Briquettes		
三.损失量	**Loss**		
四.终端消费量	**Total Final Consumption**	**8.48**	**492.60**
1.农、林、牧、渔、水利业	Farming, Forestry, Animal Husbandry, Fishery & Water Conservancy		38.00
2.工业	Industry	1.92	70.00
#用作原料、材料	Non-Energy Use	0.04	0.16
3.建筑业	Construction	0.25	35.00
4.交通运输、仓储和邮政业	Transport, Storage and Post	6.31	324.50
5.批发、零售业和住宿、餐饮业	Wholesale,Retail Trade and Hotel,Restaurants		20.00
6.生活消费	Residential Consumption		5.10
城镇	Urban		1.60
乡村	Rural		3.50
7.其他	Other		
五.平衡差额	**Statistical Difference**	**9.87**	**36.14**
六.消费量合计	**Sum of Consumption**	**8.48**	**493.29**

Continued

燃料油 (万吨) Fuel Oil (10^4 tn)	液化石油气 (万吨) LPG (10^4 tn)	炼厂干气 (万吨) Refinery Gas (10^4 tn)	天然气 (亿立方米) Natural Gas (10^8 cu.m)	其他石油制品 (万吨) Other Petroleum Products (10^4 tn)	其他焦化产品 (万吨) Other Coking Products (10^4 tn)	热力 (百亿千焦) Heat (10^{10} kJ)	电力 (亿千瓦时) Electricity (10^8kW•h)	其他能源 (万吨标煤) Other Energy (10^4tce)
-10.51	**-40.32**		**38.29**	**0.03**	**-0.06**		**68.32**	**0.51**
			189.52				66.78	
							62.64	
0.43								
-10.51	-40.32		-151.23				-61.10	
-0.43				0.03	-0.06			0.51
42.90	**83.90**	**1.70**	**-1.30**	**179.65**	**65.67**	**3844.09**	**842.53**	**-45.20**
	-0.02		-0.91			-306.66	842.53	-73.76
		-1.58	-0.39			4150.75		-0.12
								28.68
					65.67			
42.90	83.92	3.28		179.65				
			5.03				**66.67**	
0.03	**16.68**	**0.73**	**43.68**	**3.50**	**7.68**	**3843.51**	**673.44**	**27.27**
			0.03				38.09	
0.03	0.37	0.73	20.28	3.50	7.68	1709.51	425.57	27.27
			1.80	2.76	1.34			0.38
							12.10	
			3.55				36.90	
	2.35		6.78			82.00	21.66	
	13.96		12.80			1800.00	89.38	
	10.76		12.50			1800.00	54.40	
	3.20		0.30				34.98	
			0.24			252.00	49.74	
32.36	**26.90**	**0.97**	**-11.72**	**176.18**	**57.93**	**0.58**	**170.74**	**-71.96**
0.03	**16.70**	**2.31**	**50.01**	**3.50**	**7.68**	**4150.17**	**740.11**	**101.15**

6-27 甘肃能源平衡表(实物量)-2009

项　　目	Item	煤合计(万吨) Coal Total (10^4 tn)	原煤(万吨) Raw Coal (10^4 tn)
一.可供本地区消费的能源量	**Total Primary Energy Supply**	**4478.50**	**4077.63**
1.一次能源生产量	Indigenous Production	3975.96	3975.96
2.回收能	Recovery of Energy		
3.外省(区、市)调入量	Moving In from Other Provinces	2152.20	1720.19
4.进口量	Import		
5.境内轮船和飞机在境外的加油量	Domestic Airplanes&Ships Refueling in Abroad		
6.本省(区、市)调出量(-)	Sending Out to Other Provinces(-)	-1721.67	-1721.67
7.出口量(-)	Export(-)		
8.境外轮船和飞机在境内的加油量(-)	Oversea Airplanes&Ships Refueling in China		
9.库存增(-)、减(+)量	Stock Change	72.01	103.15
二.加工转换投入(-)产出(+)量	**Input(-) & Output(+) of Transformation**	**-2904.85**	**-2607.33**
1.火力发电	Thermal Power	-2060.00	-2060.00
2.供热	Heating Supply	-376.85	-376.85
3.洗选煤	Coal Washing	-28.09	-118.71
4.炼焦	Coking	-433.16	-45.64
5.炼油	Petroleum Refineries		
6.制气	Gas Works	-6.75	-6.13
#焦炭再投入量(-)	Coke Input(-)		
7.煤制品加工	Briquettes		
三.损失量	**Loss**		
四.终端消费量	**Total Final Consumption**	**1573.65**	**1470.30**
1.农、林、牧、渔、水利业	Farming, Forestry, Animal Husbandry, Fishery & Water Conservancy	43.00	43.00
2.工业	Industry	965.65	924.80
#用作原料、材料	Non-Energy Use	84.90	80.07
3.建筑业	Construction	25.00	25.00
4.交通运输、仓储和邮政业	Transport, Storage and Post	53.00	53.00
5.批发、零售业和住宿、餐饮业	Wholesale,Retail Trade and Hotel,Restaurants	28.00	28.00
6.生活消费	Residential Consumption	439.50	377.00
城镇	Urban	83.50	59.00
乡村	Rural	356.00	318.00
7.其他	Other	19.50	19.50
五.平衡差额	**Statistical Difference**		
六.消费量合计	**Sum of Consumption**	**4478.50**	**4077.63**

ENERGY BALANCE OF GANSU-2009 (PHYSICAL QUANTITY)

洗精煤 (万吨) Cleaned Coal (10^4 tn)	其他洗煤 (万吨) Other Washed Coal (10^4 tn)	型煤 (万吨) Briquettes (10^4 tn)	焦炭 (万吨) Coke (10^4 tn)	焦炉煤气 (亿立方米) Coke Oven Gas (10^8 cu.m)	其他煤气 (亿立方米) Other Gas (10^8 cu.m)	油品合计 (万吨) Petroleum Products Total (10^4 tn)	原油 (万吨) Crude Oil (10^4 tn)	汽油 (万吨) Gasoline (10^4 tn)
333.12		**67.75**	**241.02**		**0.49**	**572.01**	**1440.79**	**-264.25**
						359.91	359.91	
					0.49			
364.26		67.75	243.75			1072.76	1068.55	
						-839.09		-288.06
-31.14			-2.73			-21.57	12.33	23.81
-297.52			**298.85**	**10.32**	**1.36**	**-106.65**	**-1436.59**	**314.39**
				-0.80	-0.44	-0.77		
				-0.64	-0.02	-10.43		
90.62								
-387.52			299.31	11.76				
						-95.45	-1436.59	314.39
-0.62					1.82			
			-0.46					
35.60		**67.75**	**539.87**	**10.32**	**1.85**	**465.36**	**4.20**	**50.14**
						30.22		3.20
35.60		5.25	539.87	9.62	1.82	246.75	4.20	7.04
		4.83	35.06			92.97		
						19.30		8.20
						145.40		17.50
						5.80		3.90
		62.50		0.70	0.03	8.78		3.00
		24.50		0.70	0.03	6.79		2.50
		38.00				1.99		0.50
						9.11		7.30
423.74		**67.75**	**540.33**	**11.76**	**2.31**	**572.01**	**1440.79**	**50.14**

续表

项　　目	Item	煤油（万吨） Kerosene (10^4 tn)	柴油（万吨） Diesel Oil (10^4 tn)
一.可供本地区消费的能源量	**Total Primary Energy Supply**	**-45.24**	**-456.21**
1.一次能源生产量	Indigenous Production		
2.回收能	Recovery of Energy		
3.外省(区、市)调入量	Moving In from Other Provinces		
4.进口量	Import		
5.境内轮船和飞机在境外的加油量	Domestic Airplanes&Ships Refueling in Abroad		
6.本省(区、市)调出量(-)	Sending Out to Other Provinces(-)	-46.16	-396.30
7.出口量(-)	Export(-)		
8.境外轮船和飞机在境内的加油量(-)	Oversea Airplanes&Ships Refueling in China		
9.库存增(-)、减(+)量	Stock Change	0.92	-59.91
二.加工转换投入(-)产出(+)量	**Input(-) & Output(+) of Transformation**	**50.69**	**641.15**
1.火力发电	Thermal Power		-0.52
2.供热	Heating Supply		-0.16
3.洗选煤	Coal Washing		
4.炼焦	Coking		
5.炼油	Petroleum Refineries	50.69	641.83
6.制气	Gas Works		
#焦炭再投入量(-)	Coke Input(-)		
7.煤制品加工	Briquettes		
三.损失量	**Loss**		
四.终端消费量	**Total Final Consumption**	**5.45**	**184.94**
1.农、林、牧、渔、水利业	Farming, Forestry, Animal Husbandry, Fishery & Water Conservancy	0.02	27.00
2.工业	Industry	0.14	21.64
#用作原料、材料	Non-Energy Use		0.02
3.建筑业	Construction	0.02	10.50
4.交通运输、仓储和邮政业	Transport, Storage and Post	5.24	121.96
5.批发、零售业和住宿、餐饮业	Wholesale,Retail Trade and Hotel,Restaurants	0.01	1.80
6.生活消费	Residential Consumption	0.01	0.24
城镇	Urban		0.04
乡村	Rural	0.01	0.20
7.其他	Other	0.01	1.80
五.平衡差额	**Statistical Difference**		
六.消费量合计	**Sum of Consumption**	**5.45**	**185.62**

Continued

燃料油 (万吨) Fuel Oil (10^4 tn)	液化石油气 (万吨) LPG (10^4 tn)	炼厂干气 (万吨) Refinery Gas (10^4 tn)	天然气 (亿立方米) Natural Gas (10^8 cu.m)	其他石油制品 (万吨) Other Petroleum Products (10^4 tn)	其他焦化产品 (万吨) Other Coking Products (10^4 tn)	热力 (百亿千焦) Heat (10^{10} kJ)	电力 (亿千瓦时) Electricity (10^8kW•h)	其他能源 (万吨标煤) Other Energy (10^4tce)
5.25	**-23.87**		**12.43**	**-84.46**	**-7.83**	**1024.00**	**264.36**	**124.98**
			1.49				262.10	
						1024.00		124.98
4.21			10.94				2.26	
	-23.87			-84.70	-7.73			
1.04				0.24	-0.10			
6.75	**30.29**	**65.93**	**-0.17**	**220.74**	**16.65**	**6968.70**	**441.15**	**-23.46**
-0.25			-0.07			-18.96	441.15	-18.52
-1.14		-9.13	-0.10			6987.66		-4.94
					16.65			
8.14	30.29	75.06		220.74				
							36.77	
12.00	**6.42**	**65.93**	**12.26**	**136.28**	**8.82**	**7992.70**	**668.74**	**101.52**
							56.38	3.30
12.00	0.10	65.93	9.45	135.70	8.82	6102.70	497.66	93.72
	0.02		5.12	92.93				
			0.03	0.58			5.83	4.50
	0.70		1.30				28.92	
	0.09		0.49				10.12	
	5.53		0.78			1890.00	46.33	
	4.25		0.78			1890.00	27.62	
	1.28						18.71	
			0.21				23.50	
13.39	**6.42**	**75.06**	**12.43**	**136.28**	**8.82**	**8011.66**	**705.51**	**124.98**

6-28 青海能源平衡表(实物量)-2009

项 目	Item	煤合计(万吨) Coal Total (10^4 tn)	原煤(万吨) Raw Coal (10^4 tn)
一.可供本地区消费的能源量	**Total Primary Energy Supply**	**1309.49**	**1468.17**
1.一次能源生产量	Indigenous Production	1577.10	1577.10
2.回收能	Recovery of Energy		
3.外省(区、市)调入量	Moving In from Other Provinces	308.48	300.00
4.进口量	Import		
5.境内轮船和飞机在境外的加油量	Domestic Airplanes&Ships Refueling in Abroad		
6.本省(区、市)调出量(-)	Sending Out to Other Provinces(-)	-569.90	-407.70
7.出口量(-)	Export(-)		
8.境外轮船和飞机在境内的加油量(-)	Oversea Airplanes&Ships Refueling in China		
9.库存增(-)、减(+)量	Stock Change	-6.20	-1.23
二.加工转换投入(-)产出(+)量	**Input(-) & Output(+) of Transformation**	**-758.45**	**-931.08**
1.火力发电	Thermal Power	-467.05	-467.05
2.供热	Heating Supply	-12.48	-12.48
3.洗选煤	Coal Washing	-87.56	-355.38
4.炼焦	Coking	-191.36	-96.17
5.炼油	Petroleum Refineries		
6.制气	Gas Works		
#焦炭再投入量(-)	Coke Input(-)		
7.煤制品加工	Briquettes		
三.损失量	**Loss**	**2.95**	**2.80**
四.终端消费量	**Total Final Consumption**	**548.14**	**534.28**
1.农、林、牧、渔、水利业	Farming, Forestry, Animal Husbandry, Fishery & Water Conservancy	2.94	2.94
2.工业	Industry	366.67	352.81
#用作原料、材料	Non-Energy Use	8.49	4.95
3.建筑业	Construction	4.32	4.32
4.交通运输、仓储和邮政业	Transport, Storage and Post	13.73	13.73
5.批发、零售业和住宿、餐饮业	Wholesale,Retail Trade and Hotel,Restaurants	11.30	11.30
6.生活消费	Residential Consumption	103.29	103.29
城镇	Urban	21.34	21.34
乡村	Rural	81.96	81.96
7.其他	Other	45.89	45.89
五.平衡差额	**Statistical Difference**	**-0.06**	**0.01**
六.消费量合计	**Sum of Consumption**	**1309.54**	**1468.16**

ENERGY BALANCE OF QINGHAI-2009 (PHYSICAL QUANTITY)

洗精煤(万吨) Cleaned Coal (10^4 tn)	其他洗煤(万吨) Other Washed Coal (10^4 tn)	型煤(万吨) Briquettes (10^4 tn)	焦炭(万吨) Coke (10^4 tn)	焦炉煤气(亿立方米) Coke Oven Gas (10^8 cu.m)	其他煤气(亿立方米) Other Gas (10^8 cu.m)	油品合计(万吨) Petroleum Products Total (10^4 tn)	原油(万吨) Crude Oil (10^4 tn)	汽油(万吨) Gasoline (10^4 tn)
-167.34	**7.92**	**0.73**	**50.16**		**15.63**	**140.34**	**82.06**	**-0.47**
						186.37	186.37	
					15.63			
	7.90	0.58	52.07			102.39		18.85
-162.20						-150.25	-110.90	-16.95
-5.14	0.02	0.15	-1.91			1.83	6.59	-2.37
172.63			**135.42**	**2.50**	**-4.50**	**-8.09**	**-81.02**	**23.62**
						-0.28		
				-0.08	-4.50			
267.82								
-95.19			135.42	2.58				
						-7.80	-81.02	23.62
0.15			**0.03**			**0.23**		**0.03**
5.24	**7.91**	**0.71**	**185.53**	**2.72**	**11.15**	**132.02**	**1.01**	**23.14**
						7.40		1.53
5.24	7.91	0.71	185.53	2.72	11.15	40.27	1.01	2.40
3.54			84.88	0.02		8.41		
						6.39		1.30
						54.27		7.12
						11.12		2.30
						5.62		2.83
						2.33		1.22
						3.29		1.61
						6.96		5.66
-0.10	**0.01**	**0.02**	**0.02**	**-0.22**	**-0.02**	**0.01**	**0.03**	**-0.02**
100.58	**7.91**	**0.71**	**185.56**	**2.79**	**15.65**	**140.33**	**82.03**	**23.17**

续表

项　　目	Item	煤油 (万吨) Kerosene (10^4 tn)	柴油 (万吨) Diesel Oil (10^4 tn)
一.可供本地区消费的能源量	**Total Primary Energy Supply**	**0.16**	**49.81**
1.一次能源生产量	Indigenous Production		
2.回收能	Recovery of Energy		
3.外省(区、市)调入量	Moving In from Other Provinces	0.16	68.00
4.进口量	Import		
5.境内轮船和飞机在境外的加油量	Domestic Airplanes&Ships Refueling in Abroad		
6.本省(区、市)调出量(−)	Sending Out to Other Provinces(-)		-18.50
7.出口量(−)	Export(-)		
8.境外轮船和飞机在境内的加油量(−)	Oversea Airplanes&Ships Refueling in China		
9.库存增(−)、减(+)量	Stock Change		0.31
二.加工转换投入(−)产出(+)量	**Input(-) & Output(+) of Transformation**		**37.07**
1.火力发电	Thermal Power		-0.20
2.供热	Heating Supply		
3.洗选煤	Coal Washing		
4.炼焦	Coking		
5.炼油	Petroleum Refineries		37.27
6.制气	Gas Works		
#焦炭再投入量(−)	Coke Input(-)		
7.煤制品加工	Briquettes		
三.损失量	**Loss**		**0.20**
四.终端消费量	**Total Final Consumption**	**0.16**	**86.70**
1.农、林、牧、渔、水利业	Farming, Forestry, Animal Husbandry, Fishery & Water Conservancy		5.87
2.工业	Industry	0.01	23.77
#用作原料、材料	Non-Energy Use		0.07
3.建筑业	Construction	0.15	4.93
4.交通运输、仓储和邮政业	Transport, Storage and Post		47.15
5.批发、零售业和住宿、餐饮业	Wholesale,Retail Trade and Hotel,Restaurants		3.20
6.生活消费	Residential Consumption		0.48
城镇	Urban		
乡村	Rural		0.48
7.其他	Other		1.30
五.平衡差额	**Statistical Difference**		**-0.02**
六.消费量合计	**Sum of Consumption**	**0.16**	**87.11**

Continued

燃料油 (万吨) Fuel Oil (10^4 tn)	液化石油气 (万吨) LPG (10^4 tn)	炼厂干气 (万吨) Refinery Gas (10^4 tn)	天然气 (亿立方米) Natural Gas (10^8 cu.m)	其他石油制品 (万吨) Other Petroleum Products (10^4 tn)	其他焦化产品 (万吨) Other Coking Products (10^4 tn)	热力 (百亿千焦) Heat (10^{10} kJ)	电力 (亿千瓦时) Electricity (10^8kW•h)	其他能源 (万吨标煤) Other Energy (10^4tce)
-2.53	**4.70**		**24.57**	**6.61**	**-3.00**		**231.66**	
			43.07				273.93	
	6.20			9.18			15.23	
-2.40	-1.50		-18.50		-2.95		-57.50	
-0.13				-2.57	-0.05			
2.61	**3.26**	**4.65**	**-5.11**	**1.73**	**3.10**	**663.29**	**105.57**	
-0.08			-3.93				105.57	
			-1.19			663.29		
					3.10			
2.69	3.26	4.65		1.73				
			0.50				**11.99**	
0.08	**7.94**	**4.65**	**18.94**	**8.35**	**0.09**	**663.29**	**325.25**	
							1.35	
0.08		4.65	11.64	8.35	0.09	288.93	296.50	
			3.54	8.35	0.04			
	0.01		0.10			0.27	3.40	
	0.01		0.57			5.03	1.35	
	5.62		0.59			23.99	3.07	
	2.30		3.37			255.59	12.68	
	1.10		3.36			255.59	9.62	
	1.20		0.01				3.06	
			2.68			89.48	6.88	
	0.03		**0.01**	**-0.01**	**0.01**			
0.16	**7.94**	**4.65**	**24.56**	**8.35**	**0.09**	**663.29**	**337.24**	

6-29 宁夏能源平衡表(实物量)-2009

项 目	Item	煤合计(万吨) Coal Total (10^4 tn)	原煤(万吨) Raw Coal (10^4 tn)
一.可供本地区消费的能源量	**Total Primary Energy Supply**	**5445.37**	**6343.10**
1.一次能源生产量	Indigenous Production	5669.24	5669.24
2.回收能	Recovery of Energy		
3.外省(区、市)调入量	Moving In from Other Provinces	3323.05	3122.69
4.进口量	Import		
5.境内轮船和飞机在境外的加油量	Domestic Airplanes&Ships Refueling in Abroad		
6.本省(区、市)调出量(-)	Sending Out to Other Provinces(-)	-3597.13	-1817.91
7.出口量(-)	Export(-)	-1.03	-1.03
8.境外轮船和飞机在境内的加油量(-)	Oversea Airplanes&Ships Refueling in China		
9.库存增(-)、减(+)量	Stock Change	51.23	76.34
二.加工转换投入(-)产出(+)量	**Input(-) & Output(+) of Transformation**	**-3676.50**	**-5494.66**
1.火力发电	Thermal Power	-2406.15	-2350.13
2.供热	Heating Supply	-193.33	-185.25
3.洗选煤	Coal Washing	-459.35	-2599.82
4.炼焦	Coking	-569.24	-311.03
5.炼油	Petroleum Refineries		
6.制气	Gas Works		
#焦炭再投入量(-)	Coke Input(-)		
7.煤制品加工	Briquettes	-48.43	-48.43
三.损失量	**Loss**		
四.终端消费量	**Total Final Consumption**	**1082.03**	**863.93**
1.农、林、牧、渔、水利业	Farming, Forestry, Animal Husbandry, Fishery & Water Conservancy	4.57	3.37
2.工业	Industry	942.75	725.85
#用作原料、材料	Non-Energy Use	101.33	3.00
3.建筑业	Construction	9.66	9.66
4.交通运输、仓储和邮政业	Transport, Storage and Post	6.42	6.42
5.批发、零售业和住宿、餐饮业	Wholesale,Retail Trade and Hotel,Restaurants	7.60	7.60
6.生活消费	Residential Consumption	68.53	68.53
城镇	Urban	13.84	13.84
乡村	Rural	54.69	54.69
7.其他	Other	42.50	42.50
五.平衡差额	**Statistical Difference**	**686.83**	**-15.48**
六.消费量合计	**Sum of Consumption**	**4758.53**	**6358.59**

ENERGY BALANCE OF NINGXIA-2009 (PHYSICAL QUANTITY)

洗精煤 (万吨) Cleaned Coal (10^4 tn)	其他洗煤 (万吨) Other Washed Coal (10^4 tn)	型煤 (万吨) Briquettes (10^4 tn)	焦炭 (万吨) Coke (10^4 tn)	焦炉煤气 (亿立方米) Coke Oven Gas (10^8 cu.m)	其他煤气 (亿立方米) Other Gas (10^8 cu.m)	油品合计 (万吨) Petroleum Products Total (10^4 tn)	原油 (万吨) Crude Oil (10^4 tn)	汽油 (万吨) Gasoline (10^4 tn)
-1168.58	**-443.71**	**8.32**	**-140.45**		**5.32**	**192.09**	**182.66**	**-52.70**
						11.07	11.07	
					5.32			
106.72	85.00	8.64	24.25			373.53	169.26	50.63
-1259.22	-520.00		-166.71			-170.79		-100.89
-16.08	-8.71	-0.32	2.01			-21.72	2.32	-2.45
1351.98	**466.18**		**391.45**	**4.68**	**0.64**	**-10.21**	**-182.65**	**69.38**
	-56.01					-0.07		
-0.92	-7.16							
1586.24	554.23							
-233.34	-24.88		391.45	4.68	0.64			
						-10.15	-182.65	69.38
191.18	**18.61**	**8.32**	**251.00**	**4.68**	**5.96**	**178.97**		**22.45**
		1.20				9.76		0.24
191.18	18.61	7.12	251.00	4.68	5.46	66.33		1.07
91.55		6.78	22.64			0.01		
						11.97		2.06
						73.12		6.02
					0.30	1.54		0.79
					0.10	6.86		4.66
					0.10	4.52		2.59
						2.34		2.08
					0.10	9.40		7.60
-7.77	**3.86**					**2.91**		**-5.78**
425.44	**106.66**	**8.32**	**251.00**	**4.68**	**5.96**	**189.18**	**182.65**	**22.45**

续表

项　　目	Item	煤油（万吨） Kerosene (10^4 tn)	柴油（万吨） Diesel Oil (10^4 tn)
一.可供本地区消费的能源量	**Total Primary Energy Supply**	**4.23**	**19.76**
1.一次能源生产量	Indigenous Production		
2.回收能	Recovery of Energy		
3.外省(区、市)调入量	Moving In from Other Provinces	4.37	86.48
4.进口量	Import		
5.境内轮船和飞机在境外的加油量	Domestic Airplanes&Ships Refueling in Abroad		
6.本省(区、市)调出量(−)	Sending Out to Other Provinces(-)		-67.68
7.出口量(−)	Export(-)		
8.境外轮船和飞机在境内的加油量(−)	Oversea Airplanes&Ships Refueling in China		
9.库存增(−)、减(+)量	Stock Change	-0.14	0.96
二.加工转换投入(−)产出(+)量	**Input(-) & Output(+) of Transformation**		**79.87**
1.火力发电	Thermal Power		-0.07
2.供热	Heating Supply		
3.洗选煤	Coal Washing		
4.炼焦	Coking		
5.炼油	Petroleum Refineries		79.94
6.制气	Gas Works		
#焦炭再投入量(−)	Coke Input(-)		
7.煤制品加工	Briquettes		
三.损失量	**Loss**		
四.终端消费量	**Total Final Consumption**	**4.23**	**91.01**
1.农、林、牧、渔、水利业	Farming, Forestry, Animal Husbandry, Fishery & Water Conservancy		9.52
2.工业	Industry	0.03	6.06
#用作原料、材料	Non-Energy Use		
3.建筑业	Construction		9.91
4.交通运输、仓储和邮政业	Transport, Storage and Post	4.20	62.90
5.批发、零售业和住宿、餐饮业	Wholesale,Retail Trade and Hotel,Restaurants		0.73
6.生活消费	Residential Consumption		0.10
城镇	Urban		0.01
乡村	Rural		0.09
7.其他	Other		1.80
五.平衡差额	**Statistical Difference**		**8.63**
六.消费量合计	**Sum of Consumption**	**4.23**	**91.07**

Continued

燃料油 (万吨) Fuel Oil (10^4 tn)	液化石油气 (万吨) LPG (10^4 tn)	炼厂干气 (万吨) Refinery Gas (10^4 tn)	天然气 (亿立方米) Natural Gas (10^8 cu.m)	其他石油制品 (万吨) Other Petroleum Products (10^4 tn)	其他焦化产品 (万吨) Other Coking Products (10^4 tn)	热力 (百亿千焦) Heat (10^{10} kJ)	电力 (亿千瓦时) Electricity (10^8kW•h)	其他能源 (万吨标煤) Other Energy (10^4tce)
4.81	**0.85**		**11.97**	**32.49**	**-10.41**		**15.37**	**10.35**
							24.65	
								11.55
5.83	2.35		11.97	54.61			21.52	
-1.20	-1.02				-10.65		-30.81	
0.18	-0.48			-22.12	0.24			-1.20
-4.24	**19.25**	**4.87**	**-0.44**	**3.31**	**17.08**	**3343.44**	**447.59**	**-10.35**
						-33.87	447.59	-18.08
			-0.44			3377.31		-5.22
								4.73
					17.08			
-4.24	19.25	4.87		3.31				-2.75
								10.97
							17.81	
0.52	**20.09**	**4.87**	**11.53**	**35.80**	**6.67**	**3343.44**	**445.15**	
							10.85	
0.52	17.98	4.87	7.14	35.80	6.67	1822.46	399.19	
						90.00	3.76	
			1.62			10.00	5.89	
	0.02		1.54			100.00	3.75	
	2.10		0.64			856.98	16.07	
	1.93		0.64			856.98	10.51	
	0.17						5.55	
			0.60			464.00	5.64	
0.06								
0.52	**20.09**	**4.87**	**11.98**	**35.80**	**6.67**	**3377.31**	**462.96**	**26.05**

6-30 新疆能源平衡表(实物量)-2009

项目	Item	煤合计(万吨) Coal Total (10^4 tn)	原煤(万吨) Raw Coal (10^4 tn)
一.可供本地区消费的能源量	**Total Primary Energy Supply**	**7511.31**	**7400.15**
1.一次能源生产量	Indigenous Production	8812.55	8812.55
2.回收能	Recovery of Energy		
3.外省(区、市)调入量	Moving In from Other Provinces	121.87	
4.进口量	Import	0.12	0.12
5.境内轮船和飞机在境外的加油量	Domestic Airplanes&Ships Refueling in Abroad		
6.本省(区、市)调出量(-)	Sending Out to Other Provinces(-)	-1370.00	-1370.00
7.出口量(-)	Export(-)		
8.境外轮船和飞机在境内的加油量(-)	Oversea Airplanes&Ships Refueling in China		
9.库存增(-)、减(+)量	Stock Change	-53.23	-42.52
二.加工转换投入(-)产出(+)量	**Input(-) & Output(+) of Transformation**	**-4971.82**	**-4869.60**
1.火力发电	Thermal Power	-2386.66	-2380.00
2.供热	Heating Supply	-995.00	-995.00
3.洗选煤	Coal Washing	-82.81	-434.65
4.炼焦	Coking	-1507.35	-1059.95
5.炼油	Petroleum Refineries		
6.制气	Gas Works		
#焦炭再投入量(-)	Coke Input(-)		
7.煤制品加工	Briquettes		
三.损失量	**Loss**		
四.终端消费量	**Total Final Consumption**	**2445.89**	**2436.95**
1.农、林、牧、渔、水利业	Farming, Forestry, Animal Husbandry, Fishery & Water Conservancy	107.00	107.00
2.工业	Industry	1917.99	1909.05
#用作原料、材料	Non-Energy Use		
3.建筑业	Construction	19.90	19.90
4.交通运输、仓储和邮政业	Transport, Storage and Post	52.00	52.00
5.批发、零售业和住宿、餐饮业	Wholesale,Retail Trade and Hotel,Restaurants	48.00	48.00
6.生活消费	Residential Consumption	255.00	255.00
城镇	Urban	65.00	65.00
乡村	Rural	190.00	190.00
7.其他	Other	46.00	46.00
五.平衡差额	**Statistical Difference**	**93.60**	**93.60**
六.消费量合计	**Sum of Consumption**	**7417.71**	**7306.55**

ENERGY BALANCE OF XINJIANG-2009 (PHYSICAL QUANTITY)

洗精煤 (万吨) Cleaned Coal (10^4 tn)	其他洗煤 (万吨) Other Washed Coal (10^4 tn)	型煤 (万吨) Briquettes (10^4 tn)	焦炭 (万吨) Coke (10^4 tn)	焦炉煤气 (亿立方米) Coke Oven Gas (10^8 cu.m)	其他煤气 (亿立方米) Other Gas (10^8 cu.m)	油品合计 (万吨) Petroleum Products Total (10^4 tn)	原油 (万吨) Crude Oil (10^4 tn)	汽油 (万吨) Gasoline (10^4 tn)
146.97	**-35.81**		**-371.21**		**83.39**	**839.25**	**1997.90**	**-152.71**
						2512.86	2512.86	
					83.39			
121.87						14.09		
						787.93	760.67	
						1.03		
			-371.22			-2531.78	-1297.13	-168.38
			-7.00			-0.05		-0.03
						-0.88		
25.10	-35.81		7.01			56.05	21.50	15.70
-146.31	**44.09**		**899.45**	**6.78**		**-62.23**	**-1862.63**	**274.58**
	-6.66			-0.12		-9.32		
						-18.23		
298.00	53.84							
-444.31	-3.09		899.45	6.90				
						-34.68	-1862.63	274.58
						88.00	**88.00**	
0.66	**8.28**		**528.24**	**6.78**	**20.00**	**689.02**	**47.27**	**121.87**
						74.91		11.50
0.66	8.28		528.24	6.60	20.00	217.11	47.27	9.20
						23.73		3.00
						260.79		59.00
						38.46		10.50
				0.18		30.73		10.30
				0.18		27.42		9.70
						3.31		0.60
						43.29		18.37
					63.39			
444.97	**18.03**		**528.24**	**6.90**	**20.00**	**839.25**	**1997.90**	**121.87**

续表

项　　目	Item	煤油(万吨) Kerosene (10^4 tn)	柴油(万吨) Diesel Oil (10^4 tn)
一.可供本地区消费的能源量	**Total Primary Energy Supply**	**0.54**	**-504.08**
1.一次能源生产量	Indigenous Production		
2.回收能	Recovery of Energy		
3.外省(区、市)调入量	Moving In from Other Provinces	14.09	
4.进口量	Import		
5.境内轮船和飞机在境外的加油量	Domestic Airplanes&Ships Refueling in Abroad	1.03	
6.本省(区、市)调出量(−)	Sending Out to Other Provinces(-)	-14.00	-518.62
7.出口量(−)	Export(-)		
8.境外轮船和飞机在境内的加油量(−)	Oversea Airplanes&Ships Refueling in China	-0.88	
9.库存增(−)、减(+)量	Stock Change	0.30	14.54
二.加工转换投入(−)产出(+)量	**Input(-) & Output(+) of Transformation**	**30.86**	**835.08**
1.火力发电	Thermal Power		-0.70
2.供热	Heating Supply		
3.洗选煤	Coal Washing		
4.炼焦	Coking		
5.炼油	Petroleum Refineries	30.86	835.78
6.制气	Gas Works		
#焦炭再投入量(−)	Coke Input(-)		
7.煤制品加工	Briquettes		
三.损失量	**Loss**		
四.终端消费量	**Total Final Consumption**	**31.40**	**331.00**
1.农、林、牧、渔、水利业	Farming, Forestry, Animal Husbandry, Fishery & Water Conservancy	0.40	62.00
2.工业	Industry	0.09	41.00
#用作原料、材料	Non-Energy Use		
3.建筑业	Construction	0.17	12.50
4.交通运输、仓储和邮政业	Transport, Storage and Post	30.00	162.00
5.批发、零售业和住宿、餐饮业	Wholesale,Retail Trade and Hotel,Restaurants	0.06	24.00
6.生活消费	Residential Consumption	0.35	6.50
城镇	Urban	0.05	5.10
乡村	Rural	0.30	1.40
7.其他	Other	0.33	23.00
五.平衡差额	**Statistical Difference**		
六.消费量合计	**Sum of Consumption**	**31.40**	**331.70**

Continued

燃料油 (万吨) Fuel Oil (10^4 tn)	液化石油气 (万吨) LPG (10^4 tn)	炼厂干气 (万吨) Refinery Gas (10^4 tn)	天然气 (亿立方米) Natural Gas (10^8 cu.m)	其他石油制品 (万吨) Other Petroleum Products (10^4 tn)	其他焦化产品 (万吨) Other Coking Products (10^4 tn)	热力 (百亿千焦) Heat (10^{10} kJ)	电力 (亿千瓦时) Electricity (10^8kW•h)	其他能源 (万吨标煤) Other Energy (10^4tce)
-4.68	**-29.96**		**67.93**	**-467.76**	**-26.95**		**97.46**	
			245.39				97.46	
27.26								
-31.24	-29.94		-177.46	-472.47	-23.43			
	-0.02							
-0.70				4.71	-3.52			
26.97	**58.41**	**50.26**	**-9.62**	**524.24**	**33.87**	**17318.84**	**450.42**	
-0.06		-8.56	-7.83				450.42	
-0.02		-18.21	-1.79			17318.84		
					33.87			
27.05	58.41	77.03		524.24				
			0.80				**43.65**	
22.29	**28.45**	**50.26**	**57.51**	**56.48**	**6.92**	**17318.84**	**504.23**	
	1.00			0.01			56.59	
22.29	7.00	50.26	48.88	40.00	6.92	8060.00	354.58	
	0.05			8.01		20.00	4.67	
	1.80		3.10	7.99		25.00	6.08	
	3.70		1.15	0.20		90.00	15.39	
	13.50		3.90	0.08		9073.84	42.62	
	12.50		3.90	0.07		9073.84	28.46	
	1.00			0.01			14.16	
	1.40		0.48	0.19		50.00	24.30	
22.37	**28.45**	**77.03**	**67.93**	**56.48**	**6.92**	**17318.84**	**547.88**	

七、香港、澳门特别行政区能源数据

Chapter 7　Energy Data for Hong Kong and Macao Special Administrative Region

7-1 香港主要能源及相关指标
MAJOR ENERGY AND RELATED INDICATORS OF HONG KONG

项 目 Item	1990	1995	2000	2001	2002	2003	2004	2005	2006	2007	2008
一次能源供应总量（百万吨标准油） Total Primary Energy Supply (Mtoe)	10.66	13.77	15.45	16.28	16.38	16.79	17.53	18.07	13.33	14.34	14.14
净进口量（百万吨标准油） Net Imports (Mtoe)	11.93	15.69	18.91	19.99	21.22	21.98	25.31	23.53	25.18	27.37	25.72
油净进口量（百万吨标准油） Net Oil Imports (Mtoe)	6.58	9.55	12.4	12.26	13.24	13.26	15.95	14.11	15.2	16.97	15.47
油可供量（百万吨标准油） Oil Supply (Mtoe)	5.27	7.57	8.89	8.51	8.35	8.02	8.13	8.60	3.30	3.89	3.83
电消费量（十亿千瓦小时） Electricity Consumption (Twh)	23.83	29.86	36.3	37.26	38.09	38.46	39.23	40.05	40.34	40.86	40.93
能源最终消费量（百万吨标准油） Total Final Consumption of Energy (Mtoe)	7.12	9.9	11.92	11.6	11.5	11.2	11.4	11.98	7.76	7.99	8.07
年中人口数（万人） Mid-year Population (10^4 persons)	570.0	615.6	666.5	672.5	678.7	680.3	685.0	680.0	685.0	690.0	695.0
国内生产总值（10亿美元,2000年价） GDP (10^9 US$,2000 price)	106.2	139.4	165.4	166.1	169.3	178.5	193.8	208.4	221.6	235.8	241.3
人均国内生产总值（美元,2000年价） Per Capita GDP (US$,2000 price)	18639	22636	24810	24703	24939	26238	28292	30130	32116	34159	34719
人均能源供应量（吨标准油／人） TPES/Population (toe per capita)	1.54	1.73	1.97	2.42	2.41	2.47	2.58	1.92	1.94	2.07	2.03
人均电力消费量（千瓦小时／人） Per Capita Electricity Consumption (kW·h/capita)	4178	4850	5446	5541	5612	5653	5779	5879	5883	5899	5866

资料来源：IEA,《非OECD国家能源平衡表》
Source: IEA,Energy Balances of NON-OECD Countries

7-2 香港电力和煤气消费量
CONSUMPTION OF ELECTRICITY AND GAS OF HONG KONG

年 份 Year	电力（太焦耳） Electricity (terajoule)				煤气（太焦耳） Gas (terajoule)			
	住 宅 Residential	商 业 Commercial	工业 Industrial	总 计 Total	住 宅 Residential	商 业 Commercial	工业 Industrial	总 计 Total
1990	19037	41830	24934	85801	7596	6877	583	15056
1995	27063	60191	20222	107477	11408	9586	978	21972
2000	32234	80672	17769	130675	13866	11209	982	26057
2001	32799	84580	16759	134139	14493	11060	1011	26564
2002	33394	87606	16112	137112	14794	10860	987	26641
2003	34365	89218	14851	138435	15446	10542	1015	27002
2004	34134	91638	15430	141201	15237	10945	955	27137
2005	35811	93724	14636	144171	15444	10919	898	27261
2006	35428	95761	14015	145204	15082	11050	903	27034
2007	36422	97546	13104	147072	14842	11305	895	27041
2008	37100	98063	12182	147345	15583	11095	905	27583
2009	38972	99251	11143	149366	15303	11069	902	27274

7-3 香港油产品进口留用量
HONG KONG RETAINED IMPORTS OF OIL PRODUCTS

年 份 Year	航空汽油与煤油 (千公升) Aviation Gasoline and Kerosene (kilolitre)	车用汽油 (千公升) Motor Gasoline (kilolitre)		轻质柴油、重质柴油与石脑油(千公升) Gas Oil, Diesel Oil and Naphtha (kilolitre)	燃料油 (千公升) Fuel Oil (kilolitre)	液化石油气和天然气(公吨) LPG, Natural Gas (tonne)
1990	2303262	390577		2690712	1347198	169224
		含铅 Leaded Petrol	不含铅 Unleaded Petrol			
1995	3318386	171456	323351	4691324	1561524	147544
2000	4011029		486087	7802247	2140655	2363434
2001	4198740		524588	6920460	2394450	2459050
2002	4315798		473441	6810838	2973785	2420756
2003	3986920		458985	7094270	3216278	1689413
2004	4937314		458802	6989635	4626483	2299778
2005	5424882		454254	4992498	4975866	2310535
2006	5543549		425146	5075975	5915645	2592142
2007	6261518		471418	4762939	7089613	2404774
2008	6003457		447546	3582774	6625377	2728962
2009	5807816		485331	7457229	6949268	2650259

资料来源：《香港能源统计》
Source: Hong Kong Energy Statistics

7-4 香港煤产品进口留用量
HONG KONG RETAINED IMPORTS OF COAL PRODUCTS

单位：公吨 (tonne)

年 份 Year	蒸馏煤与其他煤产品 Steam Coal and Other Coal	木炭 Wood Charcoal	无烟煤 Anthracite	焦煤与半焦煤 Coke and Semi-coke
1990	8928614	16252	2053	1404
1995	9108994	13920		1063
2000	6057802	6050	1310	
2001	8033097	-4764	540	
2002	8717699	8142	201	
2003	10675881	8313	677	
2004	10691194	8052	396	-59
2005	10823664	7307	1423	
2006	11403420	6491	139	
2007	12261438	3945		
2008	11344961	7374	162	
2009	12331385	5831	389	

7-5 香港电力生产、消费及进出口
HONG KONG ELECTRICITY PRODUCTION, CONSUMPTION,IMPORTS AND EXPORTS

单位：太焦耳 (Terajoule)

年 份 Year	本地发电厂产电 Electricity Generated at Local Plant	由大陆进口 Imports to Mainland of China	系统损耗 System Loss	出口往大陆 Exports of Mainland of China	由电表量度的本地电力耗用 Local Electricity Consumption as Measured at Meter Point
1990	104256		11985	6470	85801
1995	100496	27164	14843	5340	107477
2000	112783	36732	14587	4253	130675
2001	116745	37278	14192	5692	134139
2002	123522	36655	15235	7830	137112
2003	127822	37428	15988	10827	138435
2004	133663	35413	16763	11112	141201
2005	138414	39604	17654	16192	144172
2006	139005	39230	16731	16300	145204
2007	140212	39453	18066	14527	147072
2008	136765	40668	17299	12789	147345
2009	139420	41725	18347	13432	149366

资料来源：《香港能源统计》
Source: Hong Kong Energy Statistics

7-6 澳门主要能源及相关指标
MAJOR ENERGY RELATED INDICATORS OF MACAO

项 目 Item	1990	1995	2000	2004	2005	2006	2007	2008	2009
净进口量（太焦耳） Net Imports (10^{12} joules)	13955	17487	22742	32087	33605	34833	37524	26367	29462
可供电量（百万千瓦小时） Electricity Supply (Gwh)		1335.1	1657.4	2028.4	2287.3	2557.5	3136.9	3463.1	3632.1
电力消费量（百万千瓦小时） Electricity Consumption (Gwh)		1265.4	1570.1	1889.7	2112.2	2374.0	2936.5	3264.3	3422.3
能源消费量（太焦耳） Energy Consumption (10^{12} joules)	8953	12120	12823	14709	16748	18442	21054	22211	22427
年中人口数（万人） Mid-year Population (10^4 persons)	33.50	40.93	43.1	45.7	47.3	49.9	52.6	54.4	54.6
国内生产总值（万澳门元,现价） GDP (10^4 MOP, Current Market Prices)	2617500	5227400	4897200	8034900	8588600	11370900	15020712	17354744	16934294
人均国内生产总值（澳门元,现价） Per Capita GDP (MOP,Current Market Prices)	78134	127716	113624	175818	181577	227721	285695	316143	311131
人均能源消费量（百万焦耳） Per Capita Energy Consumption (10^6 joules)	26725	29612	29752	32186	35408	36958	40045	40829	41075
人均电力消费量（千瓦小时/人） Per Capita Electricity Consumption (kW•h/capita)		3092	3643	4135	4466	4758	5585	6088	6268

7-7 澳门能源平衡表
MACAO ENERGY BALANCE TABLE

单位：太焦耳 (terajoules)

项 目	Item	1990	1995	2000	2003	2005	2006	2007	2008	2009
进口	Import									
总计	Total Energy	13975	17499	22742	26340	33605	34833	37524	26367	29462
#轻柴油	#Gas Oil and Diesel	3564	3257	3467	5518	7114	6191	7062	5504	5560
#重油	#Fuel Oil	8274	10325	11949	12277	14108	12745	10711	5853	7993
#电力	#Electricity	327	650	701	647	1227	3472	6060	8319	8016
#汽油	#Gasoline	752	1128	1340	1450	1758	1802	2003	2038	2220
出口	Export									
总计	Total Energy	20	12							
#电力	#Electricity	9	11							
#液化石油气	#LPG		1							
库存变化	Change in Stocks	252	-43	-487	-187	-68	372	341	-917	122
内部总消费	Gross Internal Consumption	13704	17670	19795	21966	26050	25700	27488	27284	23341
能源转化	Energy Transformation	-4461	-5124	-6458	-7728	-8558	-6517	-5662	-4298	-6084
电厂自耗和输电损失	Distribution and Transmission Loss	149	240	304	389	462	482	550	545	826
总消费量	Final Consumption	8953	12120	12823	13544	16748	18442	21054	22211	22427

资料来源：《澳门统计年鉴》
Source: Macao Statistical Yearbook

附录 1、台湾省能源数据

Appendix Ⅰ　Energy Data for Taiwan Province

附录 1-1　台湾省主要能源及相关指标
MAJOR ENERGY RELATED INDICATORS OF TAIWAN PROVINCE

项 目　Item	1990	1995	2000	2001	2002	2003	2004	2005	2006	2007	2008
能源生产量 （百万吨标准油） Energy Production (Mtoe)	10.81	10.94	11.49	10.77	11.62	12.53	12.40	12.27	12.41	12.71	12.68
净进口量（百万吨标准油） Net Imports (Mtoe)	41.78	59.27	80.83	82.25	84.20	87.83	96.11	95.13	98.35	101.58	97.45
一次能源需求总量（百万吨标准油） Total Primary Energy Supply (Mtoe)	48.26	65.29	83.01	88.95	93.58	98.55	103.94	102.59	104.84	109.86	105.49
油净进口量（百万吨标准油） Net Oil Imports (Mtoe)	28.92	37.49	45.85	44.71	43.79	45.35	48.36	47.23	49.34	50.01	46.03
油可供量（百万吨标准油） Oil Supply (Mtoe)	26.00	34.47	37.32	41.46	42.45	43.47	45.93	43.89	43.31	45.84	42.25
电消费量（十亿千瓦小时） Electricity Consumption (tW•h)	85.12	128.20	184.74	188.95	198.52	201.11	210.23	218.32	225.92	233.53	229.74
一次能源消费总量（百万吨标准油） Total Primary Energy Consumption (Mtoe)	48.35	65.18	90.64	94.83	100.31	98.55	104.16	105.78	105.96	110.73	104.81
年中人口数（百万人） Mid-year Population (10^6 persons)	20.40	21.30	22.10	22.30	22.40	22.60	22.80	22.65	22.80	22.90	22.90
国内生产总值（10亿美元,2000年价） GDP (10^9 US$,2000 price)	157.12	221.60	292.90	286.46	296.77	323.40	361.30	376.00	393.60	416.00	416.50
人均国内生产总值（美元，2000年价） Per Capita GDP (US$, 2000 price)	7702	10404	13253	12846	13249	14310	15846	16600	17263	18166	18188
人均能源消费量（吨标准油／人） Per Capita Energy Consumption (toe/capita)	2.37	3.06	4.10	4.25	4.48	4.36	4.59	4.52	4.60	4.81	4.60
人均电力消费量（千瓦小时／人） Per Capita Electricity Consumption (kW•h/capita)	4173	6019	8359	8473	8863	8899	9293	9618	9917	10216	10023

资料来源：IEA,《非OECD国家能源统计和平衡表》
Source: IEA, Energy Statistics and Balances of NON-OECD Countries

附录 1-2　台湾省分行业电力消费量
TAIWAN PROVINCE ELECTRICITY CONSUMPTION BY SECTOR

单位：百万千瓦小时　(million kW·h)

年份 Year	总计 Total	农、林、牧、渔业 Farming,Forestry, Animal Husbandry, Fishery	采掘业 Mining and Quarrying	制造业 Manufa-cturing	建筑业 Constru-ction	批发及零售业 Wholesale and Retail Trades	运输及仓储业 Transport and Storage	住宿及餐饮业 Hotels and Catering Services
1990	51841	1611	171	40698	265			
1995	68931	2042	209	50792	564			
2000	94768	2262	319	67378	490	4818	2893	1911
2001	94794	2229	293	66127	543	5011	3014	1997
2002	100435	2326	367	69696	530	5363	3240	2074
2003	106043	2416	431	73691	544	5628	3326	2140
2004	113293	2511	444	79267	556	5936	3440	2262
2005	117648	2490	443	82518	553	6216	3572	2405
2006	123598	2602	453	86869	539	6297	2373	2502
2007	128226	2620	462	91042	575	6302	2669	2574
2008	128644	2600	380	91207	566	6020	3005	2545
2009	121348	2582	338	85298	488	5701	3003	2547

资料来源：中国台湾省编辑的《统计年鉴》
Source: Statistical Yearbook, Taiwan Province of China

附录 1-3 台湾省能源供给总量及构成
TAIWAN PROVINCE ENERGY SUPPLY AND COMPOSITION

年份 Year	供给量总计(千公升油当量) Total Supply (10^3 kl oil equivalent)	占供给总量的比重(%) As Percentage of Total Supply (%)				
		煤炭 Coal	石油 Petroleum	天然气 Natural Gas	水力发电 Hydropower	核能发电 Nuclear Power
1990	58698	23.9	55.0	1.9	1.0	16.2
1995	79770	26.8	54.5	5.2	0.6	12.8
2000	103808	31.9	50.6	6.2	0.4	10.7
2001	108397	32.8	50.7	6.4	0.4	9.5
2002	113566	33.2	49.5	6.9	0.2	10.1
2003	121452	32.7	51.1	6.6	0.2	9.3
2004	134840	32.5	51.5	7.2	0.2	8.5
2005	135966	32.0	51.9	7.3	0.3	8.5
2006	138846	32.5	51.2	7.6	0.3	8.3
2007	146116	32.4	51.5	7.7	0.3	8.0
2008	141251	32.7	49.9	8.6	0.3	8.4
2009	138058	30.4	51.8	8.6	0.3	8.7

附录 1-4 台湾省能源消费总量及分部门消费构成
AIWAN PROVINCE ENERGY CONSUMPTION AND COMPOSITION BY SECTO

年份 Year	消费总计(千公升油当量) Total Energy Consumption (10^3 kl oil equivalent)	占消费总量比重(%) As Percentage of Total Energy Consumption(%)						
		工业 Industry	运输 Transpo-rtation	农业 Agricu-lture	住宅 Residence	商业 Commerce	其他 Other	非能源消费 Non-energy Use
1990	49586	49.0	16.2	2.9	11.4	3.8	6.4	5.2
1995	68475	44.2	17.9	2.2	11.9	5.0	6.0	4.3
2000	91736	45.4	15.7	1.6	12.5	6.1	6.4	4.3
2001	97055	48.7	14.8	1.5	12.0	6.0	6.5	2.7
2002	100495	49.1	14.9	1.5	11.8	5.8	6.3	3.3
2003	104371	49.2	14.3	1.6	11.7	6.0	6.9	3.7
2004	108766	49.9	14.5	1.6	11.4	5.9	6.2	3.2
2005	111144	49.0	14.6	1.4	11.8	6.2	6.3	3.2
2006	113739	49.7	14.3	1.1	11.6	6.2	6.3	3.2
2007	119176	52.4	13.3	0.9	11.1			3.4
2008	115701	52.9	12.8	1.0	11.4			2.9
2009	113085	52.5	13.2	0.9	11.6			3.1

附录 1-5 台湾省电力生产量和消费量
TAIWAN PROVINCE EIECTRICITY PRODUCTION AND CONSUMPTION

单位：百万千瓦小时 (million kW•h)

年份 Year	发电量 Electricity Generation				耗电量 Electricity Consumption			损失 Loss
	总计 Total	水力发电 Hydropower	火力发电 Thermal Power	核能发电 Nuclear Power	总计 Total	工业用电 Industry Consumption	住户及商业用电 Residence and Commerce	
1990	82350		42629	31554	74345	51841	22504	5355
1995	117859		75071	33931	105368	68931	36437	6848
2000	156511	4303	110672	36996	142413	94768	47645	8735
2001	158058	4070	114822	34094	143599	94794	48805	8610
2002	165901	3604	121526	38009	151193	100435	50758	9417
2003	173810	3852	129566	37371	159380	106043	53336	8751
2004	181245	3338	136770	37939	167478	113293	54185	8937
2005	189663	3830	143295	38404	175293	117648	57645	9036
2006	196567	3902	150014	38317	181593	123598	57996	9539
2007	201856	3924	154142	38960	187075	128226	58848	9590
2008	200241	3459	152636	39260	186931	128644	58288	8584
2009	193605	3290	145756	39981	179239	121348	57890	9418

资料来源：中国台湾省编辑的《统计年鉴》
Source: Statistical Yearbook, Taiwan Province of China

附录 2、有关国家和地区能源数据

Appendix Ⅱ Energy Data for Related Countries or Areas

附录2-1 年中人口数
Mid-YEAR POPULATION

单位:百万人 (millions)

国家和地区	Contury or Area	2002	2003	2004	2005	2006	2007	2008	人口比重% Percent of World
世界总计	**World**	**6202.2**	**6280.2**	**6356.3**	**6431.7**	**6534.5**	**6610.5**	**6687.9**	**100.00**
OECD合计	**OECD Total**	**1148.0**	**1155.7**	**1164.1**	**1171.5**	**1173.8**	**1181.9**	**1189.8**	**17.79**
美国	United States	288.2	291.1	293.9	296.7	298.4	301.7	304.5	4.55
日本	Japan	127.4	127.7	127.8	127.8	127.8	127.8	127.7	1.91
墨西哥	Mexico	101.4	102.7	104.0	105.3	104.3	105.7	106.6	1.59
德国	Germany	82.5	82.5	82.5	82.5	82.4	82.3	82.1	1.23
法国	France	61.4	61.9	62.3	62.7	63.0	63.8	64.1	0.96
英国	United Kingdom	59.3	59.6	59.8	60.2	60.4	61.0	61.4	0.92
意大利	Italy	58.1	57.6	58.2	58.5	58.7	59.4	59.9	0.90
韩国	Korea	47.6	47.9	48.1	48.3	48.2	48.5	48.6	0.73
西班牙	Spain	41.3	42.0	42.7	43.4	43.7	44.9	45.6	0.68
加拿大	Canada	31.4	31.7	32.0	32.3	32.5	32.9	33.3	0.50
澳大利亚	Australia	19.8	20.0	20.2	20.5	20.6	21.2	21.5	0.32
荷兰	Netherlands	16.2	16.2	16.3	16.3	16.3	16.4	16.4	0.25
比利时	Belgium	10.3	10.4	10.4	10.5	10.5	10.6	10.7	0.16
瑞典	Sweden	8.9	9.0	9.0	9.0	9.1	9.2	9.3	0.14
瑞士	Switzerland	7.3	7.4	7.3	7.5	7.5	7.6	7.7	0.12
非OECD合计	**NON-OECD Total**	**5054.3**	**5124.5**	**5192.2**	**5260.2**	**5360.7**	**5428.6**	**5498.1**	**82.21**
中国(大陆)	People's Rep. Of China	1280.4	1288.4	1296.2	1300.4	1311.0	1318.3	1325.6	19.82
印度	India	1048.6	1064.4	1079.7	1087.2	1109.8	1124.8	1140.0	17.05
印度尼西亚	Indonesia	211.8	214.7	217.6	219.1	223.0	225.6	228.2	3.41
巴西	Brazil	178.9	181.4	183.9	185.6	188.2	190.1	192.0	2.87
俄罗斯	Russia	145.3	144.6	143.9	143.6	142.5	142.1	141.8	2.12
埃及	Egypt	69.9	71.3	72.6	72.3	78.6	80.1	81.5	1.22
伊朗	Islamic Republic of Iran	65.5	66.4	67.3	68.6	70.1	71.0	72.0	1.08
泰国	Thailand	62.6	63.1	63.7	62.8	66.5	67.0	67.4	1.01
南非	South Africa	45.3	45.8	46.4	46.6	47.4	47.9	48.7	0.73
阿根廷	Argentina	37.6	38.0	38.4	38.6	39.1	39.5	39.9	0.60
委内瑞拉	Venezuela	25.2	25.7	26.1	26.4	27.0	27.5	27.9	0.42
沙特阿拉伯	Saudi Arabia	22.7	22.1	22.5	22.8	23.7	24.2	24.6	0.37
中国，台北	Chinese Taipei	22.5	22.6	22.8	22.7	22.8	22.9	22.9	0.34
中国，香港	Hong Kong, China	6.8	6.8	6.9	6.8	6.9	6.9	7.0	0.10
以色列	Israel	6.6	6.7	6.8	6.9	7.1	7.2	7.3	0.11

资料来源:国际能源机构统计年鉴-《OECD成员国能源平衡表》，《非OECD成员国能源平衡表》，下同。

Source: IEA STATISTICS-ENERGY BALANCES OF OECD COUNTRIES(2010), ENERGY BALANCES OF NON-OECD COUNTRIES(2010), the same applies to the table following.

附录2-2 国内生产总值汇率算法(2000年价格)
GROSS DOMESTIC PRODUCTS USING EXCHANGE RATES(US$2000)

单位:10亿美元 (billion US$)

国家和地区	Contury or Area	2002	2003	2004	2005	2006	2007	2008	GDP比重% Percent of World
世界总计	**World**	**32768.6**	**33707.0**	**35146.2**	**36352.4**	**38300.7**	**39783.7**	**40481.5**	**100.00**
OECD合计	**OECD Total**	**26299.6**	**26829.7**	**27670.6**	**28352.6**	**29609.3**	**30371.4**	**30503.7**	**75.35**
美国	United States	9997.6	10249.8	10651.7	10950.6	11265.2	11693.2	11742.3	29.01
日本	Japan	4741.3	4756.8	4866.3	4978.3	5087.1	5202.7	5166.3	12.76
德国	Germany	1924.9	1920.2	1944.1	1955.1	2011.2	2069.2	2095.2	5.18
英国	United Kingdom	1504.4	1546.7	1597.2	1638.1	1684.7	1763.2	1772.8	4.38
法国	France	1371.8	1381.3	1413.4	1439.7	1468.3	1508.5	1515.0	3.74
意大利	Italy	1097.9	1121.3	1133.2	1135.8	1157.0	1188.5	1176.1	2.91
加拿大	Canada	749.4	773.4	798.9	821.9	844.6	866.8	870.4	2.15
西班牙	Spain	617.4	637.0	657.6	681.9	708.2	734.6	740.9	1.83
墨西哥	Mexico	585.1	593.2	617.9	635.2	665.5	759.0	769.3	1.90
韩国	Korea	568.3	585.9	613.6	639.4	671.3	734.5	750.8	1.85
澳大利亚	Australia	428.2	445.1	457.0	469.8	481.4	504.9	516.4	1.28
荷兰	Netherlands	392.3	394.1	401.8	409.0	421.3	440.5	449.3	1.11
瑞典	Sweden	249.5	253.7	264.2	278.6	290.0	297.8	297.2	0.73
瑞士	Switzerland	249.4	249.0	254.7	266.1	274.7	286.3	291.4	0.72
比利时	Belgium	237.9	240.1	246.3	250.9	258.1	265.9	268.7	0.66
非OECD合计	**NON-OECD Total**	**6469.0**	**6877.3**	**7479.9**	**7999.8**	**8691.4**	**9412.3**	**9977.8**	**24.65**
中国(大陆)	People's Rep. Of China	1416.1	1557.7	1908.8	2098.3	2113.0	2387.7	2602.6	6.43
巴西	Brazil	621.4	624.8	716.7	737.8	769.0	812.6	853.8	2.11
印度	India	500.6	544.3	589.7	644.1	707.0	771.1	825.8	2.04
俄罗斯	Russia	285.9	306.9	328.7	349.8	376.4	406.7	429.5	1.06
中国，台北	Chinese Taipei	296.8	323.4	361.3	376.0	393.6	416.0	416.5	1.03
阿根廷	Argentina	242.1	263.5	287.3	313.6	340.2	369.6	395.4	0.98
沙特阿拉伯	Saudi Arabia	189.7	204.2	215.0	229.1	234.1	242.0	252.1	0.62
印度尼西亚	Indonesia	178.8	187.3	196.7	207.9	219.3	233.1	247.2	0.61
中国，香港	Hong Kong, China	169.3	178.5	193.8	208.4	221.6	235.8	241.3	0.60
南非	South Africa	141.4	145.8	153.0	160.8	169.2	177.8	183.2	0.45
泰国	Thailand	132.1	141.3	150.4	157.1	165.6	173.8	178.2	0.44
伊朗	Islamic Republic of Iran	113.9	120.9	127.1	132.6	140.8	151.8	160.3	0.40
以色列	Israel	113.8	115.8	120.9	127.2	146.1	153.7	159.8	0.39
委内瑞拉	Venezuela	110.4	101.9	120.5	132.9	146.6	159.0	166.6	0.41
埃及	Egypt	109.2	110.0	114.6	119.7	126.9	135.9	145.5	0.36

附录2-3 国内生产总值购买力平价算法(2000年价格)
GROSS DOMESTIC PRODUCTS USING PURCHASING POWER PARITIES(US$2000)

单位:10亿美元 (billion US$)

国家和地区	Contury or Area	2002	2003	2004	2005	2006	2007	2008	GDP比重% Percent of World
世界总计	**World**	**47938.7**	**49618.7**	**52222.8**	**54690.8**	**58465.7**	**61747.9**	**63865.8**	**100.00**
OECD合计	**OECD Total**	**27962.2**	**28609.5**	**29536.7**	**30239.5**	**31805.3**	**32671.8**	**32868.3**	**51.46**
美国	United States	9997.6	10249.8	10651.7	10950.6	11265.2	11693.2	11742.3	18.39
日本	Japan	3298.7	3308.7	3384.9	3462.5	3538.1	3623.0	3597.6	5.63
德国	Germany	2129.3	2123.4	2149.9	2191.9	2254.7	2322.6	2351.8	3.68
法国	France	1627.3	1638.1	1676.1	1661.9	1695.0	1743.6	1751.0	2.74
英国	United Kingdom	1570.8	1615.9	1668.6	1700.2	1748.6	1832.3	1842.3	2.88
意大利	Italy	1473.9	1506.1	1522.2	1506.8	1535.0	1578.6	1562.2	2.45
西班牙	Spain	902.2	931.3	961.5	1007.0	1045.8	1086.1	1095.4	1.72
墨西哥	Mexico	903.8	916.4	954.5	983.6	1030.5	1176.7	1192.6	1.87
加拿大	Canada	902.0	931.5	962.2	989.7	1017.0	1045.2	1049.5	1.64
韩国	Korea	853.4	879.8	921.4	965.7	1013.9	1114.6	1139.4	1.78
澳大利亚	Australia	562.3	584.3	599.9	616.8	631.9	663.8	679.0	1.06
荷兰	Netherlands	460.2	462.5	471.6	496.7	511.7	535.6	546.3	0.86
比利时	Belgium	280.3	282.7	290.1	305.3	314.0	324.0	327.3	0.51
瑞典	Sweden	248.5	252.8	263.3	279.1	290.5	298.7	298.1	0.47
瑞士	Switzerland	221.8	221.6	226.6	242.5	250.3	261.2	265.8	0.42
非OECD合计	**NON-OECD Total**	**19976.5**	**21009.2**	**22742.7**	**24451.3**	**26660.5**	**29076.1**	**30997.6**	**48.54**
中国(大陆)	People's Rep. Of China	5849.0	6463.5	7320.0	8061.2	8771.5	9911.8	10803.8	16.92
印度	India	2677.6	2841.4	3077.9	3362.1	3690.5	4024.9	4310.3	6.75
巴西	Brazil	1322.7	1298.5	1383.2	1424.0	1484.1	1568.2	1647.8	2.58
俄罗斯	Russia	1134.7	1211.2	1297.9	1381.0	1446.7	1563.4	1651.2	2.59
印度尼西亚	Indonesia	651.1	679.8	714.3	754.9	796.5	846.5	897.8	1.41
中国，台北	Chinese Taipei	443.9	520.1	552.6	575.1	602.0	636.3	637.1	1.00
泰国	Thailand	415.4	447.1	475.8	497.2	524.1	549.9	564.1	0.88
阿根廷	Argentina	401.9	413.5	451.0	492.4	534.1	580.4	620.8	0.97
南非	South Africa	445.8	423.0	444.0	466.7	491.5	516.6	531.8	0.83
伊朗	Islamic Republic of Iran	417.5	441.1	463.8	484.0	513.8	554.0	585.0	0.92
沙特阿拉伯	Saudi Arabia	268.2	289.5	320.4	341.4	348.9	360.7	375.7	0.59
埃及	Egypt	260.7	261.3	272.3	284.6	301.6	323.0	345.8	0.54
中国，香港	Hong Kong, China	176.8	184.7	200.6	215.7	229.4	244.1	249.9	0.39
以色列	Israel	144.3	1450.0	151.5	159.4	173.1	182.1	189.4	0.30
委内瑞拉	Venezuela	132.6	101.9	144.0	158.8	175.2	190.0	199.1	0.31

附录2-4 能源生产总量
TOTAL PRODUCTION OF ENERGY

单位：百万吨标准油 (million toe)

国家和地区	Contury or Area	2002	2003	2004	2005	2006	2007	2008	产量比重% Percent of World
世界总计	**World**	**10294.74**	**10611.98**	**11145.52**	**11507.20**	**11778.39**	**11985.38**	**12368.95**	**100.00**
OECD合计	**OECD Total**	**3847.23**	**3806.93**	**3858.86**	**3833.94**	**3842.02**	**3843.28**	**3863.51**	**31.24**
美国	United States	1666.04	1634.52	1647.02	1629.89	1654.23	1668.96	1706.06	13.79
加拿大	Canada	383.87	285.93	397.44	402.09	411.74	415.92	407.38	3.29
澳大利亚	Australia	254.49	253.89	259.02	268.19	267.79	298.60	302.13	2.44
墨西哥	Mexico	230.02	242.31	253.60	259.21	255.97	244.44	233.60	1.89
英国	United Kingdom	257.95	246.60	225.43	205.16	186.62	176.44	166.69	1.35
法国	France	134.65	136.48	137.31	137.12	137.02	134.79	136.63	1.10
德国	Germany	134.51	134.64	136.19	135.28	136.76	138.64	134.11	1.08
日本	Japan	98.67	84.00	95.01	99.89	101.07	90.60	88.66	0.72
荷兰	Netherlands	60.52	58.44	67.66	61.90	60.77	61.18	66.54	0.54
韩国	Korea	34.92	37.94	38.27	42.93	43.73	42.60	44.73	0.36
瑞典	Sweden	32.36	31.04	34.46	34.67	32.79	33.58	33.24	0.27
西班牙	Spain	31.79	32.99	32.67	30.13	31.36	30.26	30.42	0.25
意大利	Italy	27.45	27.59	28.15	27.85	27.43	26.38	26.94	0.22
比利时	Belgium	13.25	13.70	13.75	15.64	15.48	14.37	14.55	0.12
瑞士	Switzerland	11.58	11.79	11.82	10.88	12.15	12.62	12.73	0.10
非OECD合计	**NON-OECD Total**	**6447.51**	**6805.05**	**7287.85**	**7673.26**	**7936.38**	**8142.09**	**8505.44**	**68.76**
中国(大陆)	People's Rep. Of China	1202.31	1331.34	1511.72	1643.92	1724.41	1820.65	1993.31	16.12
俄罗斯	Russia	1034.48	1106.87	1158.44	1197.10	1227.00	1239.13	1253.92	10.14
沙特阿拉伯	Saudi Arabia	474.78	530.53	548.71	576.70	570.65	552.00	579.02	4.68
印度	India	436.45	394.22	407.41	420.29	437.87	452.73	468.31	3.79
伊朗	Islamic Republic of Iran	236.39	263.69	278.72	302.61	311.53	327.37	326.85	2.64
印度尼西亚	Indonesia	244.64	254.79	263.23	276.66	313.88	333.35	346.99	2.81
委内瑞拉	Venezuela	203.55	178.83	195.32	204.54	195.73	183.83	180.72	1.46
巴西	Brazil	162.01	171.67	182.84	195.03	206.48	216.36	228.13	1.84
南非	South Africa	143.07	153.47	157.46	158.78	157.97	159.67	162.95	1.32
阿根廷	Argentina	81.38	84.32	83.08	80.97	86.19	82.87	82.86	0.67
埃及	Egypt	60.88	64.43	64.66	76.59	79.74	82.28	87.49	0.71
泰国	Thailand	45.30	48.26	50.44	54.32	56.26	59.31	63.88	0.52
中国，台北	Chinese Taipei	11.62	12.53	12.40	12.27	12.41	12.71	12.68	0.10
以色列	Israel	0.72	0.75	1.76	2.12	2.65	2.73	3.27	0.03
中国，香港	Hong Kong, China	0.05	0.05	0.05	0.05	0.05	0.05	0.05	0.00

附录2-5 能源生产量/一次能源供应量(能源自给率)
ENERGY PRODUCTION/TPES (SELF SUFFICIENCY)

国家和地区	Contury or Area	2002	2003	2004	2005	2006	2007	2008
世界	**World**	**1.01**	**1.00**	**1.00**	**1.00**	**1.00**	**1.00**	**1.01**
OECD合计	**OECD Total**	**0.72**	**0.70**	**0.70**	**0.69**	**0.70**	**0.70**	**0.71**
澳大利亚	Australia	2.27	2.25	2.28	2.22	2.19	2.40	2.32
墨西哥	Mexico	1.48	1.52	1.53	1.47	1.44	1.39	1.29
加拿大	Canada	1.54	1.47	1.48	1.47	1.53	1.53	1.53
英国	United Kingdom	1.13	1.06	0.97	0.87	0.81	0.84	0.80
荷兰	Netherlands	0.77	0.72	0.82	0.75	0.76	0.76	0.84
美国	United States	0.73	0.72	0.71	0.70	0.71	0.71	0.75
瑞典	Sweden	0.61	0.61	0.65	0.66	0.64	0.67	0.67
法国	France	0.51	0.50	0.50	0.50	0.50	0.51	0.51
瑞士	Switzerland	0.43	0.44	0.44	0.40	0.43	0.49	0.48
德国	Germany	0.39	0.39	0.39	0.39	0.39	0.40	0.40
比利时	Belgium	0.23	0.23	0.24	0.25	0.25	0.25	0.25
西班牙	Spain	0.24	0.24	0.23	0.21	0.22	0.21	0.22
日本	Japan	0.19	0.16	0.18	0.19	0.19	0.18	0.18
韩国	Korea	0.17	0.18	0.18	0.20	0.20	0.19	0.20
意大利	Italy	0.16	0.15	0.15	0.15	0.15	0.15	0.15
非OECD合计	**NON-OECD Total**	**1.32**	**1.34**	**1.33**	**1.35**	**1.33**	**1.31**	**1.31**
沙特阿拉伯	Saudi Arabia	3.78	4.31	4.16	4.16	3.99	3.73	3.58
委内瑞拉	Venezuela	3.52	3.36	3.43	3.44	3.22	2.89	2.82
伊朗	Islamic Republic of Iran	1.81	1.89	1.85	1.90	1.74	1.69	1.62
俄罗斯	Russia	1.67	1.73	1.80	1.82	1.83	1.84	1.83
印度尼西亚	Indonesia	1.52	1.53	1.53	1.58	1.73	1.75	1.75
阿根廷	Argentina	1.45	1.41	1.32	1.28	1.18	1.13	1.09
南非	South Africa	1.26	1.30	1.22	1.25	1.23	1.19	1.21
埃及	Egypt	1.16	1.17	1.14	1.26	1.25	1.22	1.24
中国(大陆)	People's Rep. Of China	0.99	0.98	0.95	0.96	0.93	0.93	0.94
巴西	Brazil	0.85	0.89	0.87	0.91	0.93	0.92	0.92
印度	India	0.82	0.80	0.78	0.79	0.78	0.76	0.75
泰国	Thailand	0.54	0.54	0.52	0.56	0.56	0.57	0.60
中国，台北	Chinese Taipei	0.12	0.13	0.12	0.12	0.12	0.12	0.12
以色列	Israel	0.04	0.04	0.09	0.10	0.13	0.13	0.15
中国，香港	Hong Kong, China							

附录2-6 能源供应量/GDP(吨标准油/千美元 2000年价格)
TPES/GDP(toe per thousand 2000 US$)

国家和地区	Contury or Area	2002	2003	2004	2005	2006	2007	2008
世界	**World**	**0.31**	**0.32**	**0.32**	**0.32**	**0.31**	**0.30**	**0.30**
OECD合计	**OECD Total**	**0.20**	**0.20**	**0.20**	**0.20**	**0.18**	**0.18**	**0.18**
瑞士	Switzerland	0.11	0.11	0.11	0.10	0.10	0.09	0.09
日本	Japan	0.11	0.11	0.11	0.11	0.10	0.10	0.10
英国	United Kingdom	0.15	0.15	0.15	0.14	0.14	0.12	0.12
意大利	Italy	0.16	0.16	0.16	0.16	0.16	0.15	0.15
德国	Germany	0.18	0.18	0.18	0.18	0.17	0.16	0.16
瑞典	Sweden	0.21	0.20	0.20	0.19	0.18	0.17	0.17
法国	France	0.19	0.20	0.19	0.19	0.19	0.17	0.18
荷兰	Netherlands	0.20	0.21	0.20	0.20	0.19	0.18	0.18
美国	United States	0.23	0.22	0.22	0.21	0.21	0.20	0.19
西班牙	Spain	0.21	0.21	0.22	0.21	0.20	0.20	0.19
比利时	Belgium	0.24	0.25	0.24	0.25	0.24	0.21	0.22
澳大利亚	Australia	0.26	0.25	0.25	0.26	0.25	0.25	0.25
墨西哥	Mexico	0.27	0.27	0.27	0.28	0.27	0.23	0.23
加拿大	Canada	0.33	0.34	0.34	0.33	0.32	0.31	0.31
韩国	Korea	0.36	0.35	0.35	0.33	0.32	0.30	0.30
非OECD合计	**NON-OECD Total**	**0.75**	**0.74**	**0.73**	**0.70**	**0.69**	**0.66**	**0.65**
中国，香港	Hong Kong, China	0.10	0.09	0.09	0.06	0.06	0.06	0.06
以色列	Israel	0.18	0.18	0.17	0.15	0.14	0.14	0.14
阿根廷	Argentina	0.23	0.23	0.22	0.20	0.21	0.20	0.19
巴西	Brazil	0.31	0.31	0.29	0.29	0.29	0.29	0.29
中国，台北	Chinese Taipei	0.32	0.30	0.29	0.28	0.27	0.26	0.25
委内瑞拉	Venezuela	0.52	0.52	0.47	0.45	0.41	0.40	0.38
埃及	Egypt	0.48	0.50	0.49	0.51	0.50	0.50	0.49
泰国	Thailand	0.63	0.63	0.65	0.62	0.60	0.60	0.60
沙特阿拉伯	Saudi Arabia	0.66	0.60	0.61	0.61	0.61	0.61	0.64
南非	South Africa	0.81	0.81	0.85	0.79	0.76	0.76	0.73
印度尼西亚	Indonesia	0.90	0.89	0.87	0.84	0.83	0.82	0.80
中国(大陆)	People's Rep. Of China	0.86	0.87	0.92	0.89	0.88	0.82	0.81
印度	India	1.07	0.90	0.88	0.83	0.80	0.77	0.75
伊朗	Islamic Republic of Iran	1.14	1.98	1.52	1.19	1.27	1.28	1.26
俄罗斯	Russia	2.16	2.08	1.95	1.86	1.78	1.65	1.60

附录2-7 人均能源供应量(吨标准油/人)
TPES/POPULATION (toe per capita)

国家和地区	Contury or Area	2002	2003	2004	2005	2006	2007	2008
世界	**World**	**1.65**	**1.69**	**1.75**	**1.77**	**1.80**	**1.82**	**1.83**
OECD合计	**OECD Total**	**4.66**	**4.67**	**4.73**	**4.75**	**4.64**	**4.65**	**4.56**
加拿大	Canada	7.97	8.28	8.40	8.47	8.27	8.26	8.00
美国	United States	7.94	7.84	7.92	7.89	7.74	7.74	7.50
瑞典	Sweden	5.91	5.70	5.91	5.78	5.65	5.47	5.36
比利时	Belgium	5.48	5.73	5.58	5.89	5.79	5.37	5.47
澳大利亚	Australia	5.66	5.66	5.62	5.90	5.90	5.88	6.05
荷兰	Netherlands	4.87	4.99	5.41	5.05	4.90	4.90	4.85
法国	France	4.33	4.38	4.41	4.40	4.31	4.14	4.16
韩国	Korea	4.24	4.34	4.44	4.42	4.48	4.58	4.67
德国	Germany	4.19	4.21	4.22	4.19	4.23	4.05	4.08
日本	Japan	4.09	4.04	4.17	4.14	4.13	4.03	3.88
英国	United Kingdom	3.85	3.90	3.90	3.89	3.82	3.45	3.40
瑞士	Switzerland	3.65	3.63	3.64	3.60	3.73	3.38	3.46
西班牙	Spain	3.19	3.24	3.33	3.34	3.28	3.21	3.04
意大利	Italy	2.99	3.14	3.14	3.17	3.13	3.02	2.94
墨西哥	Mexico	1.53	1.56	1.59	1.70	1.69	1.67	1.69
非OECD合计	**NON-OECD Total**	**0.97**	**0.99**	**1.05**	**1.07**	**1.11**	**1.15**	**1.18**
沙特阿拉伯	Saudi Arabia	5.54	5.59	5.86	6.00	6.04	6.13	6.56
中国，台北	Chinese Taipei	4.16	4.36	4.59	4.52	4.60	4.81	4.60
俄罗斯	Russia	4.25	4.42	4.47	4.55	4.71	4.73	4.84
以色列	Israel	3.05	3.09	3.02	2.96	2.96	3.02	3.01
南非	South Africa	2.51	2.58	2.79	2.70	2.72	2.81	2.76
中国，香港	Hong Kong, China	2.41	2.47	2.58	1.92	1.94	2.07	2.03
伊朗	Islamic Republic of Iran	1.99	2.10	2.22	2.30	2.56	2.73	2.81
委内瑞拉	Venezuela	2.29	2.07	2.18	2.24	2.25	2.31	2.29
阿根廷	Argentina	1.49	1.57	1.65	1.63	1.87	1.86	1.91
泰国	Thailand	1.33	1.41	1.56	1.54	1.50	1.55	1.59
中国(大陆)	People's Rep. Of China	0.95	1.06	1.22	1.30	1.41	1.49	1.60
巴西	Brazil	1.07	1.07	1.14	1.15	1.19	1.24	1.29
印度尼西亚	Indonesia	0.76	0.78	0.79	0.79	0.81	0.84	0.87
埃及	Egypt	0.75	0.78	0.79	0.84	0.81	0.84	0.87
印度	India	0.51	0.46	0.48	0.49	0.51	0.53	0.54

附录2-8 煤生产量
COAL PRODUCTION

单位：百万吨标准油 (Mtoe)

国家和地区	Contury or Area	2002	2003	2004	2005	2006	2007	2008	产量比重% Percent of World
世界总计	**World**	**2375.3**	**2517.7**	**2743.5**	**2922.3**	**3081.7**	**3230.9**	**3415.7**	**100.00**
中国	PR of China	752.6	876.9	1033.0	1145.4	1234.5	1312.2	1452.9	42.54
美国	United States	555.1	526.1	553.2	564.2	576.8	568.5	579.3	16.96
澳大利亚	Australia	184.4	185.2	192.6	202.0	201.4	227.4	231.9	6.79
印度	India	156.8	166.3	176.4	187.3	197.9	210.2	225.1	6.59
南非	South Atrica	124.3	134.8	137.1	138.4	138.3	139.9	142.5	4.17
俄罗斯	Russia	117.8	127.3	130.1	142.5	143.3	163.0	167.2	4.89
印度尼西亚	Indonesia	63.6	70.9	86.0	103.7	137.5	157.9	165.0	4.83
波兰	Poland	71.2	70.8	69.8	68.9	67.6	62.5	60.9	1.78
德国	Germany	58.4	57.7	58.3	56.5	53.4	54.6	50.1	1.47
哈萨克斯坦	Kazakhstan	35.6	37.3	38.2	38.1	42.3	43.0	48.8	1.43
哥伦比亚	Colombia	26.1	32.8	35.2	38.4	42.6	45.4	47.8	1.40
加拿大	Canada	32.6	30.3	32.2	33.1	32.5	34.3	33.6	0.98
乌克兰	Ukraine	32.0	37.1	34.8	34.7	35.3	33.6	33.7	0.99
英国	United Kingdom	17.8	16.8	14.9	11.9	10.7	10.2	10.8	0.32

附录2-9 原油和天然气凝析液(NGL)生产量
CRUDE OIL AND NGL PRODUCTION

单位：千吨 (1000 tons)

国家和地区	Contury or Area	2002	2003	2004	2005	2006	2007	2008	产量比重% Percent of World
世界总计	**World**	**3591457**	**3707983**	**3951180**	**4000950**	**4011420**	**3998630**	**4041340**	**100.00**
石油输出国家组织	**OPEC**	**1391835**	**1511598**	**1698790**	**1718340**	**1727900**	**1697710**	**1746660**	**43.22**
阿根廷	Argentina	41576	40369	39430	37760	37670	36680	35710	0.88
印度尼西亚	Indonesia	62766	59356	55950	52420	49140	47510	49230	1.22
哈萨克斯坦	Kazakhstan	47269	51452	59760	61750	65840	67410	70980	1.76
安哥拉	Angola	44045	43083	50480	63750	72600	87370	97990	2.42
英国	United Kingdom	107430	106193	95491	88470	80010	80160	74610	1.85
利比亚	Libya	62629	70781	79520	85260	89970	87990	90590	2.24
阿尔及利亚	Algeria	71035	79180	87390	90940	90490	90610	88190	2.18
伊拉克	Iraq	100469	65949	101230	95720	99550	103550	116100	2.87
尼日利亚	Nigeria	102189	117666	131000	132210	127180	114850	110080	2.72
挪威	Norway	151681	147011	144627	142030	131280	122010	116910	2.89
阿联酋	United Arab Emirates	106477	119291	126750	128020	137600	135440	138450	3.43
科威特	Kuwait	97381	111125	122730	136880	140910	137130	142970	3.54
加拿大	Canada	91110	140426	145419	147450	155300	161950	160420	3.97
委内瑞拉	Venezuela	160363	137829	161520	169360	159420	147840	145910	3.61
中国	PR of China	167219	169655	175940	181430	184850	186420	195170	4.83
墨西哥	Mexico	165964	189289	191367	197280	190480	179600	168930	4.18
伊朗	Iran	172411	191417	202540	218960	217090	219790	216420	5.36
美国	United States	283395	338430	325916	322550	317810	317450	312910	7.74
俄罗斯	Russia	377173	418582	458470	468710	478130	490040	488530	12.09
沙特阿拉伯	Saudi Arabia	418885	477792	502230	525620	517090	496200	518280	12.82

附录2-10　天然气生产量
PRODUCTION OF NATURAL GAS

单位：百万标准油　　(Mtoe)

国家和地区	Contury or Area	2002	2003	2004	2005	2006	2007	2008	产量比重% Percent of World
世界总计	**World**	**2170.12**	**2246.07**	**2305.32**	**2366.24**	**2437.44**	**2507.72**	**2608.17**	**100.00**
俄罗斯	Russia	479.41	499.69	509.17	515.70	525.72	521.85	534.64	20.50
美国	United States	442.34	447.87	435.83	421.44	430.93	449.78	472.62	18.12
加拿大	Canada	153.3	151.12	150.79	154.03	154.86	151.36	143.77	5.51
英国	United Kingdom	93.38	92.61	86.38	79.53	71.99	64.89	62.69	2.40
阿尔及利亚	Algeria	75.13	79.37	78.25	75.60	74.36	73.60	73.78	2.83
伊朗	Iran	58.48	66.17	73.58	79.73	87.41	104.02	107.99	4.14
印度尼西亚	Indonesia	65.87	66.01	63.49	62.72	64.06	62.39	64.32	2.47
荷兰	Netherland	54.26	52.20	61.57	56.25	55.38	54.43	59.88	2.30
沙特阿拉伯	Saudi Arabia	46.80	42.78	46.48	51.08	53.62	55.08	60.75	2.33
土库曼斯坦	Turkmenistan	43.56	48.17	48.04	51.30	51.50	56.08	57.40	2.20
乌兹别克斯坦	Uzbekistan	47.09	47.15	48.06	48.97	50.95	52.94	54.90	2.10
马来西亚	Malaysia	38.41	44.7	46.47	55.35	54.57	49.96	52.45	2.01
中国	PR of China	33.78	29.29	35.29	42.62	48.99	57.93	67.18	2.58
阿根廷	Argentina	32.16	35.76	36.82	36.22	37.15	38.91	39.13	1.50
阿联酋	United Arab Emirates	34.74	35.86	38.8	39.01	40.86	42.91	42.10	1.61
墨西哥	Mexico	32.39	33.94	35.49	36.89	40.52	39.04	38.78	1.49
卡塔尔	Qatar	25.95	27.61	33.54	38.64	44.44	55.05	69.67	2.67
澳大利亚	Australia	30.33	31.30	31.99	35.42	36.83	38.96	39.38	1.51
埃及	Egypt	23.14	26.09	28.18	41.54	44.58	45.91	49.17	1.89
巴基斯坦	Pakistan	17.84	22.15	24.05	25.19	25.09	27.15	26.45	1.01
印度	India	22.57	23.57	23.43	23.84	23.41	26.06	26.30	1.01
委内瑞拉	Venezuela	24.34	22.64	22.32	22.73	23.39	22.72	22.29	0.85
特立尼达和多巴哥	Trinidad and Tobago	13.72	20.88	22.01	22.93	26.14	32.45	32.17	1.23
泰国	Thailand	16.08	16.94	17.52	18.50	19.04	20.31	22.49	0.86
德国	Germany	15.98	15.92	14.73	14.22	14.05	13.09	11.31	0.43

附录2-11 总发电量(2008年)
TOTAL ELECTRICITY GENERATION(2008)

单位：百万千瓦小时 (million kW•h)

国家和地区	Contury or Area	总发电量（百万千瓦小时） Total Production of Electricity (million kW·h)	发电量占世界比重(%) Percent of World (%)	煤电比重 (%) Electricity Generation from Coal (% of total)	油电比重 (%) Electricity Generation from Oil (% of total)	气电比重 (%) Electricity Generation from Gas (% of total)	水电比重 (%) Electricity Generation from Hydro (% of total)	核电比重 (%) Electricity Generation from Nuclear (% of total)
世界总计	**World**	**20181151**	**100.00**	**40.90**	**5.50**	**21.30**	**15.90**	**13.50**
美国	United States	4343818	21.52	49.09	1.33	20.96	5.91	19.29
中国(大陆)	PR of China	3456910	17.13	79.10	0.70	0.90	16.90	2.00
日本	Japan	1074958	5.33	26.82	12.95	26.34	7.09	24.01
俄罗斯	Russia	1038431	5.15	18.90	1.60	47.60	15.90	15.70
印度	India	830126	4.11	68.60	4.10	9.90	13.80	1.80
德国	Germany	631211	3.13	46.05	1.46	13.89	3.32	23.53
加拿大	Canada	651213	3.23	17.19	1.51	6.24	58.73	14.43
法国	France	570269	2.83	4.78	1.02	3.84	11.17	77.06
英国	United Kingdom	385277	1.91	32.89	1.58	45.88	1.34	13.62
巴西	Brazil	463369	2.30	2.70	3.80	6.30	79.80	3.00
韩国	Korea	443935	2.20	43.20	3.46	18.32	0.69	34.00
西班牙	Spain	311134	1.54	16.06	5.79	39.07	7.55	18.95
南非	South Africa	255519	1.27	94.20	0.10		0.50	
墨西哥	Mexico	258913	1.28	8.27	19.05	50.63	15.13	3.79
中国，台北	Chinese Taipei	234857	1.16	53.20	6.10	19.70	1.80	17.40
乌克兰	Ukraine	192456	0.95	35.60	0.40	11.40	5.90	46.70
瑞典	Sweden	149823	0.74	1.49	0.58	0.40	46.08	42.62
荷兰	Netherlands	107645	0.53	24.89	1.92	58.92	0.09	3.87
阿根廷	Argentina	121424	0.60	2.30	11.70	53.60	24.90	6.00
比利时	Belgium	83583	0.41	8.66	0.49	29.49	0.49	54.52
芬兰	Finland	77436	0.38	18.48	0.55	14.52	22.10	29.65
捷克	Czech Republic	83166	0.41	59.91	0.16	3.51	2.43	31.93
巴基斯坦	Pakistan	91626	0.45	0.10	35.40	32.40	30.30	1.80
瑞士	Switzerland	67085	0.33		0.21	1.12	53.72	41.29
罗马尼亚	Romania	64956	0.32	39.80	1.10	15.30	26.50	17.30
保加利亚	Bulgaria	44584	0.22	52.10	0.60	5.30	6.30	35.40

附录2-12 能源最终消费量

TOTAL FINAL CONSUMPTION OF ENERGY

单位：百万吨标准油 (million toe)

国家和地区	Contury or Area	2002	2003	2004	2005	2006	2007	2008	消费比重% Percent of World
世界	**World**	**6110.96**	**6426.07**	**7731.12**	**7909.50**	**8074.24**	**8287.07**	**8428.41**	**100.00**
OECD合计	**OECD Total**	**3569.52**	**3636.13**	**3702.41**	**3835.09**	**3824.38**	**3759.89**	**3695.88**	**43.85**
美国	United States	1549.47	1570.93	1599.74	1591.86	1572.16	1581.62	1542.25	18.30
日本	Japan	352.48	346.68	350.65	353.75	351.79	342.27	318.81	3.78
德国	Germany	239.48	250.59	252.56	249.26	253.57	228.32	235.67	2.80
加拿大	Canada	190.01	197.47	202.46	204.16	201.51	205.33	202.26	2.40
法国	France	168.99	175.03	176.81	175.23	173.95	165.18	165.55	1.96
英国	United Kingdom	158.66	160.75	162.53	161.30	158.73	142.21	142.85	1.69
韩国	Korea	138.99	143.13	145.34	143.64	145.08	147.10	147.54	1.75
意大利	Italy	133.83	139.36	146.31	145.22	144.57	138.52	133.40	1.58
西班牙	Spain	94.44	99.74	103.50	105.19	103.93	102.79	99.07	1.18
墨西哥	Mexico	99.81	100.47	105.33	108.64	113.43	113.79	115.40	1.37
澳大利亚	Australia	70.96	72.30	73.95	77.90	77.73	75.07	76.71	0.91
荷兰	Netherlands	60.15	62.28	63.25	63.92	61.25	61.63	61.04	0.72
比利时	Belgium	40.93	42.79	41.37	44.55	43.55	39.65	42.36	0.50
瑞典	Sweden	35.72	35.66	35.59	35.17	34.99	34.40	33.77	0.40
瑞士	Switzerland	21.07	21.69	22.04	22.27	22.24	20.30	20.97	0.25
非OECD合计	**NON-OECD Total**	**2541.44**	**2643.09**	**3745.29**	**3818.09**	**4006.26**	**4191.60**	**4397.75**	**52.18**
中国(大陆)	People's Rep. Of China	619.13	683.55	1025.16	1085.38	1171.91	1252.97	1370.73	16.26
俄罗斯	Russia	409.62	419.47	427.36	415.90	425.05	428.26	435.52	5.17
印度	India	177.06	182.54	349.78	355.11	375.39	394.20	407.56	4.84
巴西	Brazil	120.02	118.81	170.54	173.69	178.23	188.33	195.38	2.32
伊朗	Islamic Republic of Iran	102.07	108.42	119.07	124.34	140.23	150.28	154.76	1.84
沙特阿拉伯	Saudi Arabia	76.95	73.41	80.70	81.66	85.75	90.29	98.86	1.17
印度尼西亚	Indonesia	75.57	72.73	128.54	132.76	134.99	138.12	145.41	1.73
中国，台北	Chinese Taipei	58.67	60.89	63.38	59.55	60.36	64.74	62.77	0.74
南非	South Africa	49.47	52.83	63.96	63.05	63.26	64.10	64.09	0.76
泰国	Thailand	47.25	49.85	68.75	65.53	67.33	69.57	71.09	0.84
阿根廷	Argentina	38.90	42.07	46.12	50.99	53.67	54.15	55.32	0.66
埃及	Egypt	34.87	36.71	39.34	41.93	44.52	47.55	48.30	0.57
委内瑞拉	Venezuela	36.27	34.78	37.96	39.45	42.40	43.20	44.41	0.53
以色列	Israel	12.22	12.69	13.00	11.97	12.29	12.92	13.15	0.16
中国，香港	Hong Kong, China	11.49	11.20	11.41	7.55	7.76	7.99	8.07	0.10

附录2-13 煤的一次供应量
PRIMARY SUPPLY OF COAL

单位：百万吨标准油 (Mtoe)

国家和地区	Contury or Area	2002	2003	2004	2005	2006	2007	2008	占世界比重% Percent of World
世界	**World**	**2380.83**	**2536.38**	**2764.51**	**2892.27**	**3053.54**	**3190.30**	**3314.18**	**100.00**
OECD合计	**OECD Total**	**1099.49**	**1105.14**	**1131.74**	**1133.47**	**1138.65**	**1155.31**	**1128.09**	**34.04**
美国	United States	542.16	531.17	548.77	558.46	550.96	554.80	545.76	16.47
日本	Japan	103.16	106.44	116.48	111.04	112.41	116.24	113.50	3.42
德国	Germany	84.10	85.02	85.83	81.69	82.27	86.67	80.97	2.44
韩国	Korea	45.67	48.18	50.09	49.47	52.61	56.14	62.77	1.89
澳大利亚	Australia	49.04	48.29	49.47	53.18	53.75	55.47	57.96	1.75
英国	United Kingdom	35.67	38.64	37.35	37.94	41.29	38.77	35.89	1.08
加拿大	Canada	30.54	30.00	28.44	30.03	27.53	26.41	26.27	0.79
西班牙	Spain	21.58	20.11	21.02	20.49	17.87	20.01	13.48	0.41
意大利	Italy	13.73	14.88	16.60	16.47	16.67	16.78	16.28	0.49
法国	France	13.57	14.36	13.90	14.30	13.20	13.64	12.88	0.39
荷兰	Netherlands	8.47	8.84	8.70	8.19	7.78	8.51	8.08	0.24
墨西哥	Mexico	7.43	8.23	7.13	8.85	8.74	9.10	7.52	0.23
比利时	Belgium	6.34	5.95	5.79	5.02	4.78	4.24	4.35	0.13
瑞典	Sweden	2.84	2.67	2.94	2.62	2.69	2.65	2.43	0.07
瑞士	Switzerland	0.14	0.14	0.13	0.15	0.16	0.18	0.16	0.00
非OECD合计	**NON-OECD Total**	**1281.34**	**1431.25**	**1630.44**	**1755.24**	**1915.05**	**2034.98**	**2186.09**	**65.96**
中国(大陆)	People's Rep. Of China	688.70	807.99	973.63	1087.62	1206.98	1285.07	1406.35	42.43
印度	India	173.58	177.53	197.25	207.53	222.77	242.49	261.37	7.89
俄罗斯	Russia	106.74	107.42	104.19	103.39	106.74	110.96	117.07	3.53
南非	South Africa	78.55	86.64	94.40	91.94	93.60	97.10	95.83	2.89
中国，台北	Chinese Taipei	33.31	36.05	37.46	38.15	39.96	41.79	40.11	1.21
印度尼西亚	Indonesia	17.95	18.84	20.22	23.02	29.22	33.99	37.14	1.12
巴西	Brazil	12.96	13.10	13.43	12.96	12.79	13.59	13.73	0.41
泰国	Thailand	8.99	9.40	10.71	11.50	12.50	14.23	15.40	0.46
以色列	Israel	7.85	7.98	8.11	7.64	8.18	8.02	7.79	0.24
中国，香港	Hong Kong, China	5.36	6.57	6.59	6.67	7.03	7.56	6.99	0.21
伊朗	Islamic Republic of Iran	1.14	1.11	1.03	1.20	1.28	1.71	1.61	0.05
埃及	Egypt	0.83	0.86	0.94	0.90	0.87	0.87	0.85	0.03
阿根廷	Argentina	0.45	0.51	0.57	0.89	1.02	1.08	1.25	0.04
委内瑞拉	Venezuela	0.02	0.04	-	0.04	0.04	0.05	0.04	0.00
沙特阿拉伯	Saudi Arabia								

附录2-14 石油的一次供应量
PRIMARY SUPPLY OF OIL

单位：百万吨标准油 (Mtoe)

国家和地区	Contury or Area	2002	2003	2004	2005	2006	2007	2008	占世界比重% Percent of World
世界	**World**	**3587.33**	**3793.60**	**3944.34**	**4008.73**	**4033.43**	**4078.04**	**4059.18**	**100.00**
OECD合计	**OECD Total**	**2172.52**	**2202.07**	**2237.22**	**2249.18**	**2128.17**	**2102.69**	**2035.40**	**50.14**
美国	United States	900.20	921.41	947.47	952.20	937.12	902.87	851.60	20.98
日本	Japan	258.15	256.87	253.60	250.53	240.57	229.83	214.29	5.28
德国	Germany	128.83	126.51	125.21	123.15	123.55	104.40	111.13	2.74
韩国	Korea	102.00	101.20	101.43	94.94	93.61	94.45	89.62	2.21
加拿大	Canada	86.37	92.84	97.95	97.50	95.34	99.17	96.42	2.38
墨西哥	Mexico	92.34	91.71	96.12	103.82	100.74	100.37	103.71	2.55
法国	France	91.27	91.13	92.13	91.56	90.71	83.96	83.20	2.05
英国	United Kingdom	80.51	81.08	83.20	84.60	83.80	67.44	67.73	1.67
意大利	Italy	87.45	86.87	83.77	82.11	81.19	75.96	72.46	1.79
西班牙	Spain	67.27	69.04	70.77	71.17	70.84	67.94	65.05	1.60
澳大利亚	Australia	34.57	35.93	34.56	37.88	38.76	36.25	39.40	0.97
荷兰	Netherlands	29.85	31.53	31.96	33.41	32.40	32.79	31.01	0.76
比利时	Belgium	22.90	24.76	23.02	25.55	24.45	22.50	24.08	0.59
瑞典	Sweden	16.52	15.75	15.45	14.90	14.62	12.93	13.52	0.33
瑞士	Switzerland	12.96	12.58	12.53	12.63	12.97	10.45	11.09	0.27
非OECD合计	**NON-OECD Total**	**1414.81**	**1444.69**	**1543.70**	**1537.27**	**1583.29**	**1639.77**	**1689.01**	**41.61**
中国(大陆)	People's Rep. Of China	244.16	269.81	311.12	316.29	341.53	354.99	364.81	8.99
俄罗斯	Russia	128.35	131.51	131.62	129.20	133.80	132.39	141.40	3.48
印度	India	118.58	123.69	127.21	124.72	131.76	138.79	144.66	3.56
沙特阿拉伯	Saudi Arabia	78.94	80.45	85.45	87.66	89.51	93.03	100.85	2.48
巴西	Brazil	88.02	84.33	86.58	87.53	88.72	92.64	95.74	2.36
伊朗	Islamic Republic of Iran	65.80	68.24	72.61	75.07	84.22	85.55	89.25	2.20
印度尼西亚	Indonesia	58.71	58.28	63.80	63.84	59.24	61.09	61.31	1.51
中国，台北	Chinese Taipei	42.46	43.47	45.93	43.89	43.31	45.84	42.25	1.04
泰国	Thailand	37.90	40.61	45.68	42.15	42.29	41.86	41.08	1.01
埃及	Egypt	26.23	26.53	28.04	28.53	29.36	31.19	32.36	0.80
委内瑞拉	Venezuela	27.75	24.72	28.12	29.57	29.90	33.12	33.13	0.82
阿根廷	Argentina	20.19	20.52	24.14	22.95	27.07	26.62	27.95	0.69
南非	South Africa	16.82	13.87	15.55	14.85	15.25	16.94	17.27	0.43
以色列	Israel	11.59	12.08	10.84	10.89	10.51	11.16	11.09	0.27
中国，香港	Hong Kong, China	8.35	8.02	8.13	3.64	3.30	3.89	3.83	0.09

附录2-15 天然气供应量

PRIMARY SUPPLY OF GAS

单位：百万吨标准油 (Mtoe)

国家和地区	Contury or Area	2002	2003	2004	2005	2006	2007	2008	占世界比重% Percent of World
世界	**World**	**2170.85**	**2240.82**	**2289.45**	**2363.08**	**2417.13**	**2527.91**	**2591.07**	**100.00**
OECD合计	**OECD Total**	**1167.30**	**1189.26**	**1195.39**	**1210.45**	**1205.82**	**1262.34**	**1270.98**	**49.05**
美国	United States	535.66	519.80	512.12	507.07	501.27	542.69	542.77	20.95
英国	United Kingdom	85.83	85.86	87.36	85.60	81.04	81.94	84.45	3.26
德国	Germany	75.55	79.11	78.71	80.83	79.47	76.85	76.53	2.95
加拿大	Canada	73.33	79.71	78.00	80.60	79.47	80.59	77.05	2.97
日本	Japan	66.47	71.30	70.56	70.57	77.44	83.05	83.71	3.23
意大利	Italy	57.69	63.60	66.00	70.63	69.17	69.51	69.50	2.68
墨西哥	Mexico	38.33	41.97	43.70	44.19	48.56	47.11	49.08	1.89
法国	France	37.47	39.31	40.14	41.07	39.61	38.48	39.87	1.54
荷兰	Netherlands	35.83	35.99	36.73	35.31	34.25	33.26	34.65	1.34
韩国	Korea	21.20	22.00	25.28	27.37	28.70	31.15	31.81	1.23
西班牙	Spain	18.75	21.35	25.16	29.84	31.01	31.77	34.90	1.35
澳大利亚	Australia	21.45	22.15	22.74	23.04	23.43	25.79	25.72	0.99
比利时	Belgium	13.37	14.40	14.76	14.74	14.99	14.92	14.83	0.57
瑞士	Switzerland	2.49	2.63	2.71	2.78	2.71	2.63	2.81	0.11
瑞典	Sweden	0.89	0.89	0.88	0.84	0.88	0.91	0.83	0.03
非OECD合计	**NON-OECD Total**	**1003.55**	**1051.56**	**1096.25**	**1152.19**	**1211.31**	**1265.57**	**1320.09**	**50.95**
俄罗斯	Russia	325.56	342.50	346.56	349.57	358.61	365.96	366.17	14.13
伊朗	Islamic Republic of Iran	61.86	68.13	75.56	80.10	91.39	104.48	109.98	4.24
沙特阿拉伯	Saudi Arabia	46.80	42.78	46.48	51.08	53.61	55.08	60.75	2.34
中国(大陆)	People's Rep. Of China	31.85	27.73	33.25	40.14	47.36	59.12	68.32	2.64
印度尼西亚	Indonesia	32.98	32.54	30.31	30.62	28.25	30.08	31.97	1.23
阿根廷	Argentina	27.36	30.17	31.31	31.96	36.64	38.08	39.37	1.52
埃及	Egypt	23.14	25.43	25.17	28.90	31.00	32.35	34.72	1.34
泰国	Thailand	21.90	23.26	24.37	25.92	26.68	28.30	29.94	1.16
印度	India	22.57	23.57	26.34	29.66	33.48	35.70	35.60	1.37
委内瑞拉	Venezuela	24.34	22.64	22.32	22.73	23.39	22.80	22.96	0.89
巴西	Brazil	12.38	12.76	15.77	16.72	17.50	17.72	21.21	0.82
中国，台北	Chinese Taipei	6.95	7.21	8.82	8.57	9.55	9.88	10.76	0.42
中国，香港	Hong Kong, China	1.92	1.51	2.18	2.19	2.40	2.24	2.59	0.10
南非	South Africa	1.80	1.08	2.78	3.63	3.75	3.77	4.16	0.16
以色列	Israel	0.01	0.01	0.98	1.35	1.88	1.94	2.37	0.09

附录2-16 国内生产总值电耗(千瓦小时/美元 2000年价)
ELECTRICITY CONSUMPTION/GDP (kW•h per 2000 US$)

国家和地区	Contury or Area	2002	2003	2004	2005	2006	2007	2008
世界	**World**	**0.45**	**0.45**	**0.46**	**0.46**	**0.46**	**0.46**	**0.46**
OECD合计	**OECD Total**	**0.35**	**0.35**	**0.35**	**0.34**	**0.33**	**0.33**	**0.33**
OECD北美区	OECD North America	0.40	0.40	0.39	0.39	0.37	0.37	0.37
OECD太平洋区	OECD Pacific	0.27	0.27	0.28	0.28	0.27	0.27	0.27
OECD欧洲区	OECD Europe	0.34	0.34	0.34	0.33	0.33	0.32	0.32
非OECD合计	**NON-OECD Total**	**0.85**	**0.87**	**0.86**	**0.86**	**0.87**	**0.87**	**0.85**
中国，香港	Hong Kong, China	0.22	0.22	0.20	0.19	0.18	0.17	0.17
阿根廷	Argentina	0.31	0.32	0.31	0.30	0.29	0.28	0.28
以色列	Israel	0.37	0.38	0.38	0.33	0.32	0.33	0.32
巴西	Brazil	0.52	0.55	0.50	0.51	0.51	0.51	0.50
印度尼西亚	Indonesia	0.51	0.50	0.54	0.54	0.54	0.55	0.54
委内瑞拉	Venezuela	0.61	0.67	0.60	0.58	0.56	0.52	0.52
中国，台北	Chinese Taipei	0.64	0.62	0.58	0.58	0.57	0.56	0.55
沙特阿拉伯	Saudi Arabia	0.70	0.71	0.69	0.69	0.72	0.72	0.74
埃及	Egypt	0.71	0.76	0.77	0.80	0.81	0.82	0.80
泰国	Thailand	0.78	0.78	0.79	0.80	0.80	0.79	0.79
印度	India	0.87	0.85	0.84	0.81	0.81	0.81	0.78
伊朗	Islamic Republic of Iran	1.03	1.05	1.07	1.10	1.16	1.08	1.09
中国(大陆)	People's Rep. Of China	1.07	1.14	1.20	1.23	1.27	1.29	1.25
南非	South Africa	1.46	1.50	1.48	1.38	1.35	1.34	1.27
俄罗斯	Russia	2.70	2.58	2.47	2.37	2.32	2.21	2.13

附录2-17 人均电力消费量(千瓦小时/人)
ELECTRICITY CONSUMPTION/POPULATION (kW•h per capita)

国家和地区	Contury or Area	2002	2003	2004	2005	2006	2007	2008
世界	**World**	**2365**	**2435**	**2507**	**2586**	**2668**	**2758**	**2782**
OECD合计	**OECD Total**	**7991**	**8081**	**8205**	**8380**	**8418**	**8508**	**8486**
OECD北美区	OECD North America	10689	10784	10838	11125	11029	11103	11113
OECD太平洋区	OECD Pacific	7946	7945	8254	8444	8517	8795	8618
OECD欧洲区	OECD Europe	5858	5964	6067	6144	6259	6286	6287
非OECD合计	**NON-OECD Total**	**1087**	**1162**	**1236**	**1306**	**1409**	**1506**	**1547**
中国，台北	Chinese Taipei	8441	8898	9293	9618	9917	10216	10023
以色列	Israel	6486	6597	6707	6574	6710	7002	7053
沙特阿拉伯	Saudi Arabia	5810	6620	6587	6813	7080	7247	7576
中国，香港	Hong Kong, China	5612	5653	5779	5879	5883	5899	5866
俄罗斯	Russia	5305	5480	5642	5785	6123	6318	6443
南非	South Africa	4546	4756	4886	4735	4831	4980	4770
委内瑞拉	Venezuela	2653	2664	2760	2924	3029	2979	3074
阿根廷	Argentina	2017	2186	2301	2418	2560	2658	2789
巴西	Brazil	1813	1885	1951	2009	2075	2171	2232
伊朗	Islamic Republic of Iran	1782	1916	2006	2117	2334	2318	2423
泰国	Thailand	1656	1752	1898	1988	1984	2055	2079
中国(大陆)	People's Rep. Of China	1184	1379	1586	1782	2041	2328	2453
埃及	Egypt	1103	1173	1234	1308	1304	1384	1425
印度尼西亚	Indonesia	428	440	487	509	530	564	589
印度	India	417	435	457	476	516	552	566

附录2-18 煤净进口量
NET IMPORT OF COAL

单位：百万吨标准油 (Mtoe)

国家和地区	Contury or Area	2002	2003	2004	2005	2006	2007	2008
日本	Japan	102.58	106.48	116.48	111.42	112.03	116.16	114.19
韩国	Korea	43.95	46.51	50.25	46.90	50.38	54.50	61.51
中国台北	Chinese Taipei	34.15	35.98	39.73	38.60	39.96	41.90	40.84
德国	Germany	24.45	25.14	27.70	25.72	29.08	32.04	31.01
英国	United Kingdom	17.45	20.01	22.59	27.23	31.21	26.92	26.89
印度	India	15.48	14.11	19.30	25.07	29.49	33.43	36.62
西班牙	Spain	14.36	12.72	14.14	14.40	13.51	13.32	11.04
法国	France	12.60	11.76	13.11	13.51	13.83	12.59	14.20
巴西	Brazil	11.01	11.36	11.02	10.56	10.18	11.30	11.81
意大利	Italy	13.12	14.53	16.78	16.37	16.62	16.65	16.67
土耳其	Turkey	8.34	10.90	11.20	11.72	13.58	14.64	12.86
荷兰	Netherlands	8.24	9.23	8.58	8.32	7.97	8.87	8.56
以色列	Israel	7.98	7.70	8.02	7.94	7.99	8.10	7.66
比利时	Belgium	5.46	5.80	5.87	5.09	4.58	4.07	4.64
加拿大	Canada	-1.46	-2.00	-4.52	-5.09	-5.22	-7.91	-7.59
美国	United States	-11.49	-8.96	-10.06	-8.78	-5.05	-12.48	-27.13
波兰	Poland	-15.60	-14.72	-14.97	-12.99	-12.28	-8.52	-3.58
哥伦比亚	Colombia	-23.20	-29.73	-33.21	-34.85	-40.29	-41.99	-44.06
南非	South Africa	-45.17	-46.69	-44.25	-46.43	-44.64	-42.77	-39.21
中国(大陆)	PR of China	-57.40	-63.86	-54.72	-40.39	-30.46	-17.39	-15.92
印度尼西亚	Indonesia	-45.62	-52.06	-65.50	-79.49	-107.81	-124.24	-128.57
澳大利亚	Australia	-132.58	-135.50	-141.70	-150.34	-150.00	-164.78	-172.58

注：负数表示净出口。
Negative number shows net export.

附录2-19 石油净进口量
NET IMPORT OF OIL

单位：百万吨标准油 (Mtoe)

国家和地区	Contury or Area	2002	2003	2004	2005	2006	2007	2008
美国	United States	557.94	594.72	641.07	659.40	652.14	634.42	589.67
日本	Japan	259.08	260.62	256.84	257.88	244.89	240.08	224.82
中国(大陆)	PR of China	79.80	106.16	148.29	143.52	168.56	183.83	200.59
德国	Germany	124.45	126.30	122.41	123.13	121.58	109.25	117.08
韩国	Korea	106.47	108.69	107.84	102.49	105.97	105.87	100.24
法国	France	93.39	93.78	93.87	93.93	92.36	91.08	89.93
印度	India	80.35	85.19	88.09	91.12	97.02	104.90	111.21
意大利	Italy	85.49	83.97	81.29	78.55	78.70	76.03	72.02
西班牙	Spain	74.98	75.71	77.47	79.97	79.69	79.44	77.44
中国，台北	Chinese Taipei	43.79	45.35	48.36	48.72	49.34	50.01	46.03
荷兰	Netherlands	40.49	41.29	44.53	48.75	47.61	49.17	49.03
新加坡	Singapore	41.03	34.81	41.79	45.17	44.38	44.38	48.85
泰国	Thailand	28.36	30.98	35.91	33.65	31.80	30.69	28.61
比利时	Belgium	29.43	31.93	30.72	33.43	32.96	31.91	35.57
土耳其	Turkey	28.39	28.32	28.94	28.07	30.41	31.53	29.45
希腊	Greece	20.37	19.68	21.53	20.11	21.18	20.26	20.71
英国	United Kingdom	-39.85	-28.52	-14.15	-2.54	7.34	0.56	7.07
厄瓜多尔	Ecuador	-12.64	-13.41	-18.41	-17.96	-18.41	-16.31	-17.01
卡塔尔	Qatar	-32.12	-34.16	-48.36	-41.65	-43.31	-43.05	-48.29
阿曼	Oman	-45.17	-41.27	-38.79	-38.57	-33.99	-30.99	-31.39
安哥拉	Angola	-42.82	-41.24	-47.20	-61.17	-69.36	-84.14	-93.70
哈萨克斯坦	Kazakstan	-38.05	-44.38	-50.10	-51.16	-54.38	-56.05	-58.70
加拿大	Canada	-49.08	-49.32	-51.81	-47.03	-58.96	-63.01	-62.71
利比亚	Libya	-51.25	-59.34	-66.74	-72.40	-77.49	-75.33	-76.74
伊拉克	Iraq	-73.73	-42.85	-74.10	-63.24	-65.84	-71.74	-83.18
阿尔及利亚	Algeria	-64.54	-72.39	-75.61	-79.36	-77.51	-76.98	-73.24
墨西哥	Mexico	-81.73	-94.40	-97.77	-92.24	-88.58	-74.24	-60.12
阿联酋	United Arab Emirates	-89.27	-99.54	-104.38	-103.69	-111.74	-107.83	-108.89
科威特	Kuwait	-86.17	-97.27	-105.23	-117.73	-124.98	-119.77	-124.81
尼日利亚	Nigeria	-90.67	-107.68	-118.68	-116.92	-111.52	-106.67	-98.67
伊朗	Iran	-109.43	-126.37	-129.32	-142.44	-135.01	-132.37	-125.26
委内瑞拉	Venezuela	-139.82	-120.07	-133.02	-138.14	-131.42	-113.53	-111.54
挪威	Norway	-152.59	-145.41	-144.89	-125.68	-121.34	-112.36	-103.82
俄罗斯	Russia	-250.44	-290.38	-325.42	-334.92	-334.63	-351.44	-338.15
沙特阿拉伯	Saudi Arabia	-346.91	-405.12	-414.65	-433.96	-423.26	-398.97	-412.42

注：负数表示净出口。
Negative number shows net export.

附录2-20 天然气净进口量
NET IMPORT OF NATURAL GAS

单位：百万吨标准油 (Mtoe)

国家和地区	Contury or Area	2002	2003	2004	2005	2006	2007	2008
美国	United States	81.23	76.08	79.52	84.16	80.48	88.33	69.24
日本	Japan	64.46	68.65	68.04	67.78	74.19	80.07	79.88
德国	Germany	60.05	62.42	65.88	65.72	66.41	61.74	64.67
意大利	Italy	48.50	51.10	55.28	59.82	63.07	60.49	62.76
乌克兰	Ukraine	45.82	49.00	48.68	48.25	42.11	42.00	44.09
法国	France	36.73	37.52	38.66	40.71	39.46	37.12	38.99
韩国	Korea	20.85	22.73	25.91	26.10	29.54	29.91	33.34
西班牙	Spain	18.92	21.16	24.61	30.24	31.24	31.50	35.23
土耳其	Turkey	14.34	17.28	18.12	22.13	25.17	29.76	30.24
白俄罗斯	Belarus	14.59	15.03	16.30	16.70	17.25	17.12	17.48
比利时	Belgium	13.65	14.24	14.55	14.81	15.03	14.90	14.89
匈牙利	Hungary	8.70	9.94	9.28	9.80	9.41	8.55	9.30
波兰	Poland	6.68	7.50	8.12	8.53	8.90	8.25	9.12
中国，台北	Chinese Taipei	6.24	6.50	8.01	8.35	9.05	9.66	10.58
捷克	Czech Republic	7.92	7.70	7.09	7.53	7.90	6.71	7.02
泰国	Thailand	5.82	6.31	6.85	7.42	7.64	7.99	7.44
英国	United Kingdom	-6.98	-7.02	1.46	5.97	9.55	16.62	22.00
乌兹别克斯坦	Uzbekistan	-3.77	-4.89	-7.03	-9.18	-9.38	-10.87	-11.32
阿联酋	United Arab Emirates	-5.73	-5.73	-6.27	-4.84	-4.79	-1.12	6.02
阿根廷	Argentina	-4.81	-5.59	-5.51	-4.26	-4.95	-0.83	0.24
文莱	Brunei Darssalam	-7.99	-8.39	-8.31	-8.16	-8.54	-8.25	-8.47
阿曼	Oman	-6.85	-7.62	-8.45	-9.31	-10.48	-14.22	-11.33
澳大利亚	Australia	-8.88	-9.15	-9.25	-12.38	-13.40	-13.17	-13.66
尼日利亚	Nigeria	-6.64	-9.99	-10.67	-10.68	-14.89	-17.74	-16.77
卡塔尔	Qatar	-15.03	-15.91	-20.36	-26.08	-30.10	-36.94	-51.51
马来西亚	Malaysia	-16.99	-20.36	-25.98	-23.49	-20.81	-18.77	-18.41
印度尼西亚	Indonesia	-32.88	-33.47	-33.18	-32.09	-30.66	-32.31	-32.35
土库曼斯坦	Turkmenistan	-32.00	-35.34	-36.56	-39.04	-39.19	-42.68	-43.69
阿尔及利亚	Algeria	-55.31	-57.60	-57.08	-55.08	-52.82	-51.28	-51.26
挪威	Norway	-55.04	-60.93	-65.32	-71.10	-73.65	-73.20	-82.24
加拿大	Canada	-82.78	-75.35	-77.52	-79.55	-76.01	-77.45	-71.86
俄罗斯	Russia	-144.00	-145.87	-156.26	-161.18	-158.03	-148.98	-151.39

注：负数表示净出口。
Negative number shows net export.

附录2-21 主要高耗能产品单位能耗中外比较

ENERGY CONSUMPTION FOR MAIN ENERGY INTENSIVE PRODUCTS BY COMPARING CHINA WITH SELECTED COUNTRIES

1. 火电厂发电煤耗 Gross Coal Consumption Rate for Fossil-fired Power Plant

(gce/kW·h)

国家	Country	1990	1995	2000	2005	2006	2007	2008
中国①	China	392	379	363	343	342	332	322
日本②	Japan	317	315	303	301	299	300	292
德国	Germeny	309	322	309	301	306		
韩国	Korea	332	322	311	302	300		

注(Note)：①6MW以上机组(>6MW Unit).
②九大电力公司平均(Average level of 9 electricity companies).
③2006年发电能源结构(2006 Power Generation by Source).

(%)

国家	Country	电源结构 (Power Generation by Source)				
		煤(Coal)	油(Oil)	气(Gas)	核(Nuclear)	水力(Hydro)
中国	China	81.33	1.46	4.51	1.92	14.55
日本	Japan	26.03	10.58	24.1	27.76	8.01
德国	Germeny	48.03	1.52	12.09	26.98	3.17
韩国	Korea	38.01	5.91	18.06	36.98	0.86

资料来源(Source):1.国家统计局(National Bureau of Statistics).
2.中国电力企业联合会(China Electricity Council).
3.The insititute of Energy Economics,Japan, Handbook of Energy and Economic Statistics in Japan,2010,Edition.
4.International Energy Agency,Energy Statistics of OECD Countries.

2.火电厂供电煤耗 Net Coal Consumption Rate for Fossil-fired Power Plant

单位: 克/千瓦小时 (gce/kW·h)

国家	Country	1990	1995	2000	2005	2006	2007	2008
中国	China	427	412	392	370	367	356	345
日本	Japan	332	331	316	314	312	312	310

注(Note)：同表1(Same Table 1).
资料来源(Source):同表1(Same Table 1).

3. 发电厂自用率 Power Consumption Rate For Plant Use

单位: % (%)

国家	Country	1990	1995	2000	2005	2006	2007
中国	China	6.90	6.78	6.28	5.87	5.93	5.83
日本	Japan	5.82	5.77	3.71	3.81	3.86	3.80
加拿大	Canada	2.99	3.08	3.14	3.19	3.10	3.31
韩国	Korea	4.84	4.08	4.56	4.26	3.91	3.96

注(Note): 同表1(Same Table 1).
资料来源(Source): 同表1(Same Table 1).

4. 钢可比能耗 Comparable Energy Consumption for Steel

单位: 千克标煤/吨 (kgce/tn)

国家	Country	1990	1995	2000	2005	2006	2007	2008
中国[①]	China	997	976	784	732	729	718	709
日本	Japan	629	656	646	640[②]	627[②]	610[②]	626[②]

注(Note): ①大中型钢铁企业平均值(Average level of key enterprises.)
②根据钢产量和能源消费量估算(Estimate according to steel production and energy consumption).
资料来源(Source):1.中国钢铁工业协会(China Iron and Steel Association).
2.日本能源学会志(Journal of Energy Society of Japan).

5. 水泥综合能耗 Fully Energy Consumption for Cement

单位: 千克标准煤/吨 (kgce/tn)

国家	Country	1990	1995	2000	2005	2006	2007	2008
中国	China	201	199	181	167	161	158	151
日本	Japan	123	124	126	127		118	

注(Note): 综合能耗中的电耗，均按发电煤耗折算标准煤，日本为320gce/kW·h(In the full energy consumption, all of conversion from electric to coal equivalant according to gross coal consumption for fossil-fired power plant, Japan is 320gce/kW·h).
资料来源(Source): 1.国家统计局（National Bureau of Statistics）.
2.工业和信息化部（Ministry of Industry and Information Technology）.
3.日本能源学会志（Journal of Energy Sociaty of Japan）.
4.日本水泥协会（Japan Cement Association）.

6. 乙烯综合能耗 Fully Energy Consumption for Ethylene

单位: 千克标准煤/吨 (kgce/tn)

国家	Country	1990	2000	2005	2006	2007	2008
中国	China①	1580	1125	1073	1013	1026	1003
国外	Overseas	897①	714①	629②	629②	629②	629②

注(Note): ①主要用石油脑油作原料(Feedstocks of ethylene production is used naphtha mainly).

②中东地区平均值，主要用乙烷作原料(Average Level of Middle-East region,feedstocks of ethylene production is uesd ethane mainly).

③综合能耗中，电耗按发电煤耗折算标准煤(In the full energy consumption, all of conversion from electric to coal equivalant according to gross coal consumption for fossil-fired power plant).

资料来源(Source): 1.国家统计局(National Bureau of Statistics).

2.中国化工节能技术协会(China Chemical Energy Conservation Association).

7. 合成氨综合能耗(大型装置) Fully Energy Consumption for Sythetic Ammonia(Large Sized Plant)

单位: 千克标准煤/吨 (kgce/tn)

国家	Country	1990	1995	2000	2005
中国	China	1343	1347	1327	1340
美国	United States	1000	1000	970	970

资料来源 (Source): 同表6(Same Table 6).

8. 纸和纸板综合能耗 Full Energy Consumption for Paper and Paperboard

单位: 千克标煤/吨 (kgce/tn)

国家	Country	1990	2000	2005	2006	2007	2008
中国①	China	1550	1540	1380	1290	1255	1153
日本	Japan	744	678	640	627②	610②	626②

注(Note): ①自制浆企业平均(Average level of enterprises which made pulp by oneself).

②根据纸和纸板产量与能源消费量估算(Estimate according to paper and paperboard production and energy consumption).

资料来源(Source): 1.国家统计局(National Bureau of Statistics).

2.中国造纸协会(China Paper Association).

3.日本能源学会志(Journal of Energy Society of Japan).

4.The Institute of Energy Economics,Japan,Handbook of Energy and Economic Statistics in Japan,2010 Edition.

9. 铁路货运综合能耗 Fully Energy Consumption for Railway Freight Traffic

单位: 千克标准煤/万吨公里 ($kgce/10^4tn\text{-}km$)

国家	Country	1990	1995	2000	2005	2006	2007
中国	China	175.4	134.4	114.5	97.3	67.5	64.6
日本	Japan	84.3	87.1	85.7	85.7	82.9	80.0

资料来源(Source): 1.国家发展和改革委员会综合运输研究所(Institute of Comprehensive Transportation of State Development and Reform Commission).

2.The Institute of Energy Economics,Japan,Handbook of Energy and Economic Statistics in Japan,2010 Edition.

附录 3、主要统计指标解释

Appendix Ⅲ　Explanatory Notes of Main Statistical Indicators

主要统计指标解释

国内生产总值　是按市场价格计算的国内生产总值的简称。国内生产总值及其产业构成的资料，是由国家统计局国民经济核算司根据不同产业部门的特点和资料来源情况而采用不同的方法计算的，有的部门以生产法计算增加值为准，有的部门以收入法计算的增加值为准，最后将各产业部门增加值求和得到国内生产总值的标准数据。按支出法计算的国内生产总值等于总消费、总投资、货物和服务净出口之和，它与按上述方法计算的国内生产总值不相等，两者的差率一般在 ±3% 以内。

三次产业　根据社会生产活动历史发展的顺序对产业结构的划分，产品直接取自自然界的部门称为第一产业。对初级产品进行再加工的部门称为第二产业。为生产和消费提供各种服务的部门称为第三产业。它是世界上通用的产业结构分类，但各国的划分不尽一致。我国的三次产业划分是：

第一产业　是指农业、林业、畜牧业、渔业和农林牧渔服务业。

第二产业　是指采矿业，制造业，电力、煤气及水的生产和供应业，建筑业。

第三产业　是指除第一、二产业以外的其他行业。

能源生产总量　指一定时期内全国（地区）一次能源生产量的总和，是观察全国（地区）能源生产水平、规模、过程构成和发展速度的总量指标。一次能源生产量包括原煤、原油、天然气、水电、核电及其他动力能（如风能、地热能等）发电量。不包括低热值燃料生产量、生物质能、太阳能等的利用和由一次能源加工转换而成的二次能源产量。

能源消费总量　指一定时期内全国（地区）各行业和居民生活消费的各种能源的核算能源消费总量指标。能源消费总量分为三部分，即终端能源消费量、能源加工转换损失量和损失量。

（1）终端能源消费量　指一定时期内全国（地区）各行业和居民生活消费的各种能源在扣除了用于加工转换二次能源消费量和损失量以后的数量。

（2）能源加工转换损失量　指一定时期内全国（地区）投入加工转换的各种能源数量之和与产出各种能源产品之和的差额。它是观察能源在加工转换过程中损失量变化的指标。

（3）能源损失量　指一定时期内能源在输送、分配、储存过程中发生的损失和由客观原因造成的各种损失量。不包括各种气体能源放空、放散量。

能源生产弹性系数　是能源生产量的增长与国民经济增长之间的比值。计算公式：

$$\text{能源生产弹性系数} = \frac{\text{能源生产总量年平均增长速度}}{\text{国民经济年平均增长速度}}$$

本资料采用国内生产总值指标计算国民经济年平均增长速度。

电力生产弹性系数　是电力生产量的增长与国民经济增长之间的比值。计算公式：

$$\text{电力生产弹性系数} = \frac{\text{电力生产量年平均增长速度}}{\text{国民经济年平均增长速度}}$$

能源消费弹性系数　是能源消费增长速度与国民经济增长速度之间的比值。计算公式：

$$\text{能源消费弹性系数}=\frac{\text{能源消费总量年平均增长速度}}{\text{国民经济年平均增长速度}}$$

电力消费弹性系数　是电力消费增长速度与国民经济增长速度之间的比值。计算公式：

$$\text{电力消费弹性系数}=\frac{\text{电力消费量年平均增长速度}}{\text{国民经济年平均增长速度}}$$

能源加工转换效率　指一定时期内能源经过加工转换后，产出的各种能源产品的数量与投入加工转换的各种能源数量的比率。它是观察能源加工转换装置和生产工艺先进与落后、管理水平高低等的重要指标。计算公式：

$$\text{能源加工转换效率}=\frac{\text{加工转换产出量}}{\text{加工转换投入量}}\times 100\ \%$$

Explanatory Notes on Main Statistical Indicators

Gross Domestic Product(GDP) : refers to gross domestic products calculated at market price. The data on GDP and its industrial composition are calculated by the Department of National Economic Accounting, State Statistical Bureau (SSB) with various approaches in the light of the features of various sectors and the data sources. The value added in some sectors is calculated with the production approach. The value added in other sectors is calculated with the income approach. Finally, the GDP is the result of the sum of the value added of various sectors. This is the standard data of GDP. The GDP calculated with the expenditure approach equals to the sum of total consumption, total investment and the net export of goods and services. However, it is not equal to the GDP calculated with the method mentioned above. The difference between the two figures is generally within ±3%.

Three Industries: Industry structure has been classified according to the sequence of historical development of social production activities. Primary industry refers to extraction of natural resources; secondary industry involves processing of primary products; and tertiary industry provides services of various kinds for production and consumption. The above classification is universal although it to some extent from country to country. Industry classification in China comprises:

Primary industry: refers to agriculture, forestry, animal husbandry and fishery and services in support of these industries.

Secondary industry: refers to mining and quarrying, manufacturing, production and supply of electricity, water and gas, and construction.

Tertiary industry: refers to all other economic activities not included in the primary or secondary industries.

Total Energy Production: refers to the total production of primary energy by all energy producing enterprises in the country (region) in a given period of time. It is a comprehensive indicator to show the capacity, scale, composition and development of energy production of the country (region). The production of primary energy includes that of coal, crude oil, natural gas, hydro power and electricity generated by other means such as wind power and geothermal power. However, it excludes the production of fuels of low calorific value, bioenergy, solar energy and the secondary energy converted from the primary energy.

Total Energy Consumption: refer to the total consumption of energy of various kinds by industry and residential in the country (region) in a given period of time. Total energy consumption can be divided into three parts:

(1) **Final Energy Consumption**: refers to the total energy consumption by industry and residential in the country (region) in a given period of time, but excludes the consumption in conversion of the primary energy into the secondary energy and the loss in the process of energy transformation.

(2) **Loss During Energy Transformation**: refers to the total input of various kinds of energy for transformation,

minus the total output of various kinds of energy in the country in a given period of time. It is an indicator to show the loss that occurs during the process of energy transformation.

(3) **Loss**: refers to the total of the loss of energy during the course of energy transport, distribution and storage and the loss caused by any objective reason in a given period of time. The loss of various kinds of gas due to gas discharges and stocktaking is excluded. Elasticity of Energy Production: is an indicator to show the relationship between the growth rate of energy production and the growth rate of the national economy. The formula is:

$$\text{Elasticity of Energy Production} = \frac{\text{average annual growth rate of energy production}}{\text{average annual growth rate of national economy}}$$

The gross domestic products (GDP) is used to calculate the growth rate of national economy in this book.

Elasticity of Electricity Production: is an indicator to show the relationship between the growth rate of electricity production and the growth rate of the national economy. The formula is:

$$\text{Elasticity of Electricity Production} = \frac{\text{average annual growth rate of electricity production}}{\text{average annual growth rate of national economy}}$$

Elasticity of Energy Consumption: is an indicator to show the relationship between the growth rate of energy consumption and the growth rate of the national economy. The formula is:

$$\text{Elasticity of Energy Consumption} = \frac{\text{average annual growth rate of energy consumption}}{\text{average annual growth rate of national economy}}$$

Elasticity of Electricity Consumption: is an indicator to show the relationship between the growth rate of electricity consumption and the growth rate of the national economy. The formula is:

$$\text{Elasticity of Electricity Consumption} = \frac{\text{average annual growth rate of electricity consumption}}{\text{average annual growth rate of national economy}}$$

Efficiency of Energy Transformation: refers to the ratio of the total output of energy products after transformation and the total input of energy for transformation in the same reference period. It is an indicator to show the current conditions of energy processing and conversion equipment, production technique and management. The formula is:

$$\text{Efficiency of Energy Transformation} = \frac{\text{output of energy from transformation}}{\text{input of energy for transformation}}$$

附录 4、各种能源折标准煤参考系数

Appendix Ⅳ　Conversion Factors from Physical Units to Coal Equivalent

各种能源折标准煤参考系数

能源名称	平均低位发热量	折标准煤系数
原煤	20 908 千焦 / (5 000 千卡) / 千克	0.7143 千克标准煤 / 千克
洗精煤	26 344 千焦 / (6 300 千卡) / 千克	0.9000 千克标准煤 / 千克
其它洗煤		
洗中煤	8 363 千焦 / (2 000 千卡) / 千克	0.2857 千克标准煤 / 千克
煤泥	8 363 ~ 12 545 千焦 / (2 000 ~ 3 000 千卡) / 千克	0.2857 ~ 0.4286 千克标准煤 / 千克
焦炭	28 435 千焦 / (6 800 千卡) / 千克	0.9714 千克标准煤 / 千克
原油	41 [illegible] 千焦 / ([illegible]000 [illegible]) / 千克	1.4286 千克标准煤 / 千克
燃料油	41 81[illegible] [illegible]	1.4286 千克标准煤 / 千克
汽油	43 070 千焦 / (10 300 千卡) / [illegible]	[illegible]4 千克标准煤 / 千克
煤油	43 070 千焦 / (10 300 千卡) / 千克	[illegible]克标准煤 / 千克
柴油	42 652 千焦 / (10 200 千卡) / 千克	1.4571 千克标准煤 / 千克
液化石油气	50 179 千焦 / (12 000 千卡) / 千克	1.7143 千克标准煤 / 千克
炼厂干气	46055 千焦 / (11 000 千卡) / 千克	1.5714 千克标准煤 / 千克
天然气	38 931 千焦 / (9 310 千卡) / 立方米	1.3300 千克标准煤 / 立方米
焦炉煤气	16 726 ~ 17 981 千焦 / (4 000 ~ 4 300 千卡) / 立方米	0.5714 ~ 0.6143 千克标准煤 / 立方米
其它煤气		
发生炉煤气	5 227 千焦 / (1 250 千卡) / 立方米	0.1786 千克标准煤 / 立方米
重油催化裂解煤气	19 235 千焦 / (4 600 千卡) / 立方米	0.6571 千克标准煤 / 立方米
重油热裂解煤气	35 544 千焦 / (8 500 千卡) / 立方米	1.2143 千克标准煤 / 立方米
焦炭制气	16 308 千焦 / (3 900 千卡) / 立方米	0.5571 千克标准煤 / 立方米
压力气化煤气	15 054 千焦 / (3 600 千卡) / 立方米	0.5143 千克标准煤 / 立方米
水煤气	10 454 千焦 / (2 500 千卡) / 立方米	0.3571 千克标准煤 / 立方米
煤焦油	33 453 千焦 / (8 000 千卡) / 千克	1.1429 千克标准煤 / 千克
粗苯	41 816 千焦 / (10 000 千卡) / 千克	1.4286 千克标准煤 / 千克
热力(当量)		0.03412 千克标准煤 / 百万焦耳 (0.14286 千克标准煤 / 1000 千卡)
电力(当量)	3 596 千焦 / (860 千卡) / 千瓦小时	0.1229 千克标准煤 / 千瓦小时
(等价)	按当年火电发电标准煤耗计算	
生物质能		
人粪	18 817 千焦 / (4 500 千卡) / 千克	0.643 千克标准煤 / 千克
牛粪	13 799 千焦 / (3 300 千卡) / 千克	0.471 千克标准煤 / 千克
猪粪	12 545 千焦 / (3 000 千卡) / 千克	0.429 千克标准煤 / 千克
羊、驴、马、骡粪	15 472 千焦 / (3 700 千卡) / 千克	0.529 千克标准煤 / 千克
鸡粪	18 817 千焦 / (4 500 千卡) / 千克	0.643 千克标准煤 / 千克
大豆秆、棉花秆	15 890 千焦 / (3 800 千卡) / 千克	0.543 千克标准煤 / 千克
稻秆	12 545 千焦 / (3 000 千卡) / 千克	0.429 千克标准煤 / 千克
麦秆	14 635 千焦 / (3 500 千卡) / 千克	0.500 千克标准煤 / 千克
玉米秆	15 472 千焦 / (3 700 千卡) / 千克	0.529 千克标准煤 / 千克
杂草	13 799 千焦 / (3 300 千卡) / 千克	0.471 千克标准煤 / 千克
树叶	14 635 千焦 / (3 500 千卡) / 千克	0.500 千克标准煤 / 千克
薪柴	16 726 千焦 / (4 000 千卡) / 千克	0.571 千克标准煤 / 千克
沼气	20 908 千焦 / (5 000 千卡) / 立方米	0.714 千克标准煤 / 立方米

Conversion Factors from Physical Unit to Coal Equivalent

Energy	Average Low Calorific Value	Conversion Factor
Raw Coal	20 908 kjoule / (5 000 kcal) / kg	0.7143 kgce / kg
Cleaned Coal	26 344 kjoule / (6 300 kcal) / kg	0.9000 kgce / kg
Other Washed Coal		
Middlings	8 363 kjoule / (2 000 kcal) / kg	0.2857 kgce / kg
Slimes	8 363 ~ 12 545 kjoule / (2 000 ~ 3 000kcal)/ kg	0.2857 ~ 0.4286 kgce / kg
Coke	28 435 kjoule / (6 800 kcal) / kg	0.9714 kgce / kg
Crude Oil	41 816 kjoule / (10 000 kcal) / kg	1.4286 kgce / kg
Fuel Oil	41 816 kjoule / (10 000 kcal) / kg	1.4286 kgce / kg
Gasoline	43 070 kjoule / (10 300 kcal) / kg	1.4714 kgce / kg
Kerosene	43 070 kjoule / (10 300 kcal) / kg	1.4714 kgce / kg
Diesel	42 652 kjoule / (10 200 kcal) / kg	1.4571 kgce / kg
Liquefied Petroleum Gas	50 179 kjoule / (12 000 kcal) / kg	1.7143 kgce / kg
Refinery Gas	46055 kjoule / (11 000 kcal) / kg	1.5714 kgce / kg
Natural Gas	38 931kjoule / (9 310 kcal) / cu. m	1.3300 kgce / cu. m
Coke Oven Gas	16 726 ~ 17 981kKjoule/ (4 000 ~ 4 300kcal)/ cu. m	0.5714 ~ 0.6143 kgce / cu. m
Other Coal Gas		
By Gas Furnace	5 227 kjoule / (1 250 kcal) / cu. m	0.1786 kgce / cu. m
By Heavy Oil Catalytic Cracking	19 235 kjoule / (4 600 kcal) / cu. m	0.6571 kgce / cu. m
By Heavy Oil Thermal Cracking	35 544 kjoule / (8 500 kcal) / cu. m	1.2143 kgce / cu. m
Coke Gas	16 308 kjoule / (3 900 kcal) / cu. m	0.5571 kgce / cu. m
By Pressure Gasification	15 054 kjoule / (3 600 kcal) / cu. m	0.5143 kgce / cu. m
Water Coal Gas	10 454 kjoule / (2 500 kcal) / cu. m	0.3571 kgce / cu. m
Coal Tar	33 453 kjoule / (8 000 kcal) / kg	1.1429 kgce / kg
Benzene	41 816 kjoule / (10 000 kcal) / kg	1.4286 kgce / kg
Heat (in calorific value)		0.03412 kgce / Mjoule (0.14286 kgce / 1000 kcal)
Electricity (in calorific value)	3 596 kjoule / (860 kcal) / kW · h	0.1229 kgce / kW · h
(in coal equivalent)	calculated by average coal input for thermal power generation in the year	
Biomass Energy		
Night Soil	18 817 kjoule / (4 500 kcal) / kg	0.643 kgce / kg
Cow Dung	13 799 kjoule / (3 300 kcal) / kg	0.471 kgce / kg
Pig Dung	12 545 kjoule / (3 000 kcal) / kg	0.429 kgce / kg
Sheep/Donkey/Horse/Mule Dung	15 472 kjoule / (3 700 kcal) / kg	0.529 kgce / kg
Poultry Manure	18 817 kjoule / (4 500 kcal) / kg	0.643 kgce / kg
Soybean Stalk, Cotton Stalk	15 890 kjoule / (3 800 kcal) / kg	0.543 kgce / kg
Paddy Stalk	12 545 kjoule / (3 000 kcal) / kg	0.429 kgce / kg
Wheat stalk	14 635 kjoule / (3 500 kcal) / kg	0.500 kgce / kg
Maize Stalk	15 472 kjoule / (3 700 kcal) / kg	0.529 kgce / kg
Fireweed	13 799 kjoule / (3 300 kcal) / kg	0.471 kgce / kg
Leaves	14 635 kjoule / (3 500 kcal) / kg	0.500 kgce / kg
Firewood	16 726 kjoule / (4 000 kcal) / kg	0.571 kgce / kg
Biogas	20 908 kjoule / (5 000 kcal) / cu. m	0.714 kgce / cu. m